常规体育器材的开发与运用

叶海辉◎主编

北京体育大学出版社

策划编辑： 李志诚　仝杨杨

责任编辑： 仝杨杨

责任校对： 米　安

版式设计： 禾风雅艺

图书在版编目（CIP）数据

常规体育器材的开发与运用 / 叶海辉主编 . -- 北京：
北京体育大学出版社 , 2024.12. -- ISBN 978-7-5644
-4237-8

Ⅰ . G818.3

中国国家版本馆 CIP 数据核字第 20242Q90R9 号

常规体育器材的开发与运用

CHANGGUI TIYU QICAI DE KAIFA YU YUNYONG

叶海辉　主编

出版发行： 北京体育大学出版社

地　　址： 北京市海淀区农大南路 1 号院 2 号楼 2 层办公 B-212

邮　　编： 100084

网　　址： http://cbs.bsu.edu.cn

发 行 部： 010-62989320

邮 购 部： 北京体育大学出版社读者服务部 010-62989432

印　　刷： 北京科信印刷有限公司

开　　本： 710mm×1000mm　1/16

成品尺寸： 170mm×240mm

印　　张： 22

字　　数： 345 千字

版　　次： 2024 年 12 月第 1 版

印　　次： 2024 年 12 月第 1 次印刷

定　　价： 88.00 元

序

　　体育教育作为学校教育的重要组成部分，肩负着提高学生运动素质、增进青少年身心健康、培育全面发展的人才的历史重任。在我国新一轮深化课程改革来临之际，"体育课程物力资源的开发与利用"丛书让我作序，我不胜荣幸。这套丛书涵盖了常规体育器材、生活物品、校园环境资源、自制体育器材和新兴体育器材5个领域的实践和研究成果，范围广泛，内容丰富，图文并茂，集22年之实践汇编而成，形成了全面、系统的体育课程物力资源开发与利用体系，在国内属于开创性成果。

　　我简要介绍一下这套丛书，希望对大家有所帮助。

　　第一册：《常规体育器材的开发与运用》

　　该册主要介绍跳绳、小体操垫、大体操垫、海绵包、接力棒、体操棒等33种常规体育器材的开发与运用，在显性功能的基础上，通过转换视角、转变思维方式，挖掘体育器材的隐性功能，充分发挥常规体育器材的多功能性，让体育器材一材多用、一材多能，既能丰富课程资源，又能便捷地服务于体育教学。

　　第二册：《生活物品在体育教学中的运用》

　　该册主要以松紧带、毛巾、塑料桶、包装袋等37种常见的生活物品为开发对象，以常见、实用、实效为导向，选择日常生活物品，通过直接使用法、改造法、组合法等方法进行开发与运用，呈现的课例具有时代性和前瞻性，既可以让体育器材的品种得到增加，又可以让体育教学的课程资源更加丰富。

　　第三册：《校园环境资源在体育教学中的运用》

　　该册主要介绍校园环境资源的运用，在运用中要遵循合理统筹、科学规划、因地制宜、因校制宜的原则。该册对体育场地的标准与使用、校园体育文化、校园场地等 30 项内容进行阐述，并结合大量的实例进行说明，可以让学校体育工作效益最大化，使校园环境资源全方位服务于体育课堂教学、大课间活动、课外体育活动及课余训练等。

第四册：《自制体育器材》

该册主要介绍卷吊球、球式哑铃、爆发力训练器等 100 种自制体育器材，通过直接利用法、改进法、借鉴法和发明法等方法动手改造与制作体育器材，并根据功能和作用将其分为身体素质类、教学辅助类、器材收纳类、旱地冰雪类、软式器材类和综合器材类等六大类。有了多样化的自制体育器材，就会有多样化的玩法，就能让体育教学变得更加丰富有趣。

第五册：《新兴体育器材》

该册主要收集整理了适合在中小学推广使用的 135 种新兴体育器材，它们根据功能可以分为教学辅助类、运动项目类、体育游戏类、软式器材类、体能训练类、素质拓展类和电子设备类等七大类。为了满足时代发展对体育教学多样化的需求，该册引入新兴体育器材，并介绍新兴体育器材的使用方法，让读者方便快捷地了解新兴体育器材的基本信息，共同走进体育教学的新天地。

这套丛书主要有以下特点：

第一，实用性。这套丛书的实用性主要体现在内容实用和方法实用两个方面。内容实用是指器材、场地、设施等均为常见，方便好用；方法实用是指游戏方法和器物趣用之法多种多样，既可融入课堂教学实践，又可渗透课间课后学练。例如，小场地、边角场地开发成体育乐园和体能训练场，毛巾、塑料桶等妙用于跑跳投等教学，自制体育器材、新兴体育器材融入课堂教学和训练实践，废旧体育器材再次开发与利用，等等。

第二，创新性。这套丛书充满新意，无处不创新。首先，这套丛书的写成是一个创新，虽偶有报纸杂志发表此类文章，但成书者无一人；其次，内容选择是一个创新，简单的跳箱、毛巾、篮球场等可以用于各种体能练习、技能练习和游

戏中；最后，一材多用也是一个创新，在这套丛书中，废弃的宣传横幅可以用于多种体能练习、技能练习和游戏中。

第三，启发性。统观书稿，精彩之处颇多，让我的思维跳跃，思绪也随之发散，让人有一种要赶紧将这些方法付诸课堂实践的冲动，更想融入其中、享受其乐。如果我们善于把这些常见的器材设施、生活物品、游戏方法等融入体育教学，肯定有助于提高体育教学质量。

体育课程物力资源的开发与利用是一个经久不衰的话题，伴随着时代的发展和课程改革的不断推进，它的内容和方法也不断丰富。只要我们心中有学生、眼里有资源，用心捕捉身边的点点滴滴，行而不辍，体育课程物力资源终将迎来一片新天地。

"体育课程物力资源的开发与利用"丛书集百人之力为广大体育教师做了一件很有意义的事情，我希望能有更多的实践者参与其中，共同寻求教育教学新路径，总结出更多更新的教学成果。最后，我相信这套丛书的出版定会给广大的一线体育教育工作者和体育教育专业学生有益的指导和启示。

华东师范大学体育与健康学院院长、博士生导师
教育部中小学体育与健康课程标准研制组和修订组组长
教育部全国高等学校体育教学指导委员会理论学科组组长
教育部首届全国高校健康教育教学指导委员会主任委员
教育部全国中小学体育教学指导委员会副主任委员
第六、第七届国务院学位委员会体育学科评议组成员
2024 年 10 月

不忘初心，一起向未来

　　随着课程改革的深入实施，广大教师意识到丰富多样的课程资源是课程实施的必要条件，没有课程资源的支持，再美好的课程改革设想也很难变成实际教育成果。课程物力资源是课程资源中不可或缺的一部分，体育课程物力资源是学校体育教学中的各种器材、场地、设施及校内外的自然环境等有形物体的总称。它是学校体育教学的硬件之一，是实施体育教学强有力的物质保证，决定着体育课程实施的范围和实际水平。我们应充分利用现有的体育课程物力资源，强化课程物力资源开发意识，提高对课程物力资源的认识水平，并深入挖掘与开发新的课程物力资源，不断满足学生的体育活动需求，让体育课堂教学焕发出更新更强的生命力，从而更好地促进课程目标的实现。

　　力学笃行，积跬致远。本研究开始于 2002 年浙江省台州市规划课题"农村中学体育器材开发和利用的实践研究"，之后不断拓展深化；2008 年，"中小学体育课程物力资源的开发与利用"成为浙江省教育科学规划体卫艺专项课题；2010 年，在台州市教育科学研究所和玉环县（今玉环市）教育科学研究所领导的大力关心和帮助下，课题下设"体育小器材的开发与利用""体育大器材的开发与利用""废弃体育器材的开发与利用""自制简易的体育器材""生活物品在体育教学中的运用""体育场地的开发与利用"等 6 个子课题；2012 年，本研究成果获浙江省第四届基础教育教学成果评比一等奖。可谓十年磨一剑，砺得成果丰。

　　课题有终时，教研无止境。在前期的研究中，体育场地器材课例的研发满足了体育课堂教学及课余训练的需要，我们看到了课题研究对体育教学的巨大推动作用，也感受到了此项课题还有十分广阔的研究前景。为此，我们在之前研究的基础上进行了深化和拓展，对常规体育器材、生活物品、校园环境资源、自制体育器材和新兴体育器材5个领域进行了全面深入的研究，其中许多成果得到了广大体育教师的认可。为了服务体育课堂教学，解决全国广大体育教师的从教困扰，使学生更喜爱体育活动，我们集众人之智，筹众人之力，精耕细作，将这些成果整理成书。期待这套丛书能成为广大体育教师及体育教育专业学生的参考书和工具书，成为体育教师教学的好帮手，成为学校体育教育发展的新基石。

为了直观清晰地展示体育课程物力资源的研究成果，我们将这套丛书分为《常规体育器材的开发与运用》《生活物品在体育教学中的运用》《校园环境资源在体育教学中的运用》《自制体育器材》《新兴体育器材》5册。

在这套丛书付梓之际，我思绪万千，激动的心情久久不能平静。从最初申报课题到最终定稿付梓，整整22年，凝聚着我太多的心血，它是我的"思维之果""实践之果"，更是我的"生命之果"。个人的力量是有限的，但团队的力量是无限的，正所谓"众人拾柴火焰高"，在此，我要衷心感谢编委会的各位老师，没有他们的辛勤付出、通力合作、大胆创新、积极探索，就没有这套丛书的最终付梓。为此，我将本册书的参编人员——罗列，深表感谢，他们是：张迁（浙江省台州市黄岩区教育局教研室），蒋世杰（浙江省宁波联合实验中学），陈婉娜、蔡健康（浙江省玉环市坎门第一初级中学），周凌君（浙江省台州市椒江区章安学校），杨芬（浙江省玉环市陈屿中心小学），王安洁（浙江省玉环市龙溪初级中学），周玉娇（浙江省临海市小芝镇中心校），项贤府、张禹桥（浙江省台州市椒江区中山小学），胡娟（浙江省杭州市萧山区高桥金帆实验学校），杨林婷（浙江省玉环市干江中心小学），王龙（浙江省玉环市芦浦中心小学），章奕（浙江省三门第二高级中学），毛飞（浙江省金华市婺城区汤溪镇初级中学），叶昌（浙江省玉环市清港中心小学），董瑜（浙江省瑞安市毓蒙中学），朱娜（浙江省玉环市干江初级中学），叶剑挺（浙江省台州市黄岩区东浦中学），王萍、朱良萍（浙江省绍兴市元培中学），魏鑫鹏（北京师范大学台州实验学校），张宁（浙江省玉环市玉城中学），李凯（云南省普洱市澜沧拉祜族自治县第三民族中学），于宗杰（云南省普洱市澜沧拉祜族自治县第一中学）。最后，我由衷感谢北京体育大学出版社领导和编辑们的大力支持，还有参与拍摄学生的辛勤付出。

　　金无足赤，人无完人。由于学术水平和研究能力的限制，丛书中难免会有纰漏和不足之处，敬请广大同行提出宝贵意见和建议，以便丛书修订时能够进一步完善，共同助力学校体育发展。

叶海辉

2024 年 10 月于玉环

目录 CONTENTS

一、跳绳的开发与运用................................001

二、小体操垫的开发与运用............................021

三、大体操垫的开发与运用............................045

四、海绵包的开发与运用..............................051

五、接力棒的开发与运用..............................056

六、体操棒的开发与运用..............................073

七、毽子的开发与运用................................090

八、呼啦圈的开发与运用..............................095

九、沙包的开发与运用................................113

十、松紧带的开发与运用..............................119

十一、标志筒（杆）的开发与运用......................129

十二、篮球的开发与运用..............................138

十三、篮球架的开发与运用............................163

十四、排球的开发与运用..............................168

十五、排球架（网）的开发与运用......................181

十六、足球的开发与运用 187

十七、足球门的开发与运用 198

十八、实心球的开发与运用 201

十九、垒球的开发与运用 215

二十、跨栏架的开发与运用 221

二十一、拔河绳的开发与运用 226

二十二、羽毛球（拍）的开发与运用 239

二十三、乒乓球（台、拍、拍套）的开发与运用 247

二十四、跳高架（横杆）的开发与运用 261

二十五、体操凳的开发与运用 273

二十六、单杠的开发与运用 279

二十七、双杠的开发与运用 287

二十八、肋木的开发与运用 300

二十九、平梯的开发与运用 318

三十、跳箱的开发与运用 322

三十一、山羊的开发与运用 330

三十二、助跳板的开发与运用 333

三十三、铅球的开发与运用 335

致读者 338

一、跳绳的开发与运用

跳绳是我国传统体育运动项目之一，唐朝称"透索"，宋朝称"跳索"，明朝称"跳百索""跳白索""跳马索"，清朝称"绳飞"，清末以后称"跳绳"。跳绳根据绳子长短可分为短绳、中长绳和长绳，在学校中具有较高的应用和推广价值。因此，我们对跳绳进行创造性的开发，挖掘其隐藏的多种功能，使其和体育课堂深度融合，给体育教学带来意想不到的效果。

（一）在走跑类练习中的开发与运用

1.作接力物

将跳绳多次对折后绑好代替接力棒，也可以用跳绳代替接力物进行春播秋收、换位、搬运等接力比赛。

2.作起点线或终点线

在短跑教学、游戏比赛中用跳绳作为起点线或终点线。（图1-1）

图1-1

3.作跑道

将跳绳摆成直线、曲线或圆形跑道，进行快速跑、蛇形跑、弯道跑或追逐跑等练习。

4.作折返线

在适当的距离放上若干根平行的跳绳，作为练习折返跑的折返线。

5.作牵引绳

（1）开火车。

学生两人一组，前后站立，后面学生将跳绳套在前面学生的腰腹部。练习时，前面学生快速跑，后面学生用适当的力量牵拉，给前面学生一定的阻力。（图1-2）

图1-2

（2）起跑牵引绳。

在蹲踞式起跑教学中，可将多根跳绳套在练习者的胸腹部，辅助者站在练习者身后抓住跳绳的两端进行牵引。这有利于学生体会人体在起跑时的前倾和后蹬与前摆动作。

6. 作预备基准线

在蹲踞式起跑预备时，为了让学生更好地体验"身体重心前移，肩部略超过起跑线"的动作，可在学生颈部挂一根跳绳，两端下垂不触地。学生在做预备动作时，检查跳绳两端是否越过起跑线。（图1-3）

图1-3

7. 作合作跑限制线

多人手持一根（多根）长绳，成纵队或横队站立，进行各种同步跑的练习。

8. 作高抬腿基准绳

学生两人一组，面对面站立，辅助者两手将跳绳拿到一定高度，练习者做高抬腿触绳练习（图1-4）；也可以一个人自己拿跳绳做高抬腿触绳练习（图1-5）。

9. 作绳路

将跳绳在地面上摆成各种形状的绳路，进行踩绳走练习。（图1-6）

10. 跳绳跑步

学生沿着操场一边跳绳一边跑步，以提高动作的协调性。

图1-4   图1-5   图1-6

（二）在跳跃类练习中的开发与运用

1. 行进间跳绳

学生每人一根跳绳，边摇绳边用单脚跳、双脚跳、跨步跳的方式向前行进，摇一次只能前进一步。可进行计时或规定距离的练习。

2. 作起跳线

将跳绳当作跳远的起跳线。

3. 作起跳角度基准线

在沙坑前沿适当高度拉一根跳绳，让学生起跳后越过跳绳，引导学生掌握正确的起跳角度。

4. 作跳高横杆

两名学生拉着长绳两端，其余学生进行跨越式跳高练习，这样可以减轻初学者的惧杆心理，减少捡杆时间。（图1-7）

图1-7

5. 作栅栏

学生平均分成两组，其中一组分成两排面对面蹲下，面对面的两人各握一根跳绳的两端，将跳绳横向拉直，每根跳绳间距1~1.5m，跳绳离地高度适中；另一组学生采用双脚或单脚跳依次跳过每一根跳绳。练习若干次后两组互换。（图1-8）

图1-8

6. 作摸高物

将跳绳一端打结悬挂高处作为跳起摸高的目标物。

7. "一"字平放跳

将一根跳绳按"一"字形放在地上，学生身体正对（侧对）跳绳进行双脚或单脚前后（左右）跳（图1-9为双脚前后跳，图1-10为双脚左右跳）；也可以从跳绳一端跳到另一端再返回，循环进行；还可以跳起转体90°、180°或360°后落在跳绳另一侧。

图 1-9   图 1-10

8. 步伐练习

将一根跳绳按"一"字形放在地上，学生站在跳绳后面。开始后，学生左脚向前抬起落于跳绳前面，接着右脚向前抬起落于跳绳前面，然后左右脚依次收回原处。如此反复进行多次，速度可逐渐加快。同样，也可以侧身做左右来回快速移步练习。（图 1-11）

图 1-11

9. 十字跳

将两根跳绳在地上摆成"十"字形，标注 1、2、3、4，学生按 1、2、3、4 的顺序完成一组跳跃，看谁在规定时间内完成组数多。要求跳的过程中脚不能触绳。（图 1-12）

10. 旋风跳

学生一手抓跳绳两端，弯腰连续甩绳转圈，并用单脚交替跳（图 1-13）

图 1-12

或双脚跳（图1-14）从绳子上跳过，看谁跳得久或转的圈数多。

图1-13 图1-14

11. 鱼跃前滚翻

在鱼跃前滚翻练习中，在适当的高度横拉一根跳绳，让学生越过跳绳，有助于学生掌握技术动作，激发学生的练习兴趣。

（三）在投掷类练习中的开发与运用

1. 作标记

跳绳可以当作高度和远度等练习的标记。

2. 作投掷物

将若干根跳绳扎紧捆成团，当作沙包、垒球、实心球、手榴弹等投掷物。

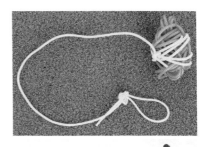

3. 作链球

将若干根跳绳捆成球状，并留出一条长约60cm的跳绳，当作链球（图1-15）；也可以用一根跳绳制作迷你链球。

4. 作出手角度基准线

在投掷类练习中，将跳绳固定在学生出手方向的前上方。要求投掷物从跳绳上方飞出去，这样可以纠正学生的出手角度，提高其练习兴趣，发展其投掷能力。

图1-15

（四）在球类练习中的开发与运用

1. 作步伐标记

在三步上篮教学中，将跳绳按一长二短的距离摆好，作为三步上篮的步伐标记；也可以按排球扣球步伐的距离摆好，作为扣球的步伐标记。

2. 作球网

将跳绳两端系在固定物上当作简易的排球、羽毛球球网。

3. 作篮球传接球限制线

在篮球传接球练习中，学生四人一组，两人站在中间横拉两根跳绳组成方形、三角形、梯形等形状（高度自主调整），另外两人在两侧进行传接球过绳圈的练习，练习多次后，双方互换角色；也可以让拉绳者控制绳圈做上下或左右移动，练习者做动态传接球练习，提高学生的传接球技术。

4. 作排球传垫球限制线

在排球传垫球练习中，将跳绳放在不同远度的地上，要求学生将球传或垫过跳绳，提高学生的练习兴趣和控球能力。

5. 作篮筐

将一条尼龙绳固定在两个立杆之间，然后把若干根跳绳的两端（分开适宜距离)固定在尼龙绳上，下垂的绳子形成一个圆弧状作为篮筐，学生进行各种投篮练习。（图1-16）

6. 绳吊球

用跳绳的一端将球吊起，学生手拿另一端用脚背去触碰球，有助于提升足球颠球技术。（图1-17）

图1-16　　　　　　　图1-17

（五）在体育游戏中的开发与运用

1. 抛接

将跳绳打结，学生做上抛击掌、转身、下蹲等动作后接住绳子的练习。

2. 拉绳角力

学生两人一组，相距一定距离站立，将一根跳绳的两端分别绕过两人腰部，用单手拉住。开始后，双方各自寻找机会发力，脚先移动者为输。为便于判断胜负，可让学生分别站在两块砖上进行比赛，采用三局两胜制。（图1-18）

图 1-18

3. 抓尾巴

学生两人一组，分别将一根跳绳对折后夹在自己后腰上作为尾巴，两人相互抓尾巴。两人通过加速、变向、假动作等躲避对方的进攻或抓住对方的尾巴，抓到后归还并继续游戏，最后看谁在规定时间内抓的尾巴多。也可进行分组集体赛。（图1-19）

4. 两人三足

学生两人一组，并排站立，用跳绳将两人相邻两脚绑在一起，进行两人三足的走或跑练习，看哪组完成规定距离用时最短。（图1-20）

图 1-19

图 1-20

5. 背水一战

两名学生相距约 2m 背对背站立，两臂侧平举，两手分别握紧两根跳绳的手柄，并拉直两根跳绳。开始后，两名学生两臂同时发力，向自己体前拉跳绳，两手拉绳在体前合拢为胜。在拉的过程中两臂不得弯曲，身体保持直立，否则为输。（图 1-21）

图 1-21

6. 穿越火线

将数根跳绳平行摆放，设置为火线区，学生呈俯卧撑状，双手置于火线区中。开始后，学生从起点出发，横向平移穿过火线区。要求在穿越过程中双手一直在火线区。

7. 追尾巴

学生两人一组，一人一只脚站立，另一只脚的脚踝处绑上跳绳，手柄垂地，另一人全蹲。开始后，绑跳绳者进行单脚跳移动，全蹲者蹲走追赶，碰到跳绳手柄后角色互换。

8. 赛龙舟

学生多人一组，跳绳若干根，朝同一方向相距一定距离站立，通过两手抓跳绳或把跳绳系到脚上的方式连成一条龙舟。游戏时，龙舟做规定的向前跑、后退跑、"S"形弯道跑等动作，先做完规定动作的组获胜。（图 1-22）

图 1-22

9. 结网捕鱼

一个篮球场为鱼塘，选两人分别握一根跳绳两端的手柄当渔网，其他人在鱼塘里。开始后，渔网去抓其他人，被跳绳触碰到即捕鱼成功。在游戏过程中，所有人不得跑出鱼塘。

10. 打野鸭

学生 5 ~ 10 人一组，两组对抗，一组站在直径为 5 ~ 12m 的圆圈中作为野鸭；另一组站在圆圈上，每人一根跳绳并将其一端绕成球状。开始后，在圈上的学生用绳球击打圈内学生膝关节以下部位，圈内学生躲避，被击中者退至圈外。击打膝关节以下部位为有效，圈内学生被全部击中后两组交换角色。

11. 四人运货

学生 4 人一组，用 4 根跳绳组成"井"字形，每人抓住两根跳绳绳头，在"井"字中间放一个篮球。开始后，4 人配合将篮球运送到指定地点，最先完成的组获胜。在运送过程中球掉落须原地停下，放好球后继续游戏。（图 1-23）

图 1-23

12. 双人跳绳

学生两人一组并排站立，每人外侧手握一根跳绳的一端，进行原地跳绳或向前合作跳绳跑练习，看哪组连续跳的次数多。（图 1-24）

13. 绳形百变

学生平均分成若干组，每组成一路纵队站立。游戏开始前，各组学生将相同数量的跳绳放在本组前的地面上围成圈，每个绳圈间隔约 0.5m，排成直线。开始后，每组第一人以开合跳的方式依次跳进跳出绳圈（并脚落在第 1 个绳圈，开脚落在第

图 1-24

2 个绳圈的左右两侧），当跳出最后 1 个绳圈后，以"S"形绕绳圈跑回，与第二人击掌，第二人以相同的方式进行，依次接力，最先完成的组获胜。也可以用单脚跳和双脚跳依次跳进绳圈的形式进行比赛。

14. "8" 字跳绳

学生 8 ~ 16 人一组，一根长绳，其中两人作为摇绳人，其他人成纵队站在跳绳正摇方向的一侧。开始后，其他人依次跳绳一次，以跳绳的中点为中心点进行 "8" 字围绕跳，不允许插队，如此循环。在规定时间内，累计跳的次数最多的组获胜，或连续跳的次数最多的组获胜；还可以要求游戏过程中不许空摇，否则游戏结束。（图 1-25）

图 1-25

15. 接力拼图

学生平均分成若干组，各组以接力的形式按要求将跳绳摆成数字或字母，最先完成的组获胜。

16. 跳绳传球

学生 4 人一组，其中两人作为摇绳人，另外两人站在中间。开始后，两名摇绳人摇动长绳，站在中间的两人进行边跳绳边传接球的练习。出现绊绳失误或掉球即游戏结束，看哪组完成传球次数、传球花样多。也可以采用击地传球、侧传球、后抛传球等花式传球，还可以两人传两球。（图 1-26）

图 1-26

17. 鲤鱼跳龙门

学生平均分成若干组，每组依次编号并成纵队站在起点线后，在起点线前 10 ~ 20m 处放置标志筒，各组 1 号学生手持一根跳绳准备。发令后，各组 1 号学生迅速向前跑，绕过本组标志筒后返回，将跳绳一端交给 2 号学生（自己握住跳绳另一端），两人合作将跳绳拉至踝关节高度向队尾跑去，其他学生依次跳过跳绳，然后 1 号学生站到队尾，2 号学生持绳向前跑绕过标志筒返回与 3 号学生合作，将跳绳向后移动从队员脚底下通过，依次进行，直到最后一名学生与 1 号

学生合作完成任务，1号学生回到原来位置为止。看哪组用时最少。（图1-27）

建议：①跳绳从脚底下通过时，尽量放低或拖地而行；②队形可由纵队调整为圆圈进行游戏。

18.翻江倒海

在平地上画两条相距10～20m的平行线，分别作为起点线和终点线。学生平均分成两组，每组指定两人作为拉绳员，两名拉绳员各持长绳的一端站在终点线后，其他学生分成3～5人一组，站成多列横队，前后相距约一臂站在起点线后。发令后，两名拉绳员迅速跑向自己所属队伍，其他学生依次跳过脚底下的长绳，直到最后一排学生跳过长绳后，两名拉绳员立即拉高长绳经其他学生的头顶原路返回，脚越过或触及终点线为一次。如此反复完成若干次，看哪组用时最少。（图1-28）

图1-27

建议：①跳绳从脚底下通过时，尽量放低或拖地而行；②跳绳从头顶通过时，尽量拉高，学生可低头下蹲。

图1-28

19.跳绳过江

学生5～10人一组，每组指定两人作为摇绳人，两名摇绳人各持长绳的一端站在起点线上，其他学生作为跳绳者站在两人中间准备。发令后，两名摇绳人边摇绳

图1-29

边向终点线移动，同时，跳绳者边跳绳边向终点线移动，直至所有人通过终点线，用时最少的组获胜。途中跳绳或摇绳失败，须原地重新摇绳继续。（图1-29）

建议：若参与人数较多，可进行分组接力比赛。

20. 脚背运绳

学生平均分成若干组，每组成纵队站于起点线后；各组将 4 根跳绳折好、扎好，分别放在第一人和第二人的两脚的脚背上（图 1-30）。发令后，各组第一人在脚背上的跳绳不掉落的情况下前行，绕过标志筒后返回，与第二人击掌后，将跳绳交给第三人，第三人准备，第一人到队尾排队，第二人以同样的方法进行，以此类推，看哪组最先完成。若途中跳绳掉落，须停下捡起摆好后，方可继续。

建议：可以先将一根跳绳放在一只脚的脚背上，降低游戏难度。

图 1-30

21. 双龙戏珠

学生两人一组，分别握着一根跳绳的两端，将一个篮球放在两人中间，使跳绳贴在篮球的后面。发令后，两人协力拉动跳绳，让跳绳推着篮球向前滚动，看哪组最先到达终点。（图 1-31）

图 1-31

22. 横扫千军

学生围成一个圈，中间一名甩绳手拿着跳绳的一端沿顺时针或逆时针方向甩绳，甩绳高度在学生的膝关节以下，圈上的学生当看到跳绳快到自己脚底时，迅速跳起越过跳绳，没越过跳绳的学生与甩绳手交换角色。

23. 蛇捉迷藏

学生 4 ~ 10 人一组，站在指定区域内，其中两人扮演蛇，下蹲，各持跳绳的一端左右甩动，让跳绳在地面上左右摆动，其他人在区域内想方设法躲避跳绳。若被跳绳触及或跳离区域则退出游戏，最后看谁没被蛇捉住。（图 1-32）

图 1-32

建议：①跳绳尽量贴着地面；②可以增加蛇的数量，激发学生的挑战欲望。

24. 跳跳绳

将一根短绳对折，在中间打一个直径约 15cm 的圆圈，然后把绳圈套在一只脚的脚踝上，用脚甩动跳绳，让跳绳以发力脚为中心做顺时针或逆时针的旋转，当跳绳转到另一只脚下时，立即抬起该脚越过跳绳，连续进行。（图 1-33）

25. 转肩器

两手握绳，向后直臂转肩，也可以屈臂 360° 逆时针或顺时针以身体为圆心转圈，两手握绳距离根据学生自身的柔韧性来调整。（图 1-34）

26. 双绳颠球

学生两人一组，面对面站立，将两根跳绳平行横拉形成一个平面，连续颠气球，在规定时间内，颠球次数多的组获胜。（图 1-35）

图 1-33　　　　　　图 1-34　　　　　　图 1-35

（六）拓展运用

1. 作竹竿

将跳绳拉紧当作竹竿，离地一定距离。练习时，用跳绳的把手敲出声音，学生根据节奏来跳竹竿舞，可一组或多组一起进行，动作从简单到复杂。（图 1-36）

图 1-36

2. 摆图案造型

学生发挥想象力，运用跳绳摆出各种图案，如菱形、正方形、长方形、奥运五环、五角形、"井"字形或"米"字形等。

3. 绳梯

将跳绳按适当的间距在地上排成梯子的形状，学生进行步频、步幅、反应能力等练习。（图1-37）

图1-37

4. 舞龙

将一根长绳或多根短绳相连，组成一条长8 ~ 20m的龙。每条龙由5 ~ 10人举起，学生前后等距离站立，一手握绳上举，进行各种路线跑或做游、穿、腾、跃、翻等舞龙动作，感受传统体育文化的魅力。配上喜庆音乐，加上自制的龙头、龙尾和龙珠（排球），或用体操棒作手把，效果更佳。

5. 九宫格

将4根跳绳在地面上摆出"井"字形，然后利用不同颜色的沙包、布料等物体进行三子连线比赛。

6. 绳操

运用跳绳设计简单的绳操，进行各关节的活动。

第一节　上肢运动4×8拍（图1-38）

图1-38

预备姿势：将跳绳两折或三折，两手握跳绳两端，直立。

第一个 8 拍：

1 拍：左脚向前半步，脚尖着地，同时两臂前平举；

2 拍：重心移至左脚，右脚前脚掌着地，同时右臂上举、左臂下拉；

3 拍：还原成 1 拍的姿势；

4 拍：左脚收回，还原成预备姿势；

5 ~ 8 拍：动作同 1 ~ 4 拍，左右方向相反。

第二、第三、第四个 8 拍同第一个 8 拍。

第二节　下肢运动 4×8 拍（图 1-39）

图 1-39

第一个 8 拍：

1 拍：左脚屈膝向上抬平，两臂由上举到下压，跳绳触大腿；

2 拍：左脚还原，同时两臂上举；

3 拍：动作同 1 拍，左右方向相反；

4 拍：右脚收回，两臂收回，拉直跳绳置于胸前；

5 拍：左脚向左侧迈出一步，脚跟着地，同时左臂侧平举、右臂上举；

6 拍：还原成 4 拍的姿势；

7 ~ 8 拍：动作同 5 ~ 6 拍，左右方向相反。

第二、第三、第四个 8 拍同第一个 8 拍。

第三节 四肢运动 4×8 拍（图 1-40）

图 1-40

第一个 8 拍：

1 拍：左腿向前跨一步成弓步，同时左臂侧平举，右臂胸前平屈，拳心向下，眼睛看左拳；

2 拍：还原成预备姿势；

3 拍：左腿侧踢（腿背绷直），同时右臂经下摆至侧平举，左臂胸前平屈，拳心向下，眼睛看右拳；

4 拍：动作同 2 拍；

5 ~ 8 拍：动作同 1 ~ 4 拍，左右方向相反。

第二、第三、第四个 8 拍同第一个 8 拍。

第四节 踢腿运动 4×8 拍（图 1-41）

图 1-41

第一个 8 拍：

1 拍：左腿后伸，脚尖点地，同时两臂经前向上举，拳心向前；

2 拍：左腿直腿向前上方踢至水平，同时两臂向前下方压至跳绳触腿；

3 拍：动作同 1 拍；

4 拍：两臂经前放下还原成预备姿势；

5 ~ 8 拍：动作同 1 ~ 4 拍，左右方向相反。

第二、第三、第四个 8 拍同第一个 8 拍。

第五节　体侧运动 4×8 拍（图 1-42）

图 1-42

第一个 8 拍：

1 拍：左脚向左侧迈出一步，同时两臂经前向上举；

2 拍：上体向左侧屈一次；

3 拍：还原成 1 拍的姿势；

4 拍：两臂经前放下还原成预备姿势；

5 ~ 8 拍：动作同 1 ~ 4 拍，左右方向相反。

第二、第三、第四个 8 拍同第一个 8 拍。

第六节　体转运动 4×8 拍（图 1-43）

图 1-43

第一个 8 拍：

1 拍：左脚向左侧迈出一步，同时两臂经前向上举；

2 拍：上体左转 90°；

3 拍：还原成 1 拍的姿势；

4 拍：两臂经前放下还原成预备姿势；

5 ~ 8 拍：动作同 1 ~ 4 拍，左右方向相反。

第二、第三、第四个 8 拍同第一个 8 拍。

第七节　平衡运动 4×8 拍（图 1-44）

图 1-44

第一个 8 拍：

1 拍：左脚向前一步，重心移至左脚，右脚前脚掌着地，同时两臂上举；

2 拍：上体前倾呈俯平衡状态，同时右腿尽量上举，两臂经前至平举，抬头；

3 ~ 6 拍：呈俯平衡状态不动；

7 拍：还原成 1 拍的姿势；

8 拍：还原成预备姿势。

第二个 8 拍同第一个 8 拍，左右方向相反；

第三、第四个 8 拍同第一、第二个 8 拍。

第八节　全身运动 4×8 拍（图 1-45）

图 1-45

第一个 8 拍：

1 拍：左脚向左侧迈出一步，两脚间距略比肩宽，同时两臂经前向上举，抬头看；

2 拍：身体前屈，两臂体前交叉，右手在前，低头；

3 拍：收左脚，全蹲，两手扶膝，肘关节向外，手指相对；

4 拍：还原成预备姿势；

5 ~ 8 拍：动作同 1 ~ 4 拍，左右方向相反。

第二、第三、第四个 8 拍同第一个 8 拍。

第九节　跳跃运动 4×8 拍（图 1-46）

图 1-46

第一个 8 拍：

1 ～ 4 拍：两臂屈臂胸前正摇绳，左右脚交替后踢；

5 拍：两脚跳，成开立，同时两臂前平举；

6 拍：两脚跳起并拢，两臂屈肘靠在躯干两侧，拳心向前；

7 拍：两脚跳，成开立，同时两臂上举；

8 拍：动作同 6 拍。

第二、第三、第四个 8 拍同第一个 8 拍，第四个 8 拍的最后一拍还原成预备
姿势。

第十节　整理运动 4×8 拍（图 1-47）

第一个 8 拍：

1 ～ 4 拍：原地踏步，两臂前后自然摆动；

5 ～ 6 拍：继续踏步，两臂经前向上举同时吸
气一次；

7 ～ 8 拍：继续踏步，两臂落下至体侧，同时
呼气一次。

图 1-47

第二、第三、第四个 8 拍同第一个 8 拍，第四个 8 拍的最后一拍还原成预备
姿势。

二、小体操垫的开发与运用

　　小体操垫又叫折叠垫，是中小学必备的体育器材之一，由外套和填充物两部分组成。外套可由帆布、牛津布、聚氯乙烯皮革、聚氨酯皮革等不同材料制成，内装聚乙烯、压缩海绵、珍珠棉、聚氨酯等填充物，其尺寸一般为100cm×50cm×5cm 和 120cm×60cm×5cm 两种。小体操垫主要用于体操项目的教学及保护，还可以通过拓展其功能，积极发挥小体操垫在体育教学中的作用。

（一）在田径教学中的开发与运用

　　1. 节奏跑练习

　　将若干块小体操垫相距 30 ～ 50cm 横放在平地上成一条直线，学生依次踩垫子间隙做节奏跑练习。（图 2-1）

　　2. 步幅跑练习

　　将若干块小体操垫竖直平放在地面上，垫子之间相距适宜距离，学生依次踩垫子间隙做步幅跑练习。（图 2-2）

图 2-1

　　3. 步频跑练习

　　将若干块小体操垫相距 30 ～ 50cm 以"∧"形立放成一排，学生站在垫子一侧，高抬腿或半高抬腿做步频跑练习，每步跨过一块小体操垫。

图 2-2

　　4. 组合跑练习

　　将 10 块小体操垫对折立放，两两间隔 40 ～ 50cm；后面再放 10 块对折的小体操垫，两两间隔 50 ～ 60cm。学生在前 10 块垫子做收腹跳，在后 10 块垫子做高抬腿跨步跑，最后接 20 ～ 30m 加速跑。要求收腹跳做到大腿前摆抬平，高抬腿时重心充分前移，摆臂协调有力。

5. 阻力后蹬跑练习

学生三人一组，一人练习，两人辅助。两名辅助者分别抓住小体操垫的提手，用小体操垫围住练习者的腰腹部。练习时，辅助者向后用力，练习者身体前倾，用力摆臂，两脚后蹬向前跑进，每人跑 30 ~ 50m，三人轮换。（图 2-3）

图 2-3

6. 起跳蹬摆练习

学生两人一组，一人练习，一人辅助。练习者站在起跳线后，辅助者站在练习者侧前方 1 ~ 1.5m 处，两手抓一块小体操垫（垫子打开，正面朝上）举到头上方。开始后，练习者发力起跳，做到髋、膝、踝关节充分伸展，两手手背触摸前上方小体操垫。小体操垫上举高度与距离要根据练习者的身高和跳跃能力进行调整，一般以练习者在跳起至最高点时两手能触垫为宜。（图 2-4）

图 2-4

7. 收腹跳练习 1

学生两人一组，一人手持一块小体操垫打开一端，举至胸前位置，另一人站在小体操垫侧面做收腹跳膝关节触垫练习。（图 2-5）

图 2-5

8. 收腹跳练习 2

将若干块小体操垫以"∧"形间隔约 1m 竖立放置，学生正对小体操垫，双脚起跳，大腿上抬，屈膝团身跳过小体操垫。

9. 起跳角度练习

在起跳线前适宜处竖立一块"∧"形小体操垫，学生在距离小体操垫一定距离处跳过小体操垫。（图2-6）

图2-6

建议：竖立高度可自主调整，通过调整小体操垫着地两端的间距来调整立放小体操垫的高度。若间距过大，小体操垫滑落不能竖立，可以在小体操垫的两把手间横拉一根橡皮筋。

10. 落地伸腿练习

在落地区适宜位置放置一块打开的小体操垫，要求学生跳跃落地时，脚跟不触碰小体操垫。小体操垫与起跳线的距离可以根据学生的跳跃能力灵活调整。

11. 头触垫练习

在沙坑内侧边叠放若干块小体操垫形成垫台（也可用椅子或跳箱盖代替），辅助者双手持垫向前平举站在垫台上，练习者助跑起跳后做腾空步，头部触碰小体操垫。

12. 助跑踏跳练习

把小体操垫摆放在起跳板前，要求学生把小体操垫想象成一条小沟或一片地雷区，起跳时脚不碰垫。确定助跑距离，使助跑流畅，踏跳准确。

13. 三级跳远"三部曲"练习

将三块小体操垫间隔平铺摆放，学生做三级跳远"三部曲"（单足跳、跨步跳、跳跃）练习，体会三级跳的动作节奏和不同动作的身体感觉。接着改变三块小体操垫的形状，第一块打开横放，第二块打开竖放，第三块折成"∧"形竖放或折成方形摆放，学生体会"一平二远三高"的动作要求。

14. 跨越皮筋

将小体操垫折放成"∧"形，在两块小体操垫的中间拉一根橡皮筋，在距橡皮筋30cm处粘贴小脚印标志贴（小脚印与橡皮筋成30°～45°角），学生以小脚印为起跳点，起跳脚尽量踩在小脚印上，尝试在 3～5 步助跑后完成跨越式跳高动作（图2-7）。技术熟练后可增加远端一侧的小体操垫高度，提高起跳抬腿高度（图2-8）。

图2-7   图2-8

15. 双脚踢垫练习

学生两人一组，辅助者双手握住小体操垫，双臂向前平举，练习者做原地双脚踢垫练习，要求直膝勾脚尖，起跳腿蹬伸有力，体会跨越式跳高的剪刀脚动作。（图2-9）

16. 跳过垫子

将小体操垫以"∧"形摆放，学生做原地站姿或上一步的跳过垫子练习。（图2-10）

图2-9   图2-10

17. 分层挑战赛

在平整的场地设置不同高度的小体操垫堆，跳过一层为及格，跳过两层为达标，跳过三层为良好，跳过四层为优秀。学生根据个人能力选择不同高度的垫堆

进行挑战。（图 2-11）

图 2-11

18. 作投掷辅助垫

将小体操垫平铺在地面上，学生做趴投、坐投、跪投等动作，体会投掷时身体相关部位的发力情况。

19. 作抵趾板

将小体操垫放在投掷限制线上，要求学生将球投掷出手后脚不碰垫，纠正投掷出手后脚越过投掷线的问题。

20. 纠正出手角度

在投掷教学中，将若干块小体操垫叠放，最上面一块以"∧"形立放呈"宝塔"状。学生站在"宝塔"前 1.5 ~ 3m 处，采用原地正面双手头上前掷实心球动作，将球从"宝塔"上方投出。小体操垫叠放的高度根据学生的身高调整，也可通过调整投掷线控制出手角度。

21. 原地摆动腿和起跨腿练习

在初学跨栏时，将小体操垫打开呈 90° 立在体前。学生站在直角内，依次做摆动腿抬、伸、压和起跨腿蹬、展、拉的动作练习。

建议：多摆放几组小体操垫进行行进间跨栏跑练习。

22. 作栏架

跑边栏练习：将多块小体操垫以"∧"形摆成一条直线。学生起跨腿从竖放的小体操垫侧面走过，摆动腿从竖放的小体操垫上越过，依次连续越过多块小体操垫。（图 2-12）

完整跨栏练习：将两块小体操垫以"∧"形并排摆放，可摆放多组，学生进行完整跨栏动作的跨栏练习。（图 2-13）

图 2-12

图 2-13

建议：技术动作逐步熟练后可增加小体操垫的间距和数量。

（二）在球类教学中的开发与运用

1. 作足球

在足球踢球技术教学中，学生在教师的示范和引导下，踢小体操垫的边角，体会正确的击球部位。（图2-14为脚内侧踢球练习）

2. 作足球门

将两块小体操垫相距适宜距离摆放成"∧"形，两块小体操垫之间形成一个足球门；也可将一块小体操垫摆放成"∧"

图2-14

形，将打开的"∧"形空间当作微型足球门，或直接将小体操垫的一面当作墙壁式足球门。

3. 作目标区

在排球教学中，将2～4块小体操垫并排放在排球场内相应区域，用于发定位球或垫（传）球的准确性练习。

4. 原地高低运球练习

将小体操垫以"∧"形竖立在地面上，学生在小体操垫边做原地高低运球练习。低运球时，球的反弹高度不超过小体操垫上沿（膝关节以下）；高运球时，球的反弹高度超过小体操垫上沿（胸腹之间）。在运球时，学生可用另一只手扶垫降低身体重心。（图2-15）

5. 体前换手运球练习

将小体操垫以"∧"形竖立在地面上，

图2-15

学生面向小体操垫两脚开立，做体前换手运球练习。也可以将小体操垫打开侧立增加左右距离。（图2-16）

图 2-16

6. 同侧交叉步突破运球练习

将小体操垫竖放，学生进行原地交叉步上步、原地持球交叉步上步、右手原地运球换手交叉步上步并换左手低运球等练习，注意探肩、抬肘、降低重心。（图 2-17）

图 2-17

7. 运球急停急起练习 1

将若干块小体操垫以"∧"形间隔 3 ~ 5m 一字排开。学生运球到小体操垫前急停运球三次，急起运球到下一块小体操垫，依次进行。（图 2-18）

8. 运球急停急起练习 2

将若干块小体操垫以"一"字形平放（不打开）在地面上，小体操垫两两相距 3 ~ 5m。学生运球同时依次将小体操垫打开，在绕过标志筒后返回

图 2-18

时，再依次将小体操垫合上，用时少者获胜。可以进行接力比赛。

9.胸前传接球练习

学生两人一组，相距 3 ~ 5m，一人拿小体操垫在胸前，另一人传球击垫，完成规定次数后交换练习（图2-19）。也可以将若干块小体操垫叠放，最后一块以"∧"形竖立在上面，使小体操垫最高处在练习者的胸腹之间，练习者进行传球击"∧"形小体操垫练习。

图 2-19

10.球过山洞

将两块小体操垫摆放成"∧"形，间隔约 1m，在两块小体操垫上面横放一根体操棒或竹竿，组成一个山洞（图2-20）；也可以将三块小体操垫按"∧"形摆成山洞（图2-21）。两名学生分别站在山洞两边，做击地反弹传球练习。要求球从山洞穿过，提高传接球的准确度和趣味性。

图 2-20　　　　　　　　　　图 2-21

11.跨步接球练习

在练习者前面横放一块小体操垫，辅助者手持篮球站在小体操垫侧面（离垫距离自主调整）传球，练习者跨步越过小体操垫，同时接球上篮。（图2-22）

12.三步低（高）手投篮练习

在篮球行进间投篮教学中，将三块小体操垫在地上摆放成"∧"形，学生在小体操垫一

图 2-22

侧进行三步低（高）手投篮练习，直观、形象地体会"一大、二小、三高跳"的三步低（高）手投篮技术要点。动作熟练后，可调整小体操垫摆放形状（如平放—平放—竖立），学生依次从小体操垫上跃过练习三步低（高）手投篮动作。（图2-23）

图 2-23

13. 体前变向换手运球练习

将小体操垫打开侧立，学生站在小体操垫后面进行体前变向换手运球练习（图2-24），强调变向换手跨步时，身体贴近小体操垫，推球加速摆脱防守。运球不熟练者可以把小体操垫打开平放在地面上，减小变向幅度（图2-25）。

图 2-24　　　　　　　　　图 2-25

14. 持球蹬跨突破练习

将小体操垫打开平放在地上，学生持球站在小体操垫长边一侧的中间，两脚左右开立，屈膝降重心，听教师的口令做原地蹬跨练习。要求蹬跨用力，当左脚为中枢脚时，右脚向右前方跨出并用前脚掌踩住垫的拐角或落在小体操垫拐角边的地面，然后运球换方向继续练习。

（三）在体操教学中的开发与运用

1. 跪跳上（下）

在跪跳起教学中，为了让学生更好地体会脚背压垫、提腰收腿动作，增强学生的自信心，可安排学生跪着跳上一块小体操垫，然后尝试跳上两块、三块小体操垫；也可以从 2 ～ 4 块小体操垫上跳下。

2. 跪摆制动练习

学生两人一组，练习者跪在小体操垫上，两手后摆准备，辅助者手持一块打开的小体操垫平放在练习者头部前上方，练习者用力将两臂由后向前上方摆出，在两手背碰到垫子瞬间，立即停止。重复多次后，两人互换角色练习。（图 2-26、图 2-27）

图 2-26　　　　　　　　　　　图 2-27

3. 斜坡滚翻练习

为了帮助滚翻技术掌握不熟练的学生更好地体验前（后）滚翻，可以将多块小体操垫放在大体操垫一端下面，让大体操垫形成一道斜坡，学生沿斜坡做前（后）滚翻练习。（图 2-28 为前滚翻，图 2-29 为后滚翻）

图 2-28　　　　　　　　　　　图 2-29

4. 前滚翻成直线练习

将若干块小体操垫打开纵向连接，学生做前滚翻成直线练习。要求滚翻的过程在小体操垫内完成。（图 2-30）

5. 远撑前滚翻或鱼跃前滚翻练习

将小体操垫叠放（图 2-31）或竖立成三角形（图 2-32）置于学生前方适宜位置，学生根据自己的能力进行远撑前滚翻或鱼跃前滚翻练习。

图 2-30　　　　　　　　　　图 2-31　　　　　　　　　　图 2-32

（四）在体能练习中的开发与运用

1. 作体能垫

在小体操垫上做各种力量练习，如俯卧撑、仰卧起坐、仰卧举腿、仰卧两头起、俯卧起身、仰卧车轮跑、跳深以及立卧撑等。

2. 作柔韧垫

在小体操垫上做各种柔韧性练习，如髋关节、大腿后侧和内侧等部位的拉伸，也可以做纵叉、横叉、坐位体前屈、背桥等动作练习。

3. 支撑移行练习

取一块或若干块小体操垫拼接成长方形，学生手撑小体操垫，沿拼接小体操垫俯撑移动 1 ~ 3 圈。可安排练习或比赛；也可以脚在垫上、手在地面进行俯撑移动。（图 2-33）

图 2-33

4. 俯撑上下垫

学生每人一块小体操垫，两手先放在小体操垫上呈俯撑状。发令后，左右手依

次撑在小体操垫一侧，然后依次还原
到小体操垫上，反复进行，完成规定
次数。也可以安排练习或比赛；还可
以根据学生的能力适当增加垫堆的高
度，激发学生的挑战勇气。（图2-34）

图 2-34

5. 合作搬运

学生两人一组，分别抓握小体操垫的两端，向前搬运，可适当增加小体操垫
的数量，发展上肢和手腕力量。（图2-35）

6. 仰卧推垫

学生仰卧在小体操垫上，抓住
小体操垫进行推垫练习，完成规定
次数。可适当增加小体操垫的数量，
发展上肢力量。（图2-36）

图 2-35　　　　　　　　图 2-36

7. 跳台阶

根据学生的跳跃能力，将2～5块小体操垫叠放，学生跳上垫堆后再跳下，
反复练习，完成规定次数。

8. 弓步交换跳

将2～3块小体操垫叠放，学生一只脚踏在垫堆上，另一只脚踏在地面上呈
弓步，然后双脚跳起上下交换位置，反复练习，发展下肢力量。

图 2-37

9. 扇球

学生双手持一块小体操垫，用力扇地面
上的球（足球、排球、篮球），在小体操垫
不触碰球的情况下，将球扇到指定区域，用
时最少者获胜。（图2-37）

10. 比比谁高

学生两人一组，辅助者双脚踩在一层小
体操垫上，身体站直，双手持垫向前举，练

习者进行原地单脚起跳头触垫练习（图 2-38）。也可加几块小体操垫叠放，采用助跑起跳方式进行练习（图 2-39），看看哪只脚跳得更高，更容易发力，以便确定起跳脚。还可以采用双脚起跳方式进行练习。

图 2-38　　　　　　　　　　　　　　　　　　图 2-39

11. 夹垫子

练习者双手分开 30 ～ 50cm，辅助者将小体操垫放在练习者双手正上方，小体操垫下沿与练习者双手平齐。当辅助者松手时，练习者迅速用双手将小体操垫夹住，小体操垫没夹住或落地则为失败，练习多次后交换角色。

12. 作压腿台

将小体操垫多层叠放，学生将脚放在小体操垫上进行压腿等拉伸练习。

13. 猫式伸展

学生俯撑在小体操垫上，双手双膝着地，弓起上背部，低头时胸部内收，仰头时塌腰、全身放松。弓起背部时要延长呼气，塌腰时要延长吸气。

14. 跳山羊

打开小体操垫，学生双手撑在纵向小体操垫的顶端，抬高臀部，双脚并拢放在小体操垫一侧。发令后，双脚发力跳到小体操垫另一侧，然后跳回原位。反复进行，每跳一次计数一次，看谁先完成规定次数。（图 2-40）

图 2-40

（五）在体育游戏中的开发与运用

1. 铺桥过河

学生 4 ～ 12 人一组，每人一块小体操垫，成纵队站在起点线后。发令后，同组学生合作依次将小体操垫向前铺在地面上（小体操垫前后相接，不能有间隙），并走上小体操垫，排尾将最后一块小体操垫经头顶向前传至排头，排头将小体操垫放在第一块小体操垫前。队伍前移，反复进行，直至最后一块小体操垫过终点线且所有人上岸，或人手一块小体操垫收回站到岸上，用时最短的组获胜。（图 2-41）

图 2-41

2. 炸"碉堡"

学生平均分成若干队，各队队员先用 5 ～ 8 块小体操垫在指定位置堆成"碉堡"，然后成纵队站在起点线后，每人手持一根"导火线"（短绳）准备。发令后，各队采用拍手接力方式，每次跑出一人，依次从起点线往"碉堡"处铺设"导火线"并连接。当最后一名队员将"导火线"与"碉堡"（小体操垫提手）连接好并跑回到起点线后，拉响"导火线"使"碉堡"倒塌，最先炸掉"碉堡"的队获胜。

3. 抢车位

在场地中间均匀摆放若干块小体操垫（一般小体操垫数量比参与人数少 1 ～ 2 块）。开始后，学生成一路纵队沿着小体操垫外围的场地慢跑，当听到哨声后，学生迅速站到或坐到小体操垫上，倒数 3s 后开始检查，没有抢到小体操垫的学生表演节目或做体能练习。（图 2-42）

图 2-42

4. 搬垫子

学生平均分成 A、B、C、D 四队，各队分别站在边长 15 ~ 30m 的正方形角上，在四个角的位置叠放若干块小体操垫。发令后，每队采用接力方式，每次跑出一人去搬指定队伍的小体操垫（A 搬 B，B 搬 C，C 搬 D，D 搬 A），每人每次只能搬一块小体操垫回到本队。在规定时间内，拥有小体操垫数量多的队获胜。

5. 追逐拍击

学生平均分成 A、B 两组，在场地中分散摆放若干块小体操垫。发令后，A 组学生去追拍 B 组学生，被拍击到的学生则淘汰。但当 B 组学生脚踩在小体操垫上时，A 组学生不能拍击，同时 B 组学生在 3 个数内必须离开该垫，超时即淘汰。一段时间后交换角色，最后留在场上人数多的组获胜。

6. 仰卧接龙

学生平均分成若干组，同组学生间隔适当距离呈"一"字形仰卧在小体操垫上，第一人将球夹在两脚中间准备。发令后，第一人两脚夹球后举传给第二人，依次传到最后一人，

图 2-43

直到最后一人将球放入呼啦圈内为止，用时最短的组获胜。要求只能用脚来传球，若球掉落须捡回从掉落处开始传。（图 2-43）

7. 翻翻乐

学生平均分成 A、B 两组，将与人数相等的小体操垫均匀地摆放在篮球场或足球场等场地上，A 组的小体操垫全部合上，B 组的小体操垫全部打开。发令后，每组采用跑、单脚跳或双脚跳的方式进行开合小体操垫接力，A 组队员将打开的小体操垫合上，B 组队员将合上的小体操垫打开，每人每次只能打开或合上一块小体操垫，规定时间内，看开合小体操垫的数量，合上多即 A 组胜，打开多即 B 组胜。

建议：可增加小体操垫的数量（小体操垫的数量比参与人数多），并拉大

小体操垫的间距。

8. 踢球比准

将小体操垫以"∧"形分散立在场地上。发令后，每人一个足球在场地上运球射门，将足球踢进小体操垫的门洞，踢进次数多的学生获胜。

9. 你跳我拉

学生两人一组，一人站在小体操垫上，另一人拉小体操垫。开始后，练习者向前上方跳起，同时辅助者向前拉动小体操垫，使练习者落回垫上，两人通过一跳一拉的合作方式向前移动（若练习者落地，则要退回上一跳落点或两人原地做蹲起 3 次后继续游戏），先完成规定距离的组获胜。（图 2-44）

图 2-44

10. 齐心协力

学生两人一组，胯下共同夹一块小体操垫，后面学生双手搭在前面学生的肩上。发令后，两人合力，夹着小体操垫迅速跳向终点，最先跳到终点的组获胜。在跳动过程中，小体操垫不能着地，不能用手去提拉小体操垫。（图 2-45）

图 2-45

11. 青蛙过河

学生两人一组并列站在起跑线上，辅助者手持两块小体操垫。发令后，辅助者将两块小体操垫分别铺在前面适宜的位置，练习者跳到前面的小体操垫上，辅助者将后面的小体操垫拿到练习者前面放好，练习者再往前跳，如此反复跳到终点。返回时两人交换角色，完成后将小体操垫举起为结束，最先举起小体操垫的组获胜。若练习者落地，则要退回上一跳落点或两人原地做蹲起 3 次后继续游戏。（图 2-46）

图 2-46

12. 垫子垫球

每人一块小体操垫和一个排球，两手抓小体操垫两侧，小体操垫上放一个排球。发令后，学生利用小体操垫做连续垫球动作，球的高度超过头顶为有效。在规定时间内，累计或连续有效垫球次数最多者获胜。（图 2-47）

图 2-47

13. 猜猜我是谁

一人为竞猜者，站在直径约 15m 的圆圈中心，其他学生每人手拿一块小体操垫绕圆圈站好。开始后，竞猜者闭上双眼原地转圈，其他学生绕着圆圈跑，竞猜者叫停后，其他学生快速转身面向圆心，用小体操垫挡住自己，竞猜者说出他面对的学生的名字，竞猜正确后，双方交换位置继续游戏；反之，继续游戏或竞猜者做 5 次蹲起后与面对的学生交换角色继续游戏。

14. 步步高升

学生 4 人一组，分别站在多块小体操垫叠加的四面，将一只脚放在最上方的小体操垫上面，坚持 5 ~ 15s，完成后加高一块小体操垫，依次累加，坚持不住的人被淘汰，最后剩下的一人为胜者。（图 2-48）

15. 抬板跑

学生三人一组，将小体操垫举在头上进行合作跑练习。可增加小体操垫的数量。（图 2-49）

16. 毛毛虫爬行

将若干块小体操垫连接摆成 U 形，学生平均分成若干组，每组学生手足并用从小体操垫上依次爬过，后面学生不能超越前面学生，看哪组用时最少。（图 2-50）

图 2-48

图 2-49

图 2-50

17. 翻山越岭

将若干块小体操垫折成 90° 侧立在平地上，并连接成"S"形，学生进行跳跃练习。（图 2-51）

18. 一山不容二虎

将小体操垫（数量比参与人数少 1 块）间隔适当距离摆放在地面上，每块小体操垫上站一人。开始后，小体操垫上的人做原地踏步双手呈虎爪状连续前推练习，不在小体操垫上的人双脚跳到任意一块小体操垫上，在脚落垫前，小体操垫上的人迅速跳离小体操垫，立即再找别人的小体操垫跳上，以此类推。若原小体操垫上的人在下一人脚触及小体操垫时尚未离开小体操垫，则为失败，罚其做俯卧撑、纵跳、开合跳、蹲起、高抬腿等练习。（图 2-52）

图 2-51

图 2-52

19. 快立快倒

将若干块合上的小体操垫间隔 3 ~ 6m 距离平放排成一排，学生平均分成若干组，每组成纵队站在起点线后。发令后，各组第一人迅速跑出，依次将本组小体操垫以"∧"形立在地上后，返回起点线与第二人拍手，第二人出发，再将本组小体操垫全部放倒平放在地面上，如此循环进行，直到最后一人完成任务并返回起点线，用时最少的组获胜。（图 2-53）

图 2-53

20. 快开快合

将若干块合上的小体操垫间隔 3 ~ 6m 距离平放排成一排，学生平均分成若干组，每组成纵队站在起点线后。发令后，各组第一人迅速跑出，依次将本组小体操垫打开后，返回起点线与第二人拍手，第二人出发，再将本组小体操垫一一

合上，如此循环进行，直到最后一人完成，返回起点线，用时最少的组获胜。（图2-54）

图 2-54

21. 打移动靶

画两条相距6～12m的平行线，请一名学生作移动靶，取一块小体操垫盖在头上，站在两条线中间。剩余学生均匀站在两条线上，每人一个绳吊球（在纸球上系一根长2～3m的绳子），一手抓纸球，另一手拉住绳子末端。发令后，移动靶慢速从中间穿过，两侧学生用球击打小体操垫后，迅速拉回，再次击打。看谁击打的次数多。也可以不用绳吊球，直接用纸球或荞麦沙包来击打移动靶。（图2-55）

图 2-55

22. 小飞毯

每人一块小体操垫，将其打开，站在或跪在半个小体操垫上，双手抓握另一半小体操垫边沿。发令后，学生利用向前上方跳起的腾空时间，将小体操垫向前移动，并落回小体操垫（图2-56）。如此反复跳移，最先到达终点者获胜。也可以单手抓握小体操垫侧向移动（图2-57）。

图 2-56　　　　　图 2-57

建议：为避免损坏小体操垫，最好在人工草坪、木地板或光滑地面上进行游戏。

23.骑马击靶

画两条相距 5 ～ 12m 的平行线作为起点线，将一个标志筒放在两条线中间，取一个篮球放在标志筒上面；两人分别跪在打开的小体操垫上，一手扶垫，一手持体操棒在两条起点线后准备。发令后，两人抓垫向前方标志筒跪跳移动，看谁先用体操棒将标志筒上的篮球击落。（图 2-58）

图 2-58

建议：①为避免损坏小体操垫，最好在人工草坪、木地板或光滑地面上进行游戏；②可以组织两组间的对抗积分赛，每次每组派一人比赛，胜者得 1 分，直到全组比赛结束，最后积分多的组胜出。

24.骑马追击

甲、乙、丙三人一组，一人一垫一软棒。三人跪在打开的小体操垫上，一手扶垫，一手持软棒准备。开始后，三人抓垫向自己追击的目标跪跳移动，同时，躲避追击自己的人。追击关系为甲追乙、乙追丙、丙追甲。最后，看谁先用软棒击中自己追击的目标的躯干部位。（图 2-59）

图 2-59

建议：①为避免损坏小体操垫，最好在人工草坪、木地板或光滑地面上进行游戏；②人数可以增加到 4 ～ 8 人，但必须每人都存在追击和被追击的关系；

③也可以不指定追击对象，自由追击。

（六）拓展运用

1. 作积木

将小体操垫作为积木搭建各种建筑，如金字塔、长城、房子等。（图2-60）

图 2-60

2. 作挂图板

教师将挂图贴在小体操垫上，摆在学生面前，直观明了。

3. 作保护垫

在各种跳跃练习中，小体操垫可作为缓冲保护垫；在匍匐前进（图2-61）、俯卧撑、仰卧起坐、平板支撑等练习中，可将小体操垫铺在地上保护学生的身体；也可以将若干块小体操垫拼成大面积的体操垫铺在地面上进行滚翻、跆拳道、自由体操、啦啦操等练习。

图 2-61

4. 作标志物

小体操垫在各种体育教学或比赛中可作为标志物。

5. 作障碍物

在障碍跑教学时，可将单块小体操垫摆成各种形状，或将多块小体操垫组合成一个障碍，进行各种障碍跑练习。

6. 作山洞

三块小体操垫为一组，两块立成"∧"形，一块放在上面，共同组成一个山洞，组织学生进行钻山洞游戏。（图2-62）

图 2-62

7. 作飞盘

学生双手或单手拿着一块合上的小体操垫站在投掷线后，然后全身发力将小

体操垫旋转扔出，看谁扔得最远。（图 2-63）

建议：为了防止投掷后小体操垫在空中打开而影响投掷结果，投掷前将小体操垫两把手固定在一起或用胶布将小体操垫缠绕固定。

8. 作起跑器

取两块小体操垫分别当作起跑器的前后踏板，练习时，辅助者用脚踩住小体操垫，以免小体操垫滑动。

9. 作武术靶

在武术教学中，辅助者手持小体操垫搭建"脚靶"或"手靶"，既可以提高学生练习的兴趣，又可以让学生进行各种腿法（图 2-64）、拳法、掌法的实战练习，体会武术的动作要领。也可以将小体操垫绑在篮球架立柱等固定物上进行相应的武术动作练习（图 2-65）。

10. 作滑板

在光滑地板或瓷砖地面上，将小体操垫打开，学生趴在小体操垫上，两腿弯曲离地，两手扒地使小体操垫前移（图 2-66），看谁先到

图 2-64　　　　　　图 2-65

达指定位置；也可以仰卧在小体操垫上，两脚放在地上，两手抓握小体操垫边沿，两脚蹬地使小体操垫向头部方向移行（图 2-67）；还可以一人坐在打开的小体操垫上，另一人在身后推其前进（图 2-68）。

图 2-66　　　　　　图 2-67　　　　　　图 2-68

11. 作棋盘

取一块小体操垫，用粉笔在上面画一个"井"字，制作一个九宫格棋盘，用不同颜色的沙包、实心球、布块等物体作为棋子，组织学生玩"快速三子棋"游戏。（图 2-69）

12. 作踏板

将一块小体操垫合上作为踏板操的踏板，踏板操的具体动作编排如下，请大家自主搭配使用。（图 2-70）

图 2-69　　　　　　　　　　　图 2-70

（1）前后踏板走：跨踏板前后走，腰腹收紧。

（2）踩踏板边环绕跑：踩着踏板边，环绕跑，腰腹收紧。

（3）交叉腿跳：一只脚踩踏板，另一只脚踩地，左右腿交替跳。

（4）左右迈步：一只脚上踏板支撑，另一只脚上下踏板、点地，左右脚交替。

（5）左右吸腿：一条腿在踏板上支撑，另一条腿向前吸腿。

（6）横向跨步走：在踏板上大步向左右两侧跨步，腰腹收紧。

（7）交叉腿伸髋：单脚上踏板后，后侧腿后伸，腹部收紧。

（8）快速箭步蹲：前脚在踏板上快速箭步蹲，两脚交替。

（9）踏板深蹲：跳到踏板上，深蹲两次，背挺直。

（10）踏板左右深蹲：一只脚在踏板上，另一只脚踩向侧前方 45° 方向的踏板上，深蹲一次，背挺直。

（11）后交叉蹲：一条腿在踏板上支撑，另一条腿后伸，下蹲，前腿膝关节不超脚尖。

（12）180° 旋转跳：并腿跨踏板向对面跳跃，同时转体 180°，反复循环。

（13）并腿前后 3 段跳：并腿跳上踏板再向前跳下再跳回，反复循环。

（14）面前绕圈跑：始终面朝前方绕踏板跑。

（15）前后跑：左右脚跨在踏板两侧，分腿前后跑，同时摆臂。

（16）左右深蹲跳：左右腿交替在踏板上深蹲跳。

（17）开合跳：站在踏板上，腿分开跳跃，同时两臂外展，反复循环。

（18）俯身交替吸腿：俯身，手撑在踏板上，左右腿交替向前吸腿。

（19）俯身并膝左右吸腿跳：俯卧，手撑在踏板上，并腿伸直，向前并膝左右吸腿跳。

（20）俯撑左右并腿跳：俯卧，手撑在踏板上，并腿屈膝，左右跳跃。

（21）仰卧屈髋：仰卧在踏板上，两臂屈肘上举抓住踏板上方固定，并腿，屈膝屈髋至臀部离地。

（22）平板支撑上下踩：平板支撑，背挺直，不塌腰弓背，左右腿上下踏板。

三、大体操垫的开发与运用

大体操垫是体育教学和训练的常规体育器材之一，分外套和内芯两部分，外套由帆布或人造革等材料制成，内芯由发泡海绵、高密度压缩海绵或高密度聚乙烯等材料制成。大体操垫常用规格为 200cm×100cm×10cm 和 200cm×120cm×10cm 两种。大体操垫一般在垫上动作练习或保护帮助时使用，我们可以拓展其功能，积极发挥其作用。

（一）在体育教学中的开发与运用

1. 作体能垫

可以在单块大体操垫上做各种力量练习，如俯卧撑、仰卧起坐、仰卧举腿、仰卧两头起、俯卧起身、仰卧车轮跑、跳深以及立卧撑等；可以将单块大体操垫放置在台阶上，安排斜面仰卧起坐、俯卧挺身等练习；也可以将 4 ~ 6 块大体操垫叠放，组成一座高台，安排高位俯卧挺身（练习者双腿伸直，髋部位于垫上，上半身悬在空中，辅助者压住练习者脚踝）、仰卧起坐等练习。

2. 作缓冲板

在室内进行快速跑练习时，由于场地限制，可以把大体操垫靠墙壁当作缓冲板来使用，避免学生撞到墙体。

3. 作障碍物

将大体操垫横放，让学生跨过大体操垫进行各种练习；或将多块大体操垫叠放，组成一座障碍台。

4. 作标志物

将大体操垫横放，可当作跨步跳、单脚跳和连续立定跳远的远度标志物。

5. 作保护垫

可以在大体操垫上做前滚翻、鱼跃前滚翻、侧手翻等技巧练习，或在单杠、鞍马、横箱、双杠上进行练习时，在器材下或旁边放置大体操垫作为保护垫，或将若干块大体操垫拼成大面积的体操垫地面进行自由体操、啦啦操等练习。

6. 作领操台

在广播操、韵律操等教学中，教师或领操员可以站在多块大体操垫叠放形成的一个临时领操台上，让学生更好地看到示范动作，提升示范效果。（图 3-1）

图 3-1

7. 作障碍墙

将两块大体操垫合拼横立在地面上作为一道障碍墙，学生三人一组，两人在两侧固定垫子，另一人从一侧攀爬翻越垫子到另一侧，然后交换进行练习；也可以适宜间距连续设置多个障碍墙，让学生尝试翻越多道障碍。（图 3-2）

图 3-2

8. 作担架

一名学生躺在一块大体操垫上扮演伤员，其他学生抓握大体操垫四周，安全、快速地将"伤员"抬至指定位置。（图 3-3）

9. 作双杠保护垫

将大体操垫放于双杠杠面上，用于保护双杠前滚翻分腿坐的学生，避免学生在前滚翻时掉落。两侧各安排一名学生提供保护与帮助。（图 3-4）

图 3-3

10. 作台阶

将 2～5 块大体操垫叠放形成一个台阶，学生面向大体操垫站立在大体操垫四周，进行双脚跳、单脚跳、弓步交换跳等跳台阶练习。（图 3-5）

图 3-4

图 3-5

11. 辅助踢球

将多块大体操垫叠放在地上，把大体操垫侧面当作足球，进行无球练习，体会正确的击球部位；也可以将足球贴着大体操垫放好，进行踢固定球练习，避免足球滚动，提高练习效率。

12. 辅助传球

将足球传向多个叠放的大体操垫侧面，通过大体操垫反弹再接球射门。

13. 贴辅助标志

用胶带在大体操垫上贴一条纵向中轴线（图3-6），组织学生进行侧手翻练习，要求学生手脚落在直线上；在前滚翻教学时，在大体操垫前沿贴上一对手掌印，让学生将双手放在手掌印上做前滚翻；在远撑或鱼跃前滚翻教学时，在大体操垫前端贴上若干条平行的标志线，满足不同能力学生的练习需求。

图 3-6

（二）在体育游戏中的开发与运用

1. 互推大比拼

大体操垫短边垂直地面摆放，学生两人一组，分别站在大体操垫两侧，双手推大体操垫，使其保持中立。开始后，两人用力前推，在 10 ~ 30s 内，大体操垫倒向的那一方为负（图3-7）。注意充分活动，不能用头顶，也不能突然松开。

图 3-7

2. 仰卧平衡推垫

学生三人一组，练习者仰卧在大体操垫上，两名辅助者将一块大体操垫抬起，练习者双手、双脚支撑垫，待大体操垫稳定后两名辅助者离开，练习者做双手双脚同时向上推撑练习。练习过程中保持大

图 3-8

体操垫平衡不掉落，可适当增加大体操垫的数量，三人轮换练习。（图3-8）

3. 勇攀高峰

将若干块大体操垫叠放成一个高台，学生通过原地或助跑跳起爬到垫子上，摆出胜利的姿势后再爬下来，交替练习。攀爬时注意安全，根据学生的能力，可适当增减大体操垫的数量，鼓励学生挑战爬上更高的垫堆。（图3-9）

图3-9

4. 搬运垫子

将若干块大体操垫叠放，学生2～4人一组，合作抬着大体操垫到达指定位置。根据学生的能力，可适当增减大体操垫的数量。（图3-10）

5. 举垫合作跑

学生4人一组，将大体操垫举在头上进行负重合作跑练习，培养合作能力。（图3-11）

图3-10

6. 垫上俯撑练习

将6～8块大体操垫叠放，学生两手直臂撑于垫子上，两脚离地，通过两手的交替支撑，让身体沿着大体操垫移行1～3圈。（图3-12）

7. 拎垫前行

学生2～4人站在两块横立的大体操垫中间，用双手抓、拎大体操垫将其移动到指定位置。（图3-13）

图3-11

图3-12

图3-13

8. 横行霸道

将若干块大体操垫竖向连接，学生手和膝着垫，进行横向移动练习。

9. 垫上红绿灯

将多块大体操垫连接组成公路，多名学生站在起点，在终点教师的红灯、绿灯、黄灯的交通灯口令指示下，在垫上做出相应的动作，直至到达终点。

建议：①根据交通灯口令做出相应动作，绿灯是匍匐行进，红灯是平板支撑，黄灯是直臂支撑；②利用大体操垫摆放出各种形状的道路，改变移动的方向。

10. 翻山越岭

将大体操垫按横向、纵向或叠放等多种形式摆放成挑战赛道，学生从起点出发，根据要求依次穿越不同的障碍，到达终点。要求大体操垫纵放是匍匐前进，横放是跨跳越过，叠放是翻爬越过。

11. 重型飞盘

学生 2~6 人一组，每组用手抬大体操垫或用手举大体操垫过头顶，同时发力将大体操垫掷向远方，看哪一组的大体操垫落点最远。也可在一定距离内进行投掷接力，先攻占堡垒（碰到终点线或者标志物）的组获胜。

12. 小马过河

将两块大体操垫纵向摆放成"一"字形作为小河，两名或多名学生站在第一块大体操垫上。开始后，两名或多名学生迅速跳至第二块大体操垫上并抬起第一块大体操垫，从学生的头顶传递到前面，将第一块大体操垫放在脚下第二块大体操垫前，依次行进接力，直到所有学生和大体操垫都通过终点线。

13. 蜗牛搬家

学生两人一组，将大体操垫放在两人的背上，两人同方向爬行，将大体操垫运到指定地点后转圈，以同样的方式返回。要求爬行时手脚必须着地，否则回到起点重新开始；若爬行时大体操垫掉下，须原地背起再继续。

14. 抢占高地

多名学生绕着大体操垫跑，当哨声响起后，快速站到大体操垫上，倒计时3s后，未能站到大体操垫上的学生淘汰。在游戏中可以借力同伴，挤在大体操垫上，但不能推人。

15. 拔河

两名学生分别抓住大体操垫的两侧。开始后，两人同时向自己的方向拉大体操垫，其中被拉过中线或松开大体操垫的学生失败。要求在学生后面摆放海绵垫作为保护，学生不能突然松开双手。

图 3-14

16. 翻斗乐

将 2～4 块大体操垫捆绑在一起，学生 2～4人一组，将捆绑的大体操垫沿纵轴向前翻转，看哪组达到终点用时最少。（图 3-14）

17. 负重俯卧撑

学生 2～4 人一组，俯撑成一列横队，然后在他们背上放上一块大体操垫。发令计时，大家一起做俯卧撑，边做边喊数，在规定的一分钟内，看哪组做得最多。（图 3-15）

图 3-15

18. 平衡板

学生 2～3 人一组，选取光滑地面，一人站在大体操垫上，另一人或两人抓握大体操垫。开始后，抓握大体操垫的人向任意方向拉动大体操垫，站在大体操垫上的人及时调整脚步和站位，尽量保持身体的稳定性。一段时间后，交换角色，看谁的平衡性最强。

四、海绵包的开发与运用

海绵包是学校常备体育器材之一,分外套和内芯两部分。外套一般由帆布或人造革等材料制成,内芯由发泡海绵、高密度压缩海绵和高密度聚乙烯等材料制成。海绵包常用规格为 3m×2m×0.3m,主要用于跳高或体操项目练习的缓冲保护。我们可以充分拓展其功能,将其与体育教学相结合,使体育课堂更具活力。

(一)在体育教学中的开发与运用

1. 作缓冲墙

在快速跑中,由于场地限制,可以把海绵包靠墙当作缓冲墙来使用,避免学生撞到墙体。

2. 辅助起跳

在跨越式跳高练习中,学生的摆动腿往往不能伸直,可以多放几块海绵包,让学生起跳后的摆动腿直腿摆上,并直腿落在海绵包上。

3. 辅助收腹

将 2～4 块海绵包叠放成高台,学生进行收腹跳上海绵包的练习,强化收腹、收腿的动作。(图 4-1)

4. 作保护垫

在起跑练习中,学生起跑蹬地后趴向海绵包,体会重心前倾的感觉,同时海绵包还能起缓冲保护作用;做跳山羊、横箱分腿跳等动作时,在地面上放置海绵包,起缓冲保护作用;在"N 人 N+1 足"赛跑时,将海绵包放在终点线前作为缓冲保护垫;在平地上进行蹲踞式跳远时,将海绵包放在落地区作为缓冲保护垫。(图 4-2)

图 4-1

图 4-2

5. 辅助踢球

在脚内侧传球或脚背射门练习中，将海绵包平铺在地上，把海绵包侧面当作足球进行无球练习；将足球贴着海绵包放好，进行有球练习。

6. 辅助传球

将球传向海绵包，通过海绵包反弹辅助再射门或进行接球传球练习。

（二）在体育游戏中的开发与运用

类似游戏可参照大体操垫的玩法，以下为不同的游戏玩法。

1. 滚山坡

将多块海绵包连接，斜放在升旗台或高台上，形成一个斜坡，学生躺在海绵包上，从高处滚下，体验侧滚翻的乐趣。（图4-3）

2. 翻山越岭

利用人字梯或固定架将若干块海绵包拼搭成上下起伏的山体，学生依次从山的一侧攀爬上去，翻过山顶从另一侧下来。（图4-4）

图 4-3   图 4-4

建议：①练习前一定要检查山体的牢固性，并做好保护措施；②在搭建山体时，根据学生的能力设置不同的高度及倾斜度。

3. 水上漂移

学生4～6人一组，分水上组和水下组，将两块海绵包相距适宜距离并排放在起点线后，水上组站于其中一块海绵包上。发令后，水下组将无人海绵包搬运

到有人海绵包前面适宜位置，水上组每人根据
自己的运动能力，并腿跳或跨跳到前面的海绵
包上，然后水下组将无人海绵包移动到有人海
绵包的前面，依次循环进行，直到所有人和两
块海绵包都越过终点线。返程时，两组交换任
务。（图4-5）

图 4-5

4. 勇攀高峰

将若干块海绵包叠放，根据学生能力造出
不同高度的山峰。学生根据自己的攀爬能力，
从不同的峰面登顶，在攀登过程中可徒手或借
助工具，如攀爬架、梯子、绳索。（图4-6）

建议：海绵包一侧靠墙叠放为宜，以确保
海绵包的稳定性。

图 4-6

5. 动感地带

将海绵包纵向摆放在平衡木或体操凳上，制造出一个跷跷板一样的"动感地
带"，学生通过爬行穿越"动感地带"，体验别样的跷跷板。（图4-7）

图 4-7

建议：①在海绵包两侧安排人员做好保护工作；②可改变海绵包下平衡木
的高度；③学生可根据自己的能力选择穿越方式，如手膝着地爬、手脚着地爬、
匍匐爬等。

6. 抬罗汉

学生 4 ~ 10 人一组，每组指定一人作罗汉坐在海绵包中间，其余人站在海绵包四周，面向海绵包，用两手抓握海绵包边沿（掌心向上）。发令后，学生一边喊数，一边同时做蹲起，看哪组最先完成规定的蹲起次数。（图 4-8）

建议：①若组员人数较多，或力量较大，可请本组 1 ~ 3 人坐或趴在海绵包上，用重量来增加难度；②可尝试抬罗汉走一段距离，看哪组抬得稳，不可比抬得快，以免发生意外。

图 4-8

7. 泰山压顶不弯腰

学生 4 ~ 12 人一组，先站在海绵包四周（面向海绵包），然后合力抬起海绵包放于头顶，双手抓、托住海绵包。发令后，学生一边喊数，一边同时做蹲起，看哪组最先完成规定的蹲起次数。（图 4-9、图 4-10）

图 4-9

8. 众蚁运粮

学生 6 ~ 12 人一组，背对站立于横向竖立的海绵包四周，然后一起下蹲发力用后背互相抵起海绵包，在海绵包不触地的情况下，合力将海绵包运到指定位置，用时少的组胜出。

注意：在运送过程中，学生的双手不能触碰海绵包，只能用后背互抵的力量进行搬运。

图 4-10

9. 翻转乾坤

将 2 ~ 4 块海绵包捆绑在一起，学生 4 ~ 6 人一组，将捆绑好的海绵包沿纵轴或横轴方向向前翻转，看哪组到达终点用时最少。（图 4-11）

图 4-11

10. 平衡站立

将海绵包平放在地面上，学生单脚站于海绵包上，看谁坚持时间长。由于海绵包的柔软性和弹性产生的不稳定性，需要学生调用更多的核心小肌肉群来控制身体保持平衡。（图 4-12）

11. 地动山摇

学生 5 ～ 10 人一组，一人站在海绵包上，其余人抬起海绵包原地做适当的晃动，片刻后交换角色，看谁平衡能力强。（图 4-13）

图 4-12   图 4-13

建议：为安全起见，游戏时海绵包离地以不超过 20cm 为宜。

五、接力棒的开发与运用

接力棒是接力比赛中用来传递的短棒，有铝合金材质（空心）和木质（实心）两种，长度为 280 ~ 300mm，直径为 30mm、35mm 或 38mm，重量至少有 50g，接力棒颜色一般为鲜艳色彩或红白相间，以便于比赛使用。接力棒主要用于接力教学或比赛，但也是体育器材室中常见的闲置器材。我们通过对接力棒进行创造性的开发，使其从"专用"变为"多用"、从"偶用"变为"常用"，让体育课堂教学变得丰富多彩。

（一）接力棒功能的开发与运用

1. 交接棒手感练习

学生手持一根接力棒进行各种绕环练习，如胯下换手、肩后换手、腰部换手及各种抛接棒等。

2. 交接棒配合练习

学生两人一组，利用一根接力棒，进行原地或行进间不同速度的交接棒配合练习。

3. 变换姿势的交接棒练习

变换交接棒时的身体姿势能增加交接棒的趣味性，可进行胯下交接棒、头上交接棒、体侧交接棒等。

4. 不同队形的交接棒练习

应根据不同队形采取不同形式的交接棒方式。直线跑交接棒采用立棒式接力，如迎面接力跑、往返接力跑；弧线跑、圆形跑交接棒采用上挑式或下压式接力，如 4×100m 接力跑、圆形接力跑等。

5. 障碍接力跑

在接力游戏中，设置不同的障碍，学生采用跑、跳、跨、钻等形式进行接力练习。

（二）在平衡类练习中的开发与运用

1. 顶棒

学生将接力棒顶在手指、掌心或掌背上，看谁顶棒时间长；也可同时顶多根接力棒，看谁顶棒时间长或顶棒数量多。

2. 棒顶棒

学生手握接力棒下端，在上端竖立一根或多根接力棒，向前移动，看谁先到达终点，同时棒不掉落；也可以进行持棒平衡比赛，看谁保持平衡时间长。

3. 顶球行走

学生手握接力棒下端，在上端放一个实心球或其他重物，向前移动到终点。要求在移动过程中实心球或其他重物不落地，可在中途设立障碍物以增加难度。

（三）在奔跑类练习中的开发与运用

1. 障碍跑

将若干根接力棒定点定距摆成蛇形、曲线形等不同形状，学生绕图形跑。

建议：障碍间的距离宜远不宜近，在快速跑练习中不宜采用接力棒作为障碍物。

2. 合作跑

学生两人一组，手握一根接力棒的两端进行合作跑。

3. 作定向标志

接力棒颜色鲜艳，可作为定向跑的引导标志，将其设置在需要的位置。

4. 高抬腿触棒

将接力棒置于腹前约30cm处,作为大腿抬高的标志点,学生在练习高抬腿时,用大腿触碰接力棒。可两人一组，一人拿棒，另一人练习高抬腿。

5. 作折返点

在进行各种距离的往返跑练习时，接力棒可作为往返跑的折返点。

（四）在跳跃类练习中的开发与运用

1. 跳格子

将若干根接力棒等距横放在地上，学生做单、双脚跳格子练习。

2. 夹棒跳

学生将接力棒夹在后勾腿的腘窝处进行单脚跳练习（图 5-1），也可以将接力棒夹在两膝之间进行双脚跳练习（图 5-2），发展弹跳能力。

图 5-1　　　　　图 5-2

3. 棒上穿越

学生双手分别握住一根接力棒的两端，原地起跳，双脚从两臂和接力棒构成的空间中跳过。

4. 脚夹棒抛准

学生双脚夹住一根接力棒，跳起时将接力棒抛向目标物。

5. 跳滚棒

学生两人一组，在地面设置斜放的小折垫，一人将多根接力棒依次从斜面上滚下，另一人在垫子前用双脚跳或单脚跳躲避滚下来的接力棒，滚棒速度不宜过快。

6. 跳竹竿

学生两人一组，一人左右手各执一根接力棒代替竹竿，蹲在地上，两手左右分开，跳跃者站在两根接力棒中间。开始后，执棒者用手中的接力棒匀速做分开、并拢动作，跳跃者随着节奏做开合跳动作，尝试迷你版竹竿舞。

7. 作远度标志

将若干根接力棒平放在沙坑边缘，作为跳远或三级跳远的远度标志。

8. 作摸高物

将若干根接力棒用绳子悬挂在高处，并设置不同高度，学生进行摸高练习。

9. 长臂摸高

学生手握一根接力棒，进行原地或助跑起跳用接力棒摸高的练习，能满足个矮臂短学生的练习需求，使他们获得成功的喜悦。

10. 跳栅栏

学生 5 ~ 10 人一组，每人一根接力棒排成纵队，间距约 1m，下蹲将接力棒举平至 20 ~ 50cm 高，第一人站立。开始后，第一人依次跳过所有接力棒，在队尾间距 1m 处下蹲，与其他人同一高度摆好接力棒，第二人出发，以此类推，最后一人跳过所有接力棒即结束，先完成的组胜出。

（五）在投掷类练习中的开发与运用

1. 自抛自接

学生将接力棒抛向空中（不宜过高）然后接住；也可进行花样抛接，如旋转抛接、背后抛接、胯下抛接等。

2. 左右对抛

学生双手各持一根接力棒，像杂耍一样进行左右对抛对接，待熟练后还可进行多棒抛接的练习。

3. 双人抛接

学生两人一组，相距 2 ~ 3m，进行互抛互接练习，也可变换抛接花样，注意控制抛接力度。

4. 木棒掷远

将接力棒当作投掷器材进行投远练习，也可用接力棒作为投掷标枪的辅助器械，投掷时最好选择有草坪的场地练习。

5.命中目标

将接力棒对准前方的投掷点、投掷圈或投掷物进行掷准练习；将接力棒间隔适当距离竖在沙坑中或用3根接力棒支成一个立体三角形，用垒球或接力棒作为投掷物进行打靶掷准练习。

6.趣味保龄球

将10根接力棒立成三角形（按1、2、3、4的数量从前往后排列），用实心球或足球、排球代替保龄球，选择适当的距离将球滚向接力棒，击倒接力棒多的获胜。

7.击球比远

学生手持接力棒用力击打抛起的小皮球或纸球，看谁将球击得远。

8.套圈

将接力棒插在沙坑中当作目标物，学生用竹环或塑料环进行套圈游戏。

（六）在力量类练习中的开发与运用

1.角力

两人面对面站在相距0.5～1m的平行线两侧，分别用右手握接力棒的一端，做推、拉、顶等动作，用力让对方的脚先移动，先移动脚的一方为负。（图5-3）

2.两人拔河

两人面对面站在一条线的两侧，左右手间隔横握接力棒（图5-4）。发令后，两人发力，将对手拉过线者获胜；拉棒方式也可改为立棒互拉；还可采用两人握两棒（一手一棒）的方式进行对抗（图5-5）。

图 5-3   图 5-4   图 5-5

3. 卷吊机

准备一根长1m左右的绳子,绳子的一端系在接力棒的中间,另一端系重物(可用红砖、沙袋、轻哑铃等),重量适中。发令后,学生双手直臂握棒两端,用手拧转棒,将系着重物的绳子全部绕在棒上,先绕完绳子者胜出。

4. 拉大锯

学生两人一组握一根接力棒,来回做手臂屈伸动作,屈臂被拉的一方提供对抗力;也可一人站、一人蹲,上下拉棒做蹲起练习。

5. 夹物比快

学生双手各握一根接力棒,协调配合把一个圈内的垒球等物夹到另一个圈内,看谁夹得快。

(七)在体育游戏中的开发与运用

1. 抓棒

学生两人一组,练习者掌心朝前,虎口张开,辅助者持接力棒上端,将接力棒悬垂于练习者的虎口上方偏前处。开始后,辅助者随机松手,练习者快速反应去抓接力棒,数次后交换角色,接住接力棒次数多者获胜。(图5-6)

图 5-6

2. 保卫家园

在进攻线前3～5m处,放两根相距1.5m的标志杆作为球门。学生两人一组,各持一根接力棒,一人为进攻者站在进攻线后,另一人为防守者站在球门前。进攻者将5个纸球依次用接力棒击向球门,防守者则用接力棒拦截攻向球门的纸球。一轮后交换角色,攻入球多者获胜。要求防守时不得用手直接拦球,打地滚球无效。

3. 赶小猪

将接力棒作为赶猪棒,将实心球、垒球、沙包、足球等作为小猪,进行赶小猪比快游戏，也可提高难度，增设障碍，进行赶小猪过障碍比快游戏。

4. 棒赶棒

学生手持一根接力棒去赶地面上的另一根接力棒，将地面上的接力棒赶到指定位置，用时最短者获胜。（图5-7）

5. 矮人赛跑

学生将接力棒夹在腹部与大腿之间，进行蹲走。若途中掉棒，须捡起并夹好后才能继续行进，看谁最快到达终点。

图 5-7

6. 交通指挥

学生分成人数相等的红、白两队，面对面分别站在两条相距约2m的平行起跑线后，教师一手抓握接力棒中间，上举至最高点。开始后，当教师将接力棒白端朝上竖立时，红队转身逃跑，白队追；若红端朝上竖立，则角色互换。

建议：学生左右间隔不小于1.5m，追者只能轻拍逃者的肩或背。

7. 拼图接力

学生人手一棒，以小组接力跑的形式将接力棒送到指定区域摆成各种图案，看哪一组完成的速度快且拼图效果好。

建议：赛前要给予学生适当时间讨论要摆的图案。

8. 坐姿传棒

学生5~10人一组，坐在地面或椅子上围成一圈，左右间隔约一臂。发令后，各组第一人用双脚夹住一根接力棒，将接力棒传给下一人，依次进行，完成规定的传递圈数后，接力棒传回第一人脚上，看哪组用时最少。要求只能用脚完成传接棒，若传接中掉棒则从头开始。

9. 夹物赛跑

学生双手各持一根接力棒，从起点出发，跑到距起点约25m处的呼啦圈边，用两根接力棒将呼啦圈内的排球或乒乓球、垒球、沙包等夹起，一次只能夹起一个，送到5m外的圆圈内。可采用小组接力的形式比赛，先完成的组胜出；也可两人各握一根接力棒进行合作夹球练习。

10. 电棒击人

在指定区域内，一名学生手握一根接力棒作为电棒，追击区域内的其他学生，用电棒轻触人，被触碰到的学生立即原地不动，须由同伴用手拍击解救方可重新奔跑。到规定时间后，换追逐者，最后看谁电住的学生多。（图5-8）

图5-8

建议：电棒触人以触碰到为标准，不可用力顶或打，以免伤人；可根据参与学生的人数，增加持棒人。

11. 顶棒行走1

学生两人一组，面对面站立，在胸腹之间顶住一根接力棒。发令后，在手不能触棒的情况下，两人合作走完规定路程，看哪组先完成。若途中掉棒，须原地捡起放好后再继续。（图5-9）

图5-9

12. 顶棒行走2

学生两人一组，面对面站立，将两根接力棒水平连接，并互相用一只手的掌心抵住（手指不能触棒），避免接力棒失衡掉落，然后两人通力合作，横向行走到指定位置，看哪组用时最少。（图5-10）

13. 长棒龙

学生成纵队站立，前后两人之间互顶一根接力棒，组成一条长棒龙。发令后，长棒龙开始向前走，手不能触棒，途中有

图5-10

一根棒掉落则为失败，看哪组走的距离远。

建议：行进方式可改为集体向后、向左、向右移动或横队前行。

14. 快找搭档

准备与学生人数相等的接力棒，均分为两部分，分别在两部分的接力棒上编上数字 1、2、3……，然后将接力棒分散在场地四周，学生每人找一根接力棒，并根据接力棒上的号码，快速找到目标搭档，将接力棒与接力棒互靠，如 5 号找 5 号；也可以采用加减法，让学生快速完成任务，如教师说"36"，可以 2 个 18 组队，或 1 个 20 和 1 个 16 组队。

15. 轨道运输

用接力棒铺设轨道，将小体操垫放在轨道上，在小体操垫把手上系根绳子，进行运送物资的游戏。

16. 支三脚架

学生平均分成若干组，每组成纵队站在起跑线后。开始后，各组排头手持 3 根接力棒，迅速跑到前方约 25m 处的支棒区，将 3 根接力棒支成一个三脚架后返回，和第二人击掌后第二人跑出将接力棒取回，并将接力棒支在离起点线前 5m 处的支棒区，依次进行，先完成的组获胜。接力棒在跑回途中倒下，须重新支好三脚架后再跑回；可增加接力棒数量以提高难度。

17. 击球比快

画两条相距 10 ～ 20m 的平行线，分别作为击球线和终点线。将若干个垒球或纸球放置于击球线上，学生手持接力棒依次将球击打过终点线。若有球没有越过终点线须补打，直至所有球越过终点线，用时少者获胜。

18. 夺宝行动

学生两人一组，双方各将一根接力棒夹在腋下。开始后，两人设法在保护好自己接力棒的同时抽掉对方的接力棒。在规定时间内比一比谁获胜的次数多。

19. 抬花轿

学生三人一组，两人分别握两根接力棒的一端搭成花轿，一人坐在花轿上，在规定距离内比一比哪一组抬得快、抬得稳。

20. 旱地雪橇

学生 4 ~ 6 人一组，在平整的场地上等距离摆放 5 ~ 10 根接力棒当滚轴，长凳仰放在接力棒上当雪橇，凳子脚上系一根短绳。游戏时，一人坐在雪橇上，一人用短绳向前拉雪橇，其余几人轮流将雪橇后面的滚轴快速搬至雪橇前面搭好轨道，助力雪橇顺利前进，先到达终点线的组获胜。

21. 炒豆豆

学生两人一组，双手各持两根接力棒的一端。开始后，两人同时向同侧连续翻转，棒不离手，翻转圈数多的组获胜。

22. 夹棒蹬伸

学生两人一组，面对面坐在小体操垫上，仰卧举腿，脚掌对脚掌，将两根接力棒分别竖夹或横顶在两脚掌之间，进行两脚交替或同时屈伸练习，在不掉棒的情况下，看哪组最先完成规定的练习次数。（图 5-11）

图 5-11

（八）在室内游戏中的开发与运用

1. 吹棒子

把接力棒放在光滑地面或桌面上，用力吹动接力棒使其向前滚动，最先将接力棒吹到指定区域者获胜。（图 5-12）

2. 三足鼎立

图 5-12　　　　　　图 5-13

用 3 根接力棒在平整桌面上搭一个三脚架，看谁用时最短且三脚架能稳定 5s 不倒。（图 5-13）

3. 击立棒

离适当的距离用纸团击倒桌面上的接力棒，击倒接力棒最多且用纸团最少者获胜。（图 5-14）

图 5-14

图 5-15

4. 掌力大比拼

两名学生分别坐在桌子两侧，用手掌根顶住接力棒的两端进行互推，先将对方手掌推过对面桌沿者获胜。（图 5-15）

建议：该游戏选用木质接力棒来进行较安全。

5. 指顶圆棒

学生两人一组并排站立，用内侧手的食指顶着接力棒的两端做蹲起练习。在练习过程中，接力棒掉落就算失败，连续完成次数多的组获胜。（图 5-16）

图 5-16

建议：①可将接力棒放在两人水平伸直的食指上面，以增加挑战难度；②顶棒时，要求顶棒一侧的手臂屈肘或直臂；③动作熟练后，可让每一组派出两名代表进行连续下蹲与起立的比赛，看哪组连续完成次数多；④可进行顶棒前后左右移行，或伸屈臂比赛。

6. 托塔天王

把一根接力棒竖立于一只手的掌心上，另一只手扶稳，发令后，扶棒手离开接力棒，看谁的接力棒持续竖立时间长。（图 5-17）

建议：可要求学生两脚不能移动，或两

图 5-17

根接力棒上下竖直连接来增加挑战难度。

（九）拓展运用

1. 作固定棒

为纠正学生排球屈肘垫球的问题，可将接力棒绑在学生肘关节外侧，使其直臂垫球。

2. 作固定夹板

在运动中遇到学生骨折，接力棒可以作为固定夹板用于急救，防止伤者在移动过程中遭遇二次受伤。

3. 作鼓槌

在体育比赛或活动时，用接力棒作为鼓槌击打塑料瓶或金属盆等能发声的物体，可营造浓厚的体育氛围。

4. 作标志物

接力棒可作为短距离的分道线、丢手绢中的手绢、击鼓传花中的花等。

5. 作节拍器

根据教学需要，教师或学生手持两根接力棒互相敲击，打出相应的节拍，如学习高低运球时，进行先两次高运球后三次低运球练习，可用"咚—咚—咚咚咚"的节拍来助力。

6. 作放松棒

在放松环节，可用接力棒轻轻拍击大小腿肌肉，也可在大腿上滚压，促进肌肉放松。

7. 作接力物

将接力棒作为接力物进行春播秋收、换位、搬运等各种接力比赛。

8. 作短剑

用接力棒代替短剑进行剑术练习。

9. 作警棍

将接力棒当作警棍进行警棍操的学习。

10. 作双节棍

将两根或三根接力棒用羊眼圈螺钉和约 5cm 长的小铁链连接成一根双节棍或三节棍，可用于武术教学。（图 5-18）

11. 作曲棍球棒

学生分成两队进行比赛，每队 6 ~ 8 人，双方设置栏架为球门。比赛不设守门员，每人拿接力棒作为曲棍球棒，小皮球为曲棍球，进行一定时长或者规定击球数的曲棍球比赛。

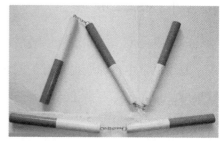

图 5-18

12. 作哑铃

将两个沙包固定在接力棒两端就形成了一个简易哑铃，同样可以将装有沙石的矮铁罐或塑料瓶固定在接力棒两端形成哑铃。

建议：根据学生情况，调整沙包重量，制作不同重量的哑铃。

13. 作火炬

取一只容量为 1.25L 的塑料瓶，在瓶口截出直径为 3cm 的口子，沿瓶底上沿剪成波浪形（去掉瓶底），将直径约为 7cm 的圆形三合板用铁钉固定在接力棒一端，同时，取一些红布（作火焰）固定在三合板上面。然后，将棒的另一端自瓶底向瓶口插入，直至三合板边圈抵到瓶内沿为止。最后用铁钉或胶布在瓶口与棒接合处进行固定。火炬制作完成后便可进行火炬接力跑比赛。（图 5-19）

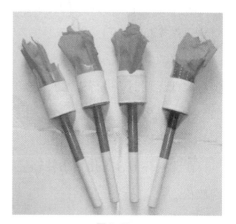

图 5-19

14. 转棒功

（1）拧转。

两臂弯曲，两手正握接力棒的两端于胸前，通过手腕前后翻拧，锻炼腕关节

和前臂肌肉群，注意翻拧时要尽量用腕关节发力。（图 5-20）

（2）翻转。

两臂弯曲，两手反握接力棒于胸前，左右手翻转伸臂于腹前交叉后还原，然后反方向翻转；连续重复换位练习，锻炼上肢力量。（图 5-21）

图 5-20　　　　　　　　图 5-21

（3）平转。

两臂弯曲，两手心顶棒的两端，立棒于胸前，两手在胸前上下交换做圆形运动。（图 5-22）

（4）立转。

两臂弯曲，两手心顶棒的两端，立棒于胸前，两手交替前后画圆。向前正向画圆：一手向"前下后上"方向画圆，另一手向"后上前下"方向画圆；向后反向画圆：一手向"后下前上"方向画圆，另一手向"前上后下"方向画圆。（图 5-23）

15. 木哑铃操

用接力棒操代替木哑铃操，简单易学，姿势优美，"叭、叭"的撞击声清脆

图 5-22　　　　　　　　图 5-23

悦耳，比徒手体操更具趣味性和实用性。学生在徒手体操的基础上，每人手持两根接力棒，做前、后、上、下敲击的各种练习（以下列举5节）。

第一节　伸展运动4×8拍（图5-24）

图 5-24

预备姿势：两手各持一棒成立正姿势。

第一个8拍：

1～2拍：左脚向左侧迈出一步，与肩同宽，同时两手持棒成侧平举；

3～4拍：两手上举，头顶击棒两次；

5～6拍：两手持棒成侧平举；

7～8拍：还原成预备姿势。

第二个8拍同第一个8拍，左右方向相反；

第三、第四个8拍同第一、第二个8拍。

第二节　体转运动4×8拍（图5-25）

图 5-25

第一个 8 拍：

1 ～ 2 拍：左脚向左侧迈出一步，与肩同宽，同时两手持棒成侧平举；

3 ～ 4 拍：上身左转 90°，右臂向左侧平移，两手体前击棒两次；

5 ～ 6 拍：向右转体 90°，两手持棒成侧平举；

7 ～ 8 拍：还原成预备姿势。

第二个 8 拍同第一个 8 拍，左右方向相反；

第三、第四个 8 拍同第一、第二个 8 拍。

第三节　腹背运动 4×8 拍（图 5-26）

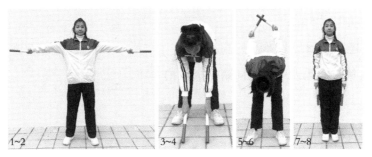

图 5-26

第一个 8 拍：

1 ～ 2 拍：左脚向左侧迈出一步，与肩同宽，同时两手持棒成侧平举；

3 ～ 4 拍：体前屈，用棒击打地面两次；

5 ～ 6 拍：两手背后击棒两次；

7 ～ 8 拍：还原成预备姿势。

第二个 8 拍同第一个 8 拍，左右方向相反；

第三、第四个 8 拍同第一、第二个 8 拍。

第四节　跳跃运动 4×8 拍（图 5-27）

第一个 8 拍：

1 ～ 2 拍：双脚提踵两次，同时胸前击棒两次；

图 5-27

3 ~ 4 拍：双脚并步跳两次，两手上举，头上击棒两次；

5 拍：双脚跳，成开立，两臂侧平举；

6 拍：双脚跳，成直立，两臂垂于身体两侧；

7 拍：动作同 5 拍；

8 拍：还原成预备姿势。

第二、第三、第四个 8 拍同第一个 8 拍。

第五节　放松运动 4×8 拍（图 5-28）

图 5-28

第一个 8 拍：

1 ~ 2 拍：两腿屈膝下蹲，同时腹前击棒两次；

3 ~ 4 拍：两腿直立，两臂交叉轻拍肩膀两次；

5 ~ 6 拍：原地踏步两拍，同时两臂上举，眼看前方；

7 ~ 8 拍：原地踏步两拍，同时手臂经体侧还原成预备姿势。

第二、第三、第四个 8 拍同第一个 8 拍。

六、体操棒的开发与运用

体操棒是轻体育器材，一般为木质，长 80 ~ 120cm，棒径为 2.5 ~ 3.5cm。体操棒可用于轻器械练习，发展协调、柔韧、平衡、力量、弹跳力等素质，但课堂利用率较低。在体育教学实践中，体育教师要合理、适时、创造性地使用体操棒，让体操棒更好地服务体育课堂教学，提高学生学习的兴趣。

（一）在体操教学中的开发与运用

1.肩肘倒立

（1）垂直检测尺。

练习者直腿坐在体操垫上，上体向后倒，举腿，脚面绷直，辅助者将体操棒贴于练习者下肢（图 6-1），检查练习者身体是否垂直于地面，是否做到了伸髋、挺腹、腿蹬直。同样，体操棒也可以用于肩肘倒立分解动作练习（图 6-2）。

（2）保护与帮助。

辅助者将体操棒横放于练习者的脚跟处，帮助练习者两腿蹬直，同时防止练习者因稳定性不好而放腿；也可将体操棒放在练习者的两脚上方，使练习者积极做出伸髋立腰、脚面绷直的动作。（图 6-3）

图 6-1　　　　　图 6-2

（3）夹肘练习。

练习者站立做两手撑腰夹肘练习时，将一根体操棒横穿于两肘之间，更好地体会两肘用力内夹的动作。（图 6-4）

图 6-3　　　　　图 6-4

2.鱼跃（远撑）前滚翻

在鱼跃（远撑）前滚翻教学中，辅助者将体操棒横放在练习者体前适当高度

和远度，帮助练习者提高鱼跃高度及远撑远度。（图6-5）

3. 模拟单杠

在初学单杠骑撑、支撑等动作时，为了更好地体会动作要领，学生可手握一根体操棒进行原地模仿练习。也可以三人一组，两人手持体操棒两端，形成超低单杠，一人仰卧在体操垫上，完成单腿挂膝、双腿挂膝等动作；同样，可以抬高体操棒，在做好保护与帮助的情况下，尝试真实单杠的骑撑、支撑等动作。（图6-6）

图6-5　　　　　　　　　图6-6

（二）在田径教学中的开发与运用

1. 站立式起跑

（1）单人练习。

学生人手一棒，两脚前后开立站于起跑线后，前脚异侧手握体操棒，体操棒支撑点落在前脚前方30～50cm处。发令后，学生向前跑出1～3步进行体验练习。此练习可以解决学生在站立式起跑时同手同脚和重心不前移的问题。（图6-7）

（2）两人组合练习。

学生两人一组，面对面相距1～3m错肩站立，两人两脚前后开立，用前脚异侧手将一根体操棒竖立在地面上。发令后，

图6-7　　　　　　　　　图6-8

两人松开自己的体操棒，迅速向前跑出抓扶对面人的体操棒，两人的体操棒均不倒则为成功，反复练习。（图6-8）

2.蹲踞式起跑

（1）定位前脚距离。

将体操棒横放在起跑线后一脚至一脚半处，两手撑于起跑线后沿地面上，前脚脚尖顶在体操棒后，帮助找准前脚位置。（图6-9）

图6-9

（2）身体均衡支撑。

在"各就位"环节，要求身体重量均衡地落在两手、前脚和后膝关节之间，两肩在起跑线正上方或微移超过起跑线。辅助者手持两根体操棒竖立在起跑线上，练习者通过两肩碰体操棒，体会"各就位"环节的动作要领。（图6-10）

图6-10

（3）体会重心前移。

听到"预备"口令后，抬起臀部，同时身体重心前移，形成臀高于肩、肩超过起跑线的身体姿势。辅助者将两根竖立体操棒向前倾斜，练习者重心随之前移，两肩碰体操棒，体会"预备"的动作要领。（图6-11）

图6-11

（4）模拟踏板起跑。

辅助者将一根体操棒放于练习者的后脚脚底作为踏板（图6-12），使其更好地体验充分后蹬起跑；同样，可以再取一根体操棒放于练习者的前脚脚底作为踏板，这样组成两个踏板（图6-13），让其充分体验用力蹬踏起跑。

（5）控制上体抬起过早、过高。

辅助者在起跑线前上方举起1～3根横放的体操棒（由低至高），练习者利用前上方体操棒解决起跑时上体抬起过早、过高的问题，反复练习进行强化。（图6-14）

图6-12　　　　　　图6-13　　　　　　图6-14

3. 步频、步幅练习

将多根体操棒按一定的间隔摆放（练习步频时，间隔40～100cm；练习步幅时，间隔150～230cm。具体根据学生情况确定），学生在快速行进中有节奏地跑过体操棒。（图6-15）

图6-15

4. 摆臂练习

学生两人一组面对面站立，辅助者两手各握一根体操棒的一端，将两根体操棒平放于练习者身体两侧，高度以在练习者的肘关节处为宜。开始后，练习者在两根体操棒内做前后摆臂练习，纠正左右摆臂的动作。（图6-16）

5. 模拟跨栏

将标志筒并排分开放置，间距与体操棒长度相当，体操棒放于两个标志筒上面搭建成简易栏架，用于跨栏练习。（图6-17）

图6-16　　　　　　图6-17

6. 跨越式跳高

在初学跨越式跳高时，学生两人一组，一人握着体操棒一端，另一人原地进行摆动腿的练习（图6-18），让学生体会两脚依次过杆的动作技巧；也可以让两名学生把体操棒对接成跳高横杆，其余学生轮流跃过体操棒（图6-19）。

图6-18　　　　　　图6-19

（三）在体能练习中的开发与运用

1. 跳四方

将 4 根体操棒在平整的地面上摆成正方形，学生站在中间。开始后，学生双脚起跳，按前、后、左、右顺序跳 4 个方向为一组，连续跳若干组。（图 6-20）

图 6-20

2. 纵跳比快

学生分成两组，一组再分两个小组，一个小组人员两两相对握体操棒的两端，成纵队蹲立，高度根据学生情况调整；另一个小组成一路纵队，依次从第一根体操棒开始，跳过每根体操棒，全部跳完后互换，看哪组完成时间短。（图 6-21）

图 6-21

3. 辅助跳跃练习 1

将 10 根体操棒间隔 1 ~ 1.2m 横向或纵向摆放在跑道上，学生进行单脚跳（图 6-22）、双脚跳（图 6-23）或前后跳（图 6-24）等练习。

4. 辅助跳跃练习 2

学生两人一组，一人手持体操棒，根据对方能力摆放至合适高度，另一人进

图 6-22

图 6-23

图 6-24

行跳跃体操棒练习。（图 6-25）

5. 齐力单脚跳

学生两人一组，并排站立，将内侧小腿后勾，用腘窝分别夹住一根体操棒的两端。发令后，在体操棒不掉落的情况下，两人合

图 6-25　　　　　　　　图 6-26

力向前单脚跳跃，看哪组最先完成规定的距离。（图 6-26）

6. 推小车

学生三人一组，两人抬一根体操棒，另一人两手撑地、两脚搭在体操棒上，然后三人协同配合向前移行，看哪组最先到达终点。练习时不宜把体操棒抬得过高，三人前进的速度取决于爬行者的速度。（图 6-27）

7. 抬花轿

学生三人一组，两人抬两根体操棒组成花轿，另一人站在两根体操棒内作坐轿人，分腿坐在两根体操棒上或两手支撑在两根体操棒上。开始后，三人协同配合向前移行，先到达终点的组获胜。途中若

图 6-27　　　　　　　　图 6-28

如出现坐轿人掉落的情况，则要原地停下重新调整好，然后继续游戏。（图 6-28）

8. 穿越隧道

学生分成两组，一组学生两两相对握体操棒两端成纵队站立组成一条隧道，体操棒的高度根据学生情况调整；另一组学生作穿越者成一路纵队站于隧道口一侧。开始后，穿越者依次以手脚并用方式爬过隧道，然后交换角色，看哪组用时最少。也可以采用接力的方式进行比赛。

9. 你争我夺

学生两人一组，面对面站立，两人双手交错握住一根横放的体操棒（图 6-29）。开始后，用力将对方拉过线得 1 分，规定轮次后，得分多者获胜；也

可以将体操棒竖放，两人各握体操棒的一端进行对抗（图6-30）。

注意：不得突然用力或放手使对方摔倒。

图 6-29　　　　　　　　　图 6-30

10. 高、低位俯卧撑

学生三人一组，两人抬着一根体操棒两端，另一人将双脚或双手搭在体操棒上进行高位或低位的俯卧撑练习。

建议：可以将 2 ~ 3 根体操棒合并使用，以增加牢固性。

11. 斜身引体

学生三人一组，两人抬着一根体操棒两端，另一人双手正握体操棒，两脚前伸，进行斜身引体练习。（图6-31）

12. 拦截飞弹

学生分成两组，一组用轻物掷远，另一组每人手持一根体操棒，在规定的范围内拦截对方掷过来的轻物，成功拦截在拦截区外为有效。完成规定次数后，双方互换角色，看哪组拦截得多。

图 6-31

13. 车轮转转

学生自然站立，双手握住体操棒的两端，置于腹前。开始后，两腿依次抬起跨过体操棒，再将体操棒经背后从头后翻转到体前。如此反复，一分钟内跨过次数多者获胜。（图6-32）

图 6-32

14. 稳如泰山

学生每人一根体操棒，用手指（图6-33）、手臂、脚面、前额（图6-34）等部位将体操棒垂直竖起来，看谁的体操棒竖立时间长。也可以手持一根体操棒，进行用远端竖立另一根体操棒的高难度挑战（图6-35）。

15. 转肩器

学生双手持体操棒，向后直臂转肩，也可以屈臂360°逆时针或顺时针以身体为圆心转圈。两手握体操棒宽度根据学生自身的柔韧性来调整。（图6-36）

图6-33　　　图6-34　　　图6-35　　　图6-36

（四）在体育游戏中的开发与运用

1. 三棒顶球

学生三人一组，每人手持一根体操棒，一起用体操棒的一端顶住一个篮球完成规定距离的移动，用时少的组获胜。要求顶起球的高度超过学生头部；移动过程中球不能落地，否则从头开始。（图6-37）

2. 赶小猪

学生平均分成若干组，每组成纵队站立，排头一人手持体操棒，击打放在面前的篮球、排球或实心球（数量与每组人数相等，不可大力击打），使其滚动过终点，然后返回起点将体操棒交给下一人，下一人以同样的方式进行，直至将所有篮球、排球或实心球赶过终点，先赶完的组获胜。（图6-38）

图6-37　　　　　图6-38

3. 老式拖拉机

甲、乙两人一组，背靠背站立，屈肘相互勾住手臂，甲双脚踩在体操棒上。开始后，乙背着甲向终点走去，同时甲两脚慢慢滚动地面上的体操棒，到达终点后，两人互换角色返回，看哪组最先完成。（图6-39）

图6-39

4. 体操棒运物

学生4人一组，每人一根体操棒，4人各持体操棒的一端叠成"井"字形，在"井口"放置篮球、排球等物品进行运送，规定时间内运送物品多的组获胜。运送途中手不能接触物品。

5. 棒棒传

学生6～10人一组，其中甲、乙两人分别站在起点线、终点线后，其余学生成纵队仰卧在体操垫上。发令后，甲拿起一根体操棒，迅速奔向躺在体操垫上的第一人，把体操棒传给他，然后转身返回起点线拿第二根体操棒。躺着的学生双手接过体操棒后，迅速做仰卧起坐，双手把体操棒传给下一人，依次传到最后一人，最后一人双手把体操棒传给乙，乙接到体操棒后迅速跑向终点线，将其摆放到指定位置，再返回，直至将指定的体操棒全部运完，先运完全部体操棒的组获胜。

6. 螃蟹行

学生两人一组，背靠背中间夹一根体操棒，模仿螃蟹侧向行走，看哪一组最快。

7. 鸭子赛跑

学生半蹲在地，用大腿和腹部夹一根体操棒，模仿鸭子跑，看谁最快。（图6-40）

8. 蚂蚁运粮

学生手脚仰撑在地面上模仿蚂蚁，腹部放一根体操棒当作粮，进行爬行运粮比快游戏。（图6-41）

图6-40

图6-41

9. 左右开弓

学生每人两根体操棒、一个纸球，用两根体操棒控制纸球，让纸球在规定区域内滚到终点，比谁最快完成游戏。

图 6-42

10. 捡棒高手

将一根体操棒放于地面上，学生用一只脚脚底用力回搓，随即用脚尖将体操棒勾起，并用手抓住为成功，看谁连续挑战成功次数最多。（图 6-42）

11. 叫号扶棒

学生 6 ~ 12 人一组，每组围成一个圆圈，按顺序报数后记住编号。开始后，1 号拿一根体操棒站在圆圈中间，任意叫一个号后，立即将扶着体操棒的手松开跑走，不得移动或推倒体操棒。被叫到号的人迅速冲到圆圈内，将体操棒扶住，不让它倒地。如果体操棒倒地，他就要与叫号人互换角色，继续游戏；如果体操棒没倒地，叫号人做 2 次蹲起后继续游戏。（图 6-43）

建议：①开始时圆圈可以小些，随后逐步加大，不断提高要求；②叫号不要集中于少数人，要每个人都叫到。

12. 移形换位

学生 5 ~ 12 人一组，每组围成一个圆圈，每人手拿一根体操棒。发令后，学生协力在体操棒不倒的情况下迅速向逆时针方向移动，并用手扶住前面学生的体操棒，没有一根体操棒落地为成功。重复进行，最后看哪组先完成有效成功次数。（图 6-44）

图 6-43　　　　　　　　　　　　　图 6-44

13. 扶棒接力

学生 5 ~ 10 人一组，每组两根体操棒。每组选两人站在起跑线前的指定位置扶棒，两人面向起跑线，相距 3 ~ 10m，其余人成纵队站在起跑线后。发令后，各组第一人跑出接替第一个扶棒人，第一个扶棒人迅速跑去接替第二个扶棒人，第二个扶棒人返回起跑线与本组第二人击掌，第二人跑出，以此类推，直到队伍回到原来位置，看哪组最先完成。体操棒不能倒地，如体操棒倒地，必须由扶棒人扶起，才能接替，否则违规。（图 6-45）

图 6-45

建议：①根据不同的学生情况调整起跑距离；②可直接每组扶接一根体操棒，简化比赛流程；也可增加扶棒数量，提高比赛的精彩度。

（五）拓展运用

1. 作剑

在初学武术剑术内容或剑的数量不足时，用体操棒代替剑进行练习。

2. 作标枪

在标枪教学时，用体操棒代替标枪进行投远练习。

建议：投掷区不要设置在水泥地或地板上，以免损坏体操棒或场地。

3. 作曲棍球棒

在曲棍球练习中，将体操棒前端缠上厚布条，当作曲棍球棒使用。

4. 作活动单杆

学生三人一组，两人抬一根体操棒，另外一人在体操棒中间进行悬挂（图6-46）、支撑（图6-47）等上肢力量练习。

建议：一定要选用结实的体操棒。

5. 作信号旗

用彩旗布或废旧横幅和体操棒制作简易的信号旗。

6. 作接力棒

将断裂的体操棒截取一段作接力棒，变废为宝。

7. 作竹竿

用体操棒代替竹竿，进行竹竿舞教学。（图6-48）

图6-46   图6-47   图6-48

8. 体操棒操

在徒手体操动作的基础上，手持体操棒进行有节奏的练习，具有全面锻炼身体的作用。体操棒操可用在课的准备活动中，以提高练习兴趣，活跃课堂气氛。

第一节 伸展运动4×8拍（图6-49）

图6-49

第一个8拍：

1拍：左脚向左迈出一步，与肩同宽，同时双手正握棒至胸前平屈，拳心向上；

2拍：双脚提踵，同时两臂上举，拳心向前，抬头；

3拍：双脚脚跟落地，两臂下压至前平举，目视前方；

4拍：两臂落下还原成直立；

5～8拍：动作同1～4拍，左右方向相反。

第二、第三、第四个8拍同第一个8拍。

第二节　扩胸运动4×8拍（图6-50）

图 6-50

第一个8拍：

1拍：双手正握棒两端，两臂自然下落；

2拍：左脚向左迈出一步，两臂经前平举至上举屈臂下拉；

3拍：左脚再向左迈出一步成侧弓步，同时右臂屈臂，肘关节向侧下方，左臂伸展至侧上举呈拉弓势；

4拍：左脚收回还原成直立，同时两臂经体侧落下；

5～8拍：动作同1～4拍，左右方向相反。

第二、第三、第四个8拍同第一个8拍。

第三节　踢腿运动4×8拍（图6-51）

第一个8拍：

1拍：左脚向前一步，重心前移至左脚，同时两臂经前向上举，拳心向前；

图 6-51

2 拍：右腿向左前踢起，同时双手持棒向右腿外侧摆动，右手在后，左手在前；

3 拍：右腿落下还原成 1 拍；

4 拍：左脚收回还原成直立；

5 ~ 8 拍：动作同 1 ~ 4 拍，左右方向相反。

第二、第三、第四个 8 拍同第一个 8 拍。

第四节　体侧运动 4×8 拍（图 6-52）

图 6-52

第一个 8 拍：

1 拍：左脚向左迈出一步，略比肩宽，同时左臂侧平举，右臂胸前平屈，拳心向下；

2 拍：身体重心移至左脚，右脚尖点地，同时双手持棒上举，拳心向前；

3 拍：上体向左侧屈体一次；

4 拍：左脚收回还原成直立，同时两臂经前至自然下落；

5 ~ 8 拍：动作同 1 ~ 4 拍，左右方向相反。

第二、第三、第四个 8 拍同第一个 8 拍。

第五节　体转运动 4×8 拍（图 6-53）

图 6-53

第一个 8 拍：

1 拍：左脚向左迈出一步，略比肩宽，同时两臂屈臂至胸前平屈，拳心向下，身体左转 90°；

2 拍：身体左转 90°；

3 拍：左脚向右后点地成右脚在前的弓箭步，上体向右转 270°，同时左手成剑指，前上举，右手持棒至后下；

4 拍：左脚收回还原成直立，同时身体转正，双手握棒两端；

5 ~ 8 拍：动作同 1 ~ 4 拍，左右方向相反。

第二、第三、第四个 8 拍同第一个 8 拍。

第六节　腹背运动 4×8 拍（图 6-54）

第一个 8 拍：

1 拍：左脚向左迈出一步，略比肩宽，同时两臂经前向上举，拳心向前；

图 6-54

2 拍：身体前屈，两腿伸直，同时两臂直臂摆至左脚旁，拳心向右，低头看手；

3 拍：身体向下振动一次（两腿伸直），同时两臂直臂摆至右脚旁，拳心向左，低头看手；

4 拍：左脚收回还原成直立；

5 ~ 8 拍：动作同 1 ~ 4 拍，左右方向相反。

第二、第三、第四个 8 拍同第一个 8 拍。

第七节　跳跃运动 4×8 拍（图 6-55）

图 6-55

第一个 8 拍：

1 拍：左脚小跳，右腿提膝约 90°，同时双手持棒胸前平屈；

2 拍：跳成直立，双手下举；

3～4拍：动作同1～2拍，左右方向相反；

5拍：双脚跳起成左脚在前（斜前45°）的弓箭步，同时两臂前平举，拳心向下；

6拍：跳成直立，两臂经体前还原；

7～8拍：动作同5～6拍，左右方向相反。

第二、第三、第四个8拍同第一个8拍。

第八节　整理运动4×8拍（图6-56）

图6-56

第一个8拍：

1～4拍：左脚向左迈出一步，略比肩宽，两臂经左侧摆至上举，拳心向前，抬头，眼看前上方；

5～8拍：左脚收回，两臂经左侧收至体前，还原成直立。

第二个8拍和第一个8拍动作相同，左右方向相反；

第三、第四个8拍同第一、第二个8拍。

七、毽子的开发与运用

踢毽子是我国流传较广的一项民间体育运动，毽子根据制作的材料可分为鸡毛毽（图7-1）、鹅毛毽（图7-2）、纸条毽、塑丝毽、绒线毽、皮毛毽等。它体积小，重量轻，活动场地不限，运动量可大可小，且有很多技巧动作融于其中，能激发学生的学习兴趣。踢毽子是适合在学校体育课和学生课外活动中开展的运动项目之一。

图7-1　　　　　　图7-2

（一）毽子功能的开发与运用

1.单人踢

原地连续用单脚的脚内侧、脚正面、脚外侧踢毽子，也可以进行双脚内侧交换踢毽子、单脚内外侧交换踢毽子等。

2.盘踢

一腿站立支撑，略微弯曲；另一腿屈膝上摆，以髋关节为轴，膝关节外展，大腿向外转动，向内、向上摆小腿，踝关节发力用脚内侧踢毽子，毽子踢起高度不超过下颌。

3.单人踢双毽

手持两只毽子，先将第一只毽子向上抛起，并屈膝抬脚用脚内侧踢毽子，同时，将手中的第二只毽子采用相同的方法抛出，踢下落的第二只毽子，如此反复。

4.双人踢

具有一定练习基础的两人相距1～3m面对面站立，进行脚内侧、脚外侧、脚正面等技法的互踢练习。

5. 多人踢

学生三人以上一组，围成一个圆圈，相互踢传毽子。

6. 圈内踢

在场地上画一个直径约 1m 的圆圈，学生在圆圈内运用各种踢毽技法进行连续踢毽子练习，直到毽子落地为止，看谁踢的次数多。在踢毽过程中出现除脚之外的身体其他部位触毽或在圆圈之外触毽，只作为调整，不计次数。

7. 花样踢毽

熟练掌握踢毽技法的学生，可完成花毽竞赛规定的盘踢、磕踢、落、上头、交踢等套路，还可自创动作，向花样更复杂、难度更高的动作挑战。

（二）在走跑类练习中的开发与运用

1. 顶毽行走

学生将一只毽子放在自己头上，在手不触碰毽子的情况下，走完规定距离。如毽子在中途掉落须捡起放回头顶后再继续。

建议：①可进行接力赛；②可前后双手搭肩组成纵队，进行集体合作行走；③可以将一只或多只毽子放在肩上、手上、头顶进行练习，增加练习难度。

2. 短跑比赛

学生将两只毽子分别放在两只脚的脚背上，跑完规定距离。要求在跑动中毽子不掉落，掉落后要原地捡回放好后再继续。（图7-3）

图 7-3

3. 作标志物

用毽子作为标志物，如折返点、跑道、分隔线等，根据课堂教学需要进行摆放，学生进行折返跑、曲线跑、三角跑等练习。

4. 作接力物

用毽子代替接力物，学生进行取送毽子、春播秋收等接力比赛。

5. 拔苗比赛

学生平均分成若干组，每组成纵队站在起跑线后，在距离每组起点 15 ~ 30m 处，摆上和每组人数相等的毽子。发令后，每组第一名学生跑过去拿起一只毽子跑回起点，与下一名学生击掌，下一名学生在击掌后跑出取回一只毽子，依次进行，直到最后一名学生取回最后一只毽子跑回起点为止，最先完成的组获胜。

（三）在跳跃类练习中的开发与运用

1. 前后（左右）跳

将一只毽子立放在地面上或将若干只毽子并排立放，学生采用单、双脚前后跳或左右跳等动作跳过毽子；也可将若干只毽子排成"十"字形进行"十"字跳练习。

2. 行进间跳跃

根据学生的跳跃能力，将若干只毽子等距离排成一排，学生采用单、双脚跳等动作依次跳过毽子；也可以进行跳跃接力比赛。

3. 兔子跳

学生将毽子夹在两脚或两腿之间，用兔子跳的方式进行跳跃练习或接力比赛。

4. 夹毽上抛

学生将毽子夹在两脚之间，向上抬腿发力将毽子上抛，并用手接住，看谁在规定时间内成功接住的次数多。

5. 摸高

将若干只毽子用绳子固定在不同的高度，学生根据自己的跳跃能力选择适宜高度的毽子进行摸高练习；也可以进行过关挑战赛，从低向高依次挑战。

（四）在体育游戏中的开发与运用

1. 投远

学生手持一只毽子向前（后）投出，看谁投得远。

2. 投准

学生手持一只毽子投进远处的筐或圈里；也可进行打移动目标、炸碉堡等游戏。

3. 踢远

学生手持一只毽子，两脚前后站立，将毽子抛出或松开毽子使其下落，用脚背将下落的毽子踢出，看谁踢得远。

4. 踢准

先在地面画好 5 个同心的环形靶，由内到外，分别标上 5 分、4 分、3 分、2 分、1 分。学生站在距离环形靶一定距离的直线后，将毽子踢向环形靶内，看谁踢中的环数多。

建议：每人 5 ~ 10 只毽子进行比赛，最后看谁累计分数多；也可以进行小组积分赛。

5. 钻圈

学生每人一只毽子，将毽子抛向空中，然后将两手围成圆圈，调整人和手的位置，让下落的毽子从手围成的圈中掉下去，看谁的圈落入的毽子数多。要求上抛毽子的高度超过抛者的头顶或规定的高度。

建议：可以一人自抛自接，也可以两人一抛一接。

6. 上抛接毽

学生每人一只毽子，将毽子向空中抛出，完成 360° 转体或击掌若干次后用手接住毽子。

7. 金鸡独立

学生每人一只毽子，抬起一腿呈金鸡独立状，将毽子放在抬起的大腿上，在毽子不掉落的情况下，看谁坚持时间更久。

8. 放烟花

学生手持毽子，听到指令后双手或单手用力向上抛出再接住，连续进行，看谁抛得高、接得稳。

9. 盘接毽

学生将双手拇指和食指相连组成盘子，将毽子踢起，在毽子下落时用拇指和食指组成的盘子接住毽子，规定时间内接住毽子次数多者获胜。

（五）拓展运用

1. 绳毽

将 1m 长的橡皮筋或细线的一端系在毽子上，学生用手抓握橡皮筋或细线的另一端，进行辅助踢毽练习。此法适用于初学者。

2. 毽球

在场地中间拉一张网或一根绳，将学生分成人数相等的若干队，简化毽球比赛规则进行比赛。可进行一对一、二对二、三对三、四对四、五对五等比赛。要求参赛者有一定的踢毽子基本功。

3. 板羽球

用毽子和乒乓球拍进行简易的板羽球比赛。

八、呼啦圈的开发与运用

呼啦圈又称健身圈，由塑料或橡胶制成，其规格、重量没有严格的规定，直径为 40 ～ 80cm，一般学校都会配置。呼啦圈轻便美观，趣味性强，实用性广，练习场地要求低，既能培养学生灵敏、协调等身体素质，又能陶冶学生情操、磨炼学生意志，在中小学课内外活动中被广泛运用。在此，我们对呼啦圈的功能进行开发，以发挥其锻炼价值，使其更好地为体育课堂教学服务。

（一）在篮球技术教学中的开发与运用

1. 区域限制

将 5 ～ 10 个呼啦圈间隔 1 ～ 2m 摆成"之"字形，学生手持一个篮球在起点线准备。发令后，学生向前运球到第一个呼啦圈，在呼啦圈内完成 10 次运球，再到第二个呼啦圈内完成 10 次运球，依次进行，直到完成所有呼啦圈内的运球，看谁最快完成。（图 8-1）

图 8-1

建议：①可采用接力的方式进行；②可在运球结束后接投篮练习。

2. 高度限制

甲、乙两人一组，甲右手持球做原地低运球准备，乙手持一个呼啦圈平放于甲的右膝前。开始后，甲用右手在呼啦圈内进行原地低运球 10 ～ 20 次，要求每次反弹球的最高点在呼啦圈平面处，完成规定次数后，换到左手进行原地低运球，完成相同次数后，两人交换角色。也可用同样的方法，将高度调整到腰腹部进行原地高运球练习。（图 8-2）

图 8-2

3. 障碍限制

将若干个呼啦圈间隔适当距离摆成直线或"之"字形,学生进行运球绕过呼啦圈的练习或比赛。(图 8-3)

建议:根据需要可将多个呼啦圈组合成一个障碍。

图 8-3

4. 落点限制

学生一人一球一呼啦圈,以右手运球为例,原地运球时把呼啦圈放在右前方地面上,要求运球落点在呼啦圈内。(图 8-4)

5. 位置限制

方法 1:学生一人一球一呼啦圈,以右手运球为例,人在呼啦圈内,要求运球落点在呼啦圈外。(图 8-5)

方法 2:学生一人一球一呼啦圈,以右手运球为例,人在呼啦圈内按顺时针或逆时针方向运球转圈,要求人在呼啦圈内,球落点在呼啦圈外。

图 8-4   图 8-5

方法 3:学生一人一球一呼啦圈,以右手运球为例,人在呼啦圈外按顺时针或逆时针方向运球转圈,要求人在呼啦圈外移动,球落点在呼啦圈内。

方法 4:甲、乙两人一组,甲右手持球做原地体前左右变向换手运球,乙持呼啦圈竖立于甲的体前正中间位置,呈垂直状。开始后,甲用右手在呼啦圈右侧运球两次后换左手运球,要求换手时球从呼啦圈内通过。左手运球两次后换右手运球,如此反复,完成规定次数后,两人交换练习。

建议:可进行原地高运球或低运球练习,此练习适合初学者。

6. 抬起护球手

在篮球运球教学中,为了让学生的非运球手抬起做保护球的动作,而不是自然下垂,可以让学生在运球时,用非运球手抓握一个呼啦圈置于胸前,呼啦圈随

着球的高度相应调整，逐渐让学生养成良好的护球习惯。（图8-6）

7. 体验降重心

篮球运动中的一些技术动作需要降低
重心，如突破、掩护、卡位、上篮等。为此，
可以让学生将一个直径约50cm的呼啦圈
套在腰部，然后两脚开立，屈膝降低身体
重心，进行运球或滑步等移动练习，用两
条大腿将呼啦圈顶住不滑落。若呼啦圈滑
落，则说明身体重心过高，需要降低重心。（图8-7）

图8-6　　　　　图8-7

建议：呼啦圈直径以略大于学生两肩宽度为宜。

8. 作固定目标物

准备两条长约1m的绳子，采用丁香结的方法分别系在呼啦圈两侧，两个绳
结相距约20cm。学生4人一组，两名辅助
者面对面拉住绳子，将呼啦圈置于传接球
者胸腹之间的高度，两名传接球者分别站
在呼啦圈前后，距离适宜。开始后，传接
球者做穿越呼啦圈传接球练习，一次性穿
过为有效传球，完成若干次后与辅助者交
换角色。（图8-8）

图8-8

建议：①可以变化呼啦圈高度进行各种高度传接球练习；②可以双手或单手
传球，也可以进行先原地运球若干次后接传球的组合练习。

9. 作移动目标物

学生4人一组，两人面对面站立，其中一人持一个呼啦圈代替移动目标物；
另外两人分别站在移动目标物两侧适当距离准备传接球。开始后，手持呼啦圈
者将呼啦圈滚给对面队员，在呼啦圈离手到被接住之前，持球队员将球传出并
通过呼啦圈为一次有效传球，当两人配合完成规定次数的有效传球后，与另外
两人交换角色。（图8-9）

建议：①根据呼啦圈离地高度选择击地反弹传球或胸前传接球；②呼啦圈可以抛物线抛出，增加传球难度；③呼啦圈可以做左右来回或垂直上下移动；④可以双手或单手传球，也可以进行先原地运球多次后接传球的组合练习。

10. 作篮圈

取两根 35m 的长绳和 12 个小呼啦圈，把呼啦圈分别固定在上下两根绳上，左右间距约 2m，将系好呼啦圈的长绳两端穿过球场两端的篮圈后固定在篮球架立柱之间，形成垂直或水平的篮圈。学生进行投篮、运球（传球）+ 投篮等组合练习。垂直篮圈适用于高手投篮，水平篮圈适用于低手投篮。（图 8-10）

图 8-9　　　　　　　　　　　　　　　图 8-10

建议：根据学生年龄和技能掌握情况调整呼啦圈的高度和大小。

11. 移动篮圈

取 2m 长的竹竿和小呼啦圈，用胶带把呼啦圈固定在杆子的上端，做成一个移动篮圈。学生两人一组，练习时，一人两手扶住竹竿，另一人站在规定的投篮线后进行投篮练习。（图 8-11）

建议：根据学生年龄和技能掌握情况调整呼啦圈的高度和大小。

图 8-11

12. 活动篮圈

以半场为界，在两边线的中间向场地内各画一个半径 2m 的半圆。学生分组，每组又分成人数相等的两队，每队 4 ~ 6 人，每队指定一人站在半圆内单手握呼啦圈作为活动篮圈。开始后，两队其他人按篮球比赛规则进行比赛，每投中一球得1分，最后按得分多少判断胜负。呼啦圈在半圆内可任意变动位置、高度和方向。（图8-12）

建议：如需降低难度，呼啦圈在半圆内可固定不动。

图8-12

13.扣篮篮圈

选一名高个子学生单手上举呼啦圈，其他学生持球依次进行原地扣篮、行进间扣篮、反手扣篮等练习，体验扣篮的快感。扣篮者完成扣篮后不能抓住呼啦圈不放。（图8-13）

建议：若举呼啦圈学生的身高不足，可让其站在多块叠放的小体操垫或高台上。

图8-13

14.超级篮筐

将一个大呼啦圈呈水平状用胶带或绳子固定在三根跳高横杆一端，三名学生手持横杆下端，组成一个超级水平篮筐，用于篮球投篮练习，更好地体会蹬、伸、拔的全身协调发力。（图8-14）

建议：①可以用两根横杆组成一个超级垂直篮筐（图8-15）；②根据投篮练习的需要，可通过横杆的倾斜或持杆队员的举放杆来调整篮筐的高度；③可以用铝塑管做成各种大小的圆圈，以满足各类活动需求；④可进行趣味投篮、

图8-14

图8-15

篮球传球、排球垫传球及投掷等项目练习；⑤练习中应注意持杆队员的轮换，确保人人参与。

（二）在排球技术教学中的开发与运用

1. 落地限制

在场地上摆放若干个呼啦圈，学生两人一组，相距约3m面对面站立，一人抛球，另一人垫球，并将排球垫到指定呼啦圈中。（图8-16）

建议：①根据学生年龄和技能掌握情况调整呼啦圈的距离；②也可以进行传球和发球到圈的练习。

2. 固定高度

学生两人一组，相距约3m，一人双手高举一个呼啦圈（垂直状），离地约2m，另一人自抛自垫，将排球垫过呼啦圈。（图8-17）

建议：根据学生年龄和技能掌握情况调整呼啦圈的高度和远度。

3. 固定击球点

将呼啦圈贴在墙上，离地1.5～3m，学生站在墙壁前适当位置，进行原地正面双手垫球或正面双手上手传球进圈的练习。（图8-18）

建议：根据学生年龄和技能掌握情况调整呼啦圈的高度、人和墙面的距离等。

| 图8-16 | 图8-17 | 图8-18 |

4. 固定位置

在墙壁前约2m处放置一个呼啦圈，学生站在圈内对墙进行连续垫球或传球练习，在人不出圈的情况下，看谁连续垫（传）球次数最多。

（三）在足球技术教学中的开发与运用

1. "8"字运球

学生两人一组，分别站在两个相距约 3m 的呼啦圈内。开始后，一人绕两个呼啦圈做"8"字运球多次后，回到自己的呼啦圈内，然后另一人接着练习，同样完成规定次数，反复多组。（图 8-19）

2. 拉拨球

学生一人一球一呼啦圈，将足球放在呼啦圈内，学生站在圈外用前脚掌进行左右拉拨球练习。若用大呼啦圈，学生可站在圈内练习。（图 8-20）

3. 绕圈运球

将多个呼啦圈间距约 3m 排成"一"字形，学生运球从起点出发，以"S"形绕过呼啦圈，直到绕过最后一个呼啦圈后，沿直线运球返回起点或运球以"S"形绕过呼啦圈返回。（图 8-21）

图 8-19　　　　　　　　图 8-20　　　　　　　　图 8-21

建议：①根据学生控球能力，适当调整呼啦圈的间距；②可以让学生围着一个呼啦圈做运球练习（图 8-22），此练习适合初学者。

4. 直线对传

学生三人一组，两名练习者面对面站立，相距 2～5m，中间一名辅助者将一个呼啦圈竖立在地面上。开始后，两名练习者用脚内侧传球或脚背内侧传球，让足球从呼啦圈内穿过。练习规定次数后，三人轮换角色，最后看谁传中次数多。（图 8-23）

图 8-22　　　　　　图 8-23

5. 移动传球

学生三人一组，两人相距约 3m 面对面站立负责滚呼啦圈，另外一人站在一侧作踢球人。开始后，负责滚呼啦圈的学生来回滚动呼啦圈，同时，踢球人用脚内侧或脚背内侧将球传过滚动的呼啦圈。练习一定时间或次数后，三人轮换角色。（图 8-24）

图 8-24

建议：练习距离由近到远，呼啦圈滚动速度由慢到快。

6. 固定球门

在墙壁上挂一个呼啦圈当球门，学生站在罚球点进行射门进圈的准度练习。

建议：练习距离由近到远，熟练后可增加运球、传球等接射门的组合练习。

7. 移动球门

学生两人一组，两人相距 2 ～ 5m 站立，一人作为辅助者向前慢速滚动呼啦圈，另一人作为练习者向滚动的呼啦圈做射门练习。

（四）在田径教学中的开发与运用

1. 曲线跑

在地面上等距放置若干个呼啦圈，学生从起点出发，按照一定路线，绕过呼啦圈，跑到终点。（图 8-25）

图 8-25

2. 步频、步幅练习

将若干个呼啦圈间隔适当距离放置成一排，学生进行步频（图 8-26）、步幅（图 8-27）练习。

3. 接力跑

学生平均分成若干组，每组成纵队站在起跑线后，在起跑线前 15 ～ 25m 处放一个呼啦圈。发令后，各组第一人迅速跑出，到呼啦圈位置后绕两圈返回起点，

图 8-26 　　　　　　　　　　图 8-27 　　　　　　　　　　图 8-28

与第二人击掌，第二人跑出，依次进行接力，最先完成的组获胜。（图 8-28）

4. 折返跑

在地面上放两个相距 4 ～ 10m 的呼啦圈，其中一个呼啦圈内放若干个沙包，学生站在没有沙包的呼啦圈旁。开始后，学生跑到有沙包的呼啦圈旁，取一个沙包返回放在空呼啦圈内。如此反复进行，直到将沙包全部移出为止，看谁用时最少。

5. 滚圈赛跑

在平地上画两条相距 30 ～ 50m 的平行线，分别作为起跑线和终点线，一人一个呼啦圈站在起跑线后。开始后，学生迅速将呼啦圈向前滚出，边跑边滚，看谁先到达终点线。（图 8-29）

图 8-29

6. 目标投准

把呼啦圈固定在距离地面 1.5 ～ 2.5m 的墙壁上，学生由近到远进行投准练习。也可进行转动呼啦圈的投准练习。（图 8-30）

图 8-30

7. 投远目标

把若干个呼啦圈依次摆放在投掷线前适当位置，由近至远分别为 1 分、2 分、3 分、4 分……学生进行实心球或沙包掷远练习，看谁的得分最多。（图 8-31）

图 8-31

8. 飞圈

学生一人一个呼啦圈站在投掷线后，用单手将呼啦圈向前上方甩出，看谁的呼啦圈飞得远。（图 8-32）

图 8-32

（五）在体操教学中的开发与运用

1. 辅助前滚翻练习

学生两人一组，辅助者把呼啦圈立在体操垫上，练习者蹲立在呼啦圈后面开始做前滚翻，身体从呼啦圈内钻过，尽量不要碰到呼啦圈，解决学生团身不紧的问题。（图 8-33）

图 8-33

2. 辅助远撑前滚翻练习

把呼啦圈平放在体操垫上，学生手撑过呼啦圈后做前滚翻，解决远撑前滚翻的撑远问题。（图 8-34）

建议：根据学生水平，调节呼啦圈的大小和远近。

3. 辅助鱼跃前滚翻练习

学生两人一组，辅助者站在一侧竖拿呼啦圈，高度适中，

图 8-34   图 8-35

练习者做跳起钻过呼啦圈的鱼跃前滚翻练习，反复练习多次后交换角色。（图 8-35）

4. 辅助侧手翻练习

在侧手翻练习时，在学生体侧地面适当距离放一个呼啦圈，学生做双手依次落在呼啦圈内的侧手翻练习。（图 8-36）

图 8-36

（六）在体育游戏中的开发与运用

1. 扫地雷

在平地上画一个直径约 3m 的圆圈，一人站在圆心拿着被绳子绑住的呼啦圈作扫雷人，沿顺时针方向转动呼啦圈，让呼啦圈在地面上平移，站在圆圈上的人作地雷，看到呼啦圈快要到达自己脚底时，立即跳过或跨过呼啦圈。"地雷"的脚不能被呼啦圈碰到，如被呼啦圈碰到视为"爆炸"，与"扫雷人"交换角色，继续游戏。（图 8-37）

图 8-37

2. 踏圈过河

学生每人两个呼啦圈。开始后，学生依次将呼啦圈摆放到地面上，跳进呼啦圈进行移动，跳一个圈移动一个圈，直至两个呼啦圈和人都到达对岸。（图 8-38）

图 8-38

3. 青蛙跳荷叶

将 10 个呼啦圈摆成直线，学生双脚跳进、跳出呼啦圈，依次跳完 10 个呼啦圈为结束。（图 8-39）

建议：①根据学生情况调整呼啦圈的间距；②也可以采用单脚跳或跨步跳的方式进行游戏。

4. 一圈到底

学生 5 ~ 12 人一组，手拉手围成一个圆圈，将一个呼啦圈套在任意两名学生互拉的手上。发令后，在拉手不脱节的情况下，学生借用身体传递呼啦圈，让呼啦

图 8-39

圈沿顺时针或逆时针方向传递一圈回到起点，看哪组用时最少。（图8-40）

建议：①可增加呼啦圈数量，提升趣味性；②可一大一小两个呼啦圈相向而行进行传递；③可以站成横队或纵队进行游戏。

5. 钻圈竞速

学生每人一个呼啦圈，将呼啦圈放在脚边准备。发令后，学生双脚跳进呼啦圈，然后向上拿起呼啦圈让整个人穿过，接着把呼啦圈放在地面上。如此反复，完成规定次数用时最少者获胜。（图8-41）

建议：可以安排钻呼啦圈距离赛，每次钻呼啦圈后将呼啦圈向前抛出适当距离，然后双脚跳进呼啦圈，循环进行，看谁先到达终点。

6. 钻山洞

学生两人一组，辅助者将呼啦圈竖立起来，练习者钻过去，练习多次后交换。也可以辅助者一边向前滚动呼啦圈，练习者以"S"形来回钻过呼啦圈。（图8-42）

7. 跳绳

把呼啦圈当作绳子，学生手握呼啦圈，进行跳绳练习。（图8-43）

建议：先进行原地跳绳练习，熟练后进行行进间跳绳练习。

8. 翻锅

学生两人一组，面对面站立，双手分别握住呼啦圈两边，举过头顶。开始

图8-40

图8-41

图8-42　　　　图8-43

后，两人同时向一侧翻转身体360°为一次，完成规定次数后，接着向另一侧翻转相同次数。要求翻转中不松手。（图8-44）

图8-44

9.跳房子

将若干个呼啦圈在地面上交替摆成单双圈，学生按照单脚、双脚交换的顺序进行跳房子练习。（图8-45）

10.运球过河

学生两人一组，每组一个篮球两个呼啦圈。开始后，运球者从起点出发跳入第一个呼啦圈，辅助者在旁边配合放好呼啦圈，运球者运球

图8-45   图8-46

跳入第二个呼啦圈，反复进行，直到跳过"河"为止。要求运球者脚不能落在呼啦圈外。（图8-46）

11.合作运球

学生两人一组站在呼啦圈内，手扶呼啦圈于腰间，各持一球准备。发令后，两人边运球边前移，看哪组最先到达终点。也可以一人拿呼啦圈，另一人站在呼啦圈内向前运球，要求呼啦圈不能离开运球者身体。

12.合作套圈

甲、乙两人一组，甲拿一个呼啦圈，乙站在边上准备。发令后，乙跳进呼啦圈，甲随即将呼啦圈上抬，让呼啦圈从乙的脚部到头顶套出为一次，接着乙再次跳进呼啦圈。如此反复进行，最先完成规定次数的组获胜。（图8-47）

13.顶圈行走

学生两人一组，面对面站立，用胸腹部顶住一个呼啦圈，然后合作走完规定

的距离。途中不得用手扶呼啦圈，若呼啦圈掉落须原地停下捡起放好后再继续，看哪组最先完成。（图 8-48）

建议：也可以两人背部互顶呼啦圈进行移动比赛。（图 8-49）

图 8-47　　　　　　图 8-48　　　　　　图 8-49

14. 滚球接力

学生分成若干组，每组一个呼啦圈一个篮球。发令后，每组第一人从起点出发，背对前进方向，用呼啦圈滚动篮球，绕过标志筒后返回，将呼啦圈和篮球交给第二人，依次进行，看哪组最先完成。（图 8-50）

15. 同圈而动

学生两人一组，套在一个呼啦圈内，内侧手互相搭肩，外侧手抓住呼啦圈。发令后，两人合作向前跑出，看哪组最先跑到终点。（图 8-51）

16. 双轮齐驱

学生两人一组，并排站立，内侧手互相搭肩或拉手，外侧手分别拿着一个呼啦圈。发令后，两人滚动呼啦圈前进。途中若有掉圈情况须原地捡起再继续游戏，看哪组最先跑到终点。（图 8-52）

图 8-50　　　　　　图 8-51　　　　　　图 8-52

17. 齐眉圈

学生 4 ~ 8 人一组围成圆圈，每人伸出一根手指托住呼啦圈，将呼啦圈高度调整至队伍中最矮同学眉毛的高度，然后大家同时下蹲，缓缓将呼啦圈往下放至地面。在整个过程中，不许有人将手指离开呼啦圈。一旦离开则游戏失败，需要重新开始。（图 8-53）

图 8-53

18. 移圈比快

学生每人一个呼啦圈站在起跑线后。游戏时，学生把呼啦圈放在地面上，用双脚移动呼啦圈，移过终点为止。要求呼啦圈紧贴地面移动。（图 8-54）

19. 碰碰车

学生两人一组，站在地面上的一个呼啦圈中，并将第二个呼啦圈套在两人腰部，用手抓扶，然后两人用双脚移动地上的呼啦圈到指定地点。（图 8-55）

图 8-54　　　　　　图 8-55

20. 神奇回还圈

学生每人 5 个呼啦圈，从起点线开始依次将呼啦圈向前反旋转抛出，使呼啦圈经过一段距离后向起点线方向滚回。成功返回个数多者获胜。（图 8-56）

21. 自转

把呼啦圈立在地上，学生单手或双手纵向转动呼啦圈，看谁的呼啦圈转得久。（图 8-57）

22. 自抛自接

学生每人一个呼啦圈，单手或双手

图 8-56　　　　　　图 8-57

把呼啦圈用力向上抛起，等呼啦圈下落后，用单手或双手接住。

23. 圈套人

学生两人一组，辅助者双手上举过头顶站立作目标物，投掷者离目标物适当距离站立，将呼啦圈扔出套住目标物。进行多次后交换角色，规定时间内看谁套中得最多。（图 8-58）

图 8-58

24. 抢车位

将与学生人数相等的呼啦圈间隔适当距离摆成圆圈或方形，学生成一路纵队在呼啦圈外慢跑，当听到哨声时，迅速站到一个呼啦圈内，每个呼啦圈站一人，教师也可以参与游戏，让其中一人抢不到车位，没抢到的学生表演一个节目或进行体能练习，然后继续游戏。（图 8-59）

建议：①可以两人或多人站一个呼啦圈；②可以减少呼啦圈数量，让每次抢不到车位的人数增多，提高游戏的竞争性。

25. 开火车

学生 4 ~ 10 人一组，每组排成纵队，每人一个呼啦圈套在腰上，后面人拉住前面人的呼啦圈组成一列小火车。开始后，小火车从起点出发，在不脱节的情况下开到终点，看哪列小火车开得又快又稳。（图 8-60）

图 8-59   图 8-60

26. 单脚转圈

学生仰撑抬右脚或左脚，在抬起脚套上呼啦圈并开始转动，看谁转得久。在转动过程中保持呼啦圈不掉落，并保持身体平稳。（图 8-61）

建议：可以让腰腹力量较好的学生坐在板凳上挑战双脚转呼啦圈。（图 8-62）

图 8-61　　　　　　　　　　　图 8-62

（七）拓展运用

1. 作接力圈

将呼啦圈当作接力圈，进行各种接力跑练习。

2. 作放物圈

根据需要将若干个呼啦圈摆放在地面上，在呼啦圈内放置所需要的教学或比赛物品，进行换物接力跑、赶小猪（图 8-63）、春播秋收等游戏。

3. 作投掷圈

将呼啦圈作为投掷圈进行套圈，用来套取各种物体。

4. 作放球圈

在三大球教学中，可以将球根据需要放在若干个呼啦圈内。（图 8-64）

图 8-63　　　　　　　　　　　图 8-64

5. 作艺术体操圈

用呼啦圈代替艺术体操圈，进行各种滚动、抛接、旋转、转动、"8"字绕环、钻圈以及平衡等动作练习。

6. 作造型

将若干个呼啦圈搭出奥运五环等形状；也可以配合沙包、跳绳等物体，拼出笑脸、气球、太阳、鱼、汽车等造型。

7. 作山洞

将若干个呼啦圈间隔适当距离立在地面上，组成山洞，学生从山洞中钻过。（图 8-65）

图 8-65

九、沙包的开发与运用

沙包是中小学体育课的常用器材之一，通过在厚布缝成的小袋中填入干黄沙、豆粒、荞麦等物品密封制成，大小可根据使用要求自定（图9-1）。沙包主要用于练习投掷动作和简单的体育游戏。在此，我们挖掘沙包的其他功能，最大限度地发挥其价值，使其融入日常体育教学，为体育课堂注入活力。

图9-1

（一）沙包功能的开发与运用

1. 沙包投准或投远

利用不同质量的沙包进行投准或投远比赛。

2. 脚夹手接

用脚夹住沙包，收腹举腿将沙包向上抛起，并用手接住。如此反复，发展下肢和腰腹力量。

3. 夹包掷远

两脚夹住沙包站在线后，然后双脚跳起，收腹向前摆腿将沙包掷出。可两人或多人进行比赛，根据掷远距离排定名次。

4. 抓沙包

两手掌心朝下，交替抓放沙包；也可将沙包放在手背上抛起，迅速翻手抓住沙包，接着将沙包向上抛起，迅速翻手用手背接住沙包，如此反复，直至沙包落地，发展灵敏素质。

5. 单手抛接练习

单手将沙包抛向空中，做拍手、转身、下蹲等动作，再单手接住沙包。

6. 单脚平衡抛接练习

单脚站立，将沙包放在抬起脚的脚背上，利用前摆腿将沙包踢高并用手接住。

7. 一抛一接

学生两人一组，一人抛一人接，如此反复。

8.互抛换位

学生两人一组，相互或循环抛沙包给对方，在抛起过程中两人移动到指定位置并接住沙包。（图9-2）

图9-2

9.花式抛接

学生一人多个沙包进行花式抛接，也可用脚抛接和移动位置抛接等。

10.极速前进

学生两人一组，在篮球场上进行沙包定点传接，在规定时间内看哪一组在篮球场的28m×15m范围内沙包传接次数最多。

11.互换沙包

学生两人一组，相距一臂距离面对面站立，每人一个沙包。开始后，两人同时将手中的沙包抛给对方并接对方的沙包20 ~ 30次，看哪组先完成。（图9-3）

建议：逐渐增加两人间距，提高难度。

图9-3

12.百发百中

学生平均分成若干组，每组成纵队站立在起点线上，在距起点线5m的地上放一张3m×3m的方形靶盘，靶盘上有相应的得分数。开始后，每名学生将手中的3个沙包先后投进靶盘，全部投完后，得分最多的组获胜。

（二）在体育技术教学中的开发与运用

1.辅助滚翻教学

在滚翻教学中，将沙包夹在下颌下练习低头，将沙包夹在大腿和腹部间练习团身，将沙包夹在两脚或两膝间练习并脚。

2. 小兔连续跳

将若干个沙包等距离摆放，学生从起点出发，采用单脚跳或双脚跳等方式跳过沙包，跳完举手后下一名学生出发，依次进行，直至全部跳完。

3. 障碍跳跃

用沙包设置各种图形障碍，学生进行左右跳、前后跳、单脚跳、双脚跳等练习。

4. 弯道跑

用沙包摆出弯道的形状，学生进行弯道跑练习。

（三）在体育游戏中的开发与运用

1. 夹包跳行

学生用双腿夹住沙包向前、后、左、右跳，跳到规定地点后举手，看谁最快完成。（图9-4）

2. 环绕乾坤

学生仰卧，屈膝分腿，双手放在身体两侧，右手握一个沙包。开始后，抬臀挺髋，肩胛骨和两脚着地支撑，身体呈悬空状。双手交替传接，让沙包在髋关节处绕圈，看谁在规定时间内完成的圈数多。（图9-5）

图 9-4

3. 仰卧起坐运沙包

甲、乙两人一组，甲以仰卧起坐的方式从头后的呼啦圈内拿沙包传给乙，乙拿到沙包后，以仰卧起坐的方式把沙包放在头后的呼啦圈内，如此反复，比一比一分钟内哪一组运得最多。（图9-6）

图 9-5

图 9-6

4. 顶沙包

学生将沙包放在头顶上，在沙包不掉落的情况下，走完一段距离（图9-7）；也可将沙包放在肩膀、手臂、拳面上；还可多人合作接力。

5. 传沙包

用沙包做头上、胯下、体侧的传递，也可以用脚传递。

6. 蚂蚁运粮

学生俯卧或仰卧在地上，将沙包放在背上或腹部，驮着沙包前行。（图9-8）

图 9-7　　　　　　　　　　图 9-8

7. 抢种抢收

学生平均分成若干组，站在起跑线后，排头每人手持4个沙包起跑，跑到终点后将沙包"抢种"进画好的圆圈内，未进圆圈须重新放，放好后返回和第二名学生击掌，击掌后第二名学生跑到终点"抢收"圆圈内的沙包。依次进行，看哪组先完成。

建议："抢种"的方式可放可抛，本游戏可搭配投掷课教材，也可作为快速跑教学的游戏内容。

8. 母鸡护蛋

将若干个沙包放于半径1m的小圆内，由1名或2名学生看护，其他5名学生站在直径10m的同心圆上。开始后，5名学生去抢小圆内的沙包，每次只能抢一个，看护沙包的学生则开展防守，被触碰到的进攻学生必须返回出发点重新开始。轮流护"蛋"3min，护"蛋"多者获胜。

9. 跳房子

学生每人一个沙包。开始后，学生将沙包抛进画好房子的第一格，然后跳进第一格，捡起沙包抛进第二格，然后跳进第二格，依次进行，直至跳完所有的格子，完成者得10分。每人每轮一次机会，出现失误后，下一轮从失误格开始跳起。

建议：①变换抛沙包的方式，如踢沙包；②变换跳的形式，如单脚跳、双脚跳、单双脚交换跳等。

10. 捡贝壳

学生屈膝坐地，双手后撑地，在其两脚前放置 5 ~ 15 个沙包和一个纸篓。开始后，学生用两脚逐一夹起沙包放进纸篓里，每次只能夹一个，全部夹完并放进纸篓用时短者获胜。（图 9-9）

图 9-9

11. 眼疾手快

学生两人一组，相距一臂面对面坐在地上，一个沙包放在中间。教师说"头"时，学生将双手放在头上；教师说"肩""膝盖""耳朵"等部位时，学生同样将双手放在相应部位上；教师说"沙包"时，两人迅速去抢中间的沙包，先抢到者获胜。（图 9-10）

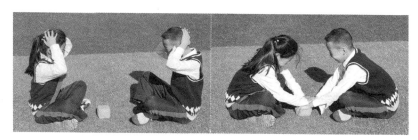

图 9-10

12. 沙包打垒

学生手持沙包站在起点线上，在距离起点线 3 ~ 5m 处横排放置若干个饮料瓶。开始后，学生用沙包打饮料瓶，每人 5 次机会，打倒 1 个积 1 分，最后积分多者获胜。（图 9-11）

图 9-11

13. 穿越丛林

在场地上画两条相距 10m 的直线，学生分成两队，一队学生每人一个沙包站在直线两侧。开始后，另一队学生从两条直线中间快速跑过，直线两侧的学生用沙包击打奔跑学生的膝关节以下部位，奔跑学生躲避扔过来的沙包。全部跑过去后交换角色，看哪一队被击中的人数少。要求沙包只能击打膝关节以下部位，砸到其他部位罚分。

14. 流星炸弹

利用废布等制作沙包，进行合作投远或投准练习。

15. 五人制沙包球对抗赛

在半个篮球场内的端线上放一个直径 0.5m 左右的圆筐，篮球场的中圈为发球区。比赛以掷硬币的形式决定发球（沙包）权，每队每次可上 5 名队员。比赛开始后，场上进攻队员通过传、抛等方式传接沙包，将其投入圆筐，但不能持沙包跑动。防守队员进行抢断，但不能拉拽、推进攻队员。每次投筐命中后，交换发球权。三分线外投中得 3 分，三分线内投中得 2 分。规定时间后，以得分多少判定胜负。比赛规则可参照篮球比赛规则。

（四）拓展运用

1. 负重沙包

将沙包做成 2kg 或者更大重量，进行夹沙包跳、持沙包仰卧起坐、夹沙包举腿、持沙包侧平举或前平举等练习，发展全身力量。

2. 作手球

将沙包当作手球进行手球比赛，比赛规则参照手球比赛规则。

3. 沙包操

教师利用各种不同重量的沙包编出相应的沙包操，如各种换手、抓握、绕环、抛接等动作，加上走、跑、跳等动作变化，有效激发学生的练习兴趣。

十、松紧带的开发与运用

松紧带又叫弹力松紧带、弹力线、皮筋，是体育教学中常用的一种辅助器材。松紧带由可伸缩的弹性织带、橡胶丝或橡胶条和纱织成，有圆形和扁形两种，圆形松紧带直径为 0.3 ~ 1.7cm，扁形松紧带宽度为 0.3 ~ 10cm。松紧带具有可拉伸、质软、随意形变等特点，将松紧带引入体育课堂，可以使其更好地发挥功能，为体育课堂增添活力。

（一）在体育技术教学中的开发与运用

1. 细松紧带的开发

（1）跳皮筋。

学生三人以上一组，其中两人将长 3 ~ 4m 的细松紧带两端固定在腿上或身体其他部位上并拉直，其他人在细松紧带的中间进行单人或多人轮流跳的练习。动作以跳跃（单脚跳和双脚跳）为主，穿插点、迈、勾、挑、跨、碰、压、踢和绊等基本动作，同时可以将各种技巧动作编排成组合动作，配合歌谣，尝试多种跳法。也可以进行升级挑战或组队闯关，挑战高难度动作或高度。

（2）作长、短绳。

取 2m 长的细松紧带一条，拉直作长绳使用，对折作短绳使用。

（3）跳跃练习。

将细松紧带牵拉到合适高度，变成条形、方形、三角形、多边形、五角星形或梅花形等图形，学生单脚或双脚连续跳过细松紧带。

图 10-1

2. 宽松紧带的开发

（1）作竹竿。

用 3 ~ 5cm 的宽松紧带代替竹竿，进行跳竹竿舞的练习，既安全又方便。（图 10-1）

（2）作栏板。

在初学跨栏跑时，可以先将跨栏架上的栏板取下，将 3 ~ 10cm 的宽松紧带固定在支架上代替栏板，以此降低危险，消除学生的恐惧心理。

（3）作接力棒。

将宽松紧带对折几次折成束状，代替接力棒进行交接练习。

（4）作拉力器。

将若干条宽松紧带合并，进行上、下肢的各种力量练习。

3. 图形跑

取适量松紧带摆成各种图形，学生进行跑、跳、跨或绕等练习。

4. 作起跑限制线

在练习蹲踞式起跑时，为纠正学生过早抬起上体的错误动作，可在跑道边将一条松紧带从低到高拉成斜线，让学生的肩在起跑后沿斜线移动。

5. 合作跑

学生两人或多人持一条松紧带进行前进、后退、变向等合作跑练习，培养合作意识。

6. 作终点带

在练习冲刺跑时，为强调压线动作，可利用松紧带作为终点带，让学生体验终点压线动作。

7. 步频、步幅练习

将若干条松紧带按适当距离摆放，学生快速通过摆放在地面上的松紧带，进行步频、步幅练习。

8. 辅助摆臂

在队列齐步走练习中，为纠正学生摆臂不到位、不整齐的问题，可以在学生的身体前面和后面各拉一条松紧带，体前松紧带距身体约 25cm，体后松紧带距身体约 30cm。练习时，学生前摆手和后摆手以前后松紧带为限制线，按标准动作反复练习。

9. 作横杆

在跳高教学中，特别是在学生初学时，用松紧带来代替横杆，既可以减轻学生的惧杆心理，增强其练习信心，又可以节省拾杆和放杆时间。（图10-2）

图 10-2

10. 作限制线

在跳远教学中，可在起跳板前 1.5 ~ 2m 处横拉一条高约 40cm 的松紧带，要求学生起跳后越过松紧带，纠正学生起跳角度不当的问题。

11. 辅助跳远

在蹲踞式跳远和立定跳远教学中，在起跳线前适当位置横拉一条适宜高度的松紧带，让学生跳过松紧带，纠正学生起跳角度不当、收腹举腿不积极和落地前小腿前伸不主动等问题。

12. 辅助出手角度练习

在铅球、垒球、实心球、标枪等投掷项目教学中，可在投掷圈或投掷线前 1.5 ~ 2m 处横拉一条 2 ~ 2.5m 高的松紧带，要求学生将铅球、垒球、实心球、标枪等从松紧带上方掷过，用以辅助投掷的出手角度练习。

13. 作投掷物

将松紧带绕成球状或折叠成棒形，作为投掷物代替投掷器材来进行投远、投准或抛接等练习。

14. "拉满弓" 练习

将稍宽的松紧带的一端固定，学生拉另一端，做投掷标枪、垒球的"拉满弓"练习，体会送髋、转肩、翻肘的动作要领。

15. 体验发力

学生拉松紧带做投掷发力练习，体会蹬地、转髋、挺胸等发力顺序。

16. 鱼跃前滚翻

在鱼跃前滚翻练习中，在跃起点前方拉一条松紧带，让学生越过松紧带，解决学生鱼跃腾空高度和远度不够的问题。

17. 肩肘倒立

可在体操垫上方拉几条高度不同的松紧带，要求学生在练习时用脚尖去触碰松紧带，这样不仅可以纠正学生的错误动作，还可以激发学生的练习兴趣。

18. 技巧教学

在侧手翻、前滚翻、后滚翻和鱼跃前滚翻等练习中，把松紧带拉直作为标志线，纠正轨迹不直的动作。

19. 侧手翻

两名学生拉开一条松紧带，其他学生以侧手翻的动作翻过松紧带。也可设置不同高度的挑战赛，增强练习趣味性。

20. 作延长双杠

在初学双杠支撑摆动后摆挺身下杠时，为减轻学生碰杠的害怕心理，在杠两端（考虑到有的学生下杠时的方向不一样）各系上一条松紧带，松紧带与杠面同高，松紧带另一端由其他学生拉住或用物品固定。练习时，学生先在杠端支撑摆动越过松紧带跳下，待空中感觉形成后再到杠中间练习。

21. 辅助横箱分腿腾越练习

在横箱分腿腾越练习前，学生可先练习分腿腾越山羊。在山羊两侧斜拉松紧带，随着练习水平的提升，升高两侧松紧带高度，直到与山羊面水平。（图 10-3）

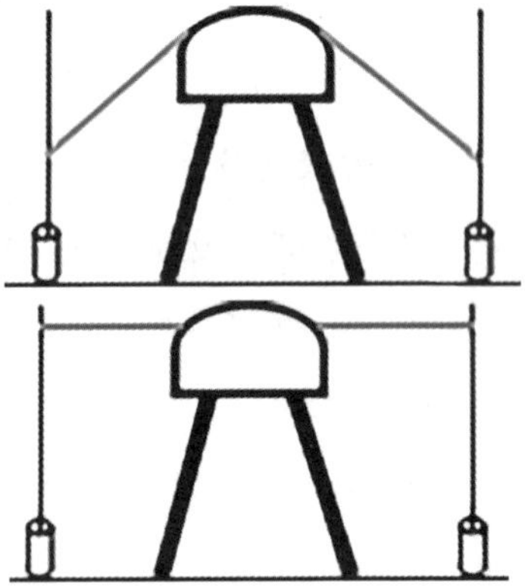

22. 辅助杠上前滚翻练习

在做杠上前滚翻时，在双杠的一半绕上若干圈 2～5cm 宽的松紧带，将两条杠连起来，能有效缓解学生的恐惧心理，保障学生的安全。

图 10-3

23. 制作教练球

将排球或足球放入网袋，两端用宽松紧带固定好，制成一个简易的教练球，可用于排球的传球、扣球、拦网或足球的头球、颠球等练习。

24. 作篮球传球限制线

在篮球传接球练习时，在固定物上下各拉一条松紧带，相距 40～60cm，学生将篮球从两条松紧带间传过去，解决传球弧度高、不到位等问题。

25. 作球门分格线

将 3 条或 4 条松紧带固定在足球门的立柱和横梁上，将足球门分成六宫格或九宫格，学生进行足球射准练习。

26. 作目标传球区

选用色彩醒目的松紧带摆放在场地上，组成一个目标传球区，学生在距目标传球区一定距离的地方进行各种脚法传球到目标传球区的练习。

27. 作武术力度带

将松紧带悬挂在不同高度，学生做各种出拳、踢腿动作，努力用拳风、腿风带动松紧带，加快出拳和踢腿的速度。

（二）在体能练习中的开发与运用

1. 俯卧收腿

学生两人一组，练习者俯卧在垫子上，两脚伸直，松紧带一端系在练习者踝关节处，另一端固定在辅助者脚上，练习者做快速后抬小腿的动作，足跟尽可能踢到臀部。可单腿交替进行，也可双腿一起进行，发展大腿后侧肌群的力量。（图 10-4）

图 10-4

2. 快速高抬腿

松紧带一端固定在肋木上，另一端系在学生腰部，学生上体前倾，往前拉松紧带做原地快速高抬腿练习，发展腿部和髋关节力量。

3. 快速抬大腿

学生两人一组，松紧带一端系在练习者膝关节上，另一端固定在辅助者脚上，练习者双手扶肋木或其他支撑物呈斜支撑状态，支撑腿弯曲，摆动腿做快速向上收大腿动作，单腿连续做，完成规定次数后换另一条腿练习，发展大腿力量和摆动腿的前摆能力。

4. 辅助投掷练习

宽松紧带两端打结，套在肋木上，学生两手紧握松紧带中间，两脚平行站立，面对肋木拉直松紧带，两脚用力蹬地，做向上向后的"后抛"动作。也可以背对肋木站立，拉直松紧带做向上向前的"前抛"动作。（图 10-5）

5. 阻力跑

学生两人一组，取若干条 3 ~ 4m 长的宽松紧带，一端系在练习者腰部，另一端握在辅助者手中，练习者用力向前跑，辅助者在其身后跟随跑，保持一定阻力。（图 10-6）

图 10-5   图 10-6

6. 转肩带

将松紧带对折成约 1m 长，学生两手抓握松紧带两端，向后直臂转肩，也可以屈臂 360° 逆时针或顺时针以身体为圆心转圈，两手握带宽度根据学生自身的柔韧性来调整。

（三）在体育游戏中的开发与运用

1. 大渔网

选择两人作捕鱼人，捕鱼人手拿一条长约 2 m 的松紧带作为渔网，在规定的场地内合作完成"捕鱼"任务，松紧带碰到人即"捕鱼"成功，被捕的"鱼"加入"捕鱼"队伍。

2. 看谁先移动

将一条松紧带对折成短绳，学生两人一组，面对面相距 1m 站立，用右手各持松紧带一端，通过拉、拽松紧带使对方移动，先移动者为输。

3. 快快跳起

在平整的地面上画一个半径约 3m 的圆圈，将一条松紧带的一端固定在圆心，一名学生站在圆圈外拉另一端。开始后，拉松紧带的学生蹲下来画圆圈，其余在圆圈内的学生在松紧带靠近时快速跳起跃过，碰到松紧带者出局。（图 10-7）

图 10-7

4. 舞龙

学生 5 ~ 8 人一组，间隔一定距离，举手、握松紧带组成一条龙，进行各种舞龙动作的练习。

5. 下腰过低桥

将松紧带拉成不同高度的几座桥，学生自选高度，身体后仰，从松紧带下方走过，要求不能触碰松紧带。

6. 穿越火线

用松紧带在一个区域内设置"火线"作为障碍，学生通过跳、钻、爬等方式通过"火线"。

7. 你拉我夺宝

在平地上画两条相距约 1m 的平行线作为起点线和终点线，在终点线上放置实心球；甲、乙两人一组，甲身上套上宽松紧带，并俯撑在起点线后；乙拉住套在甲身上的松紧带的另一端。发令后，甲想方设法去拿终点线上的实心球，乙则用力拉动松紧带阻止甲去拿球，在规定时间内，甲拿到球为胜，反之为负。然后双方交换角色，继续游戏。（图 10-8）

图 10-8

8. 三角追逐

学生6人一组，三人将一条松紧带拉成等边三角形，另外三人分别站于三角形的三个角上。发令后，没拉松紧带的三人沿着三条边进行逆时针的追逐游戏，看谁先追上前面的队员。也可以采用单腿跳或双腿跳的方式追逐。

9. 撞线碰碰乐

学生4～8人一组，在平地上将松紧带拉成若干个直径约3m的圆圈并固定。每组站在一个圆圈内将手背后进行身体对抗互挤，脚触及或越过松紧带为出局，最后剩下的一人获胜。

10. 运小球

学生两人一组，面对面站立，将一条松紧带对折拉紧，乒乓球放在松紧带中间。发令后，在手不触球的情况下，两人合作走到指定位置后，松开松紧带让球掉进对应的纸篓或容器里。途中若出现乒乓球掉落情况，须原地停下捡球放好后，方可继续游戏。

11. 鲤鱼跃龙门

学生平均分成若干组，每组依次编号并成纵队站在起点线后，在起点线前10～20m处放标志筒，各组1号学生手持一条松紧带准备。发令后，各组1号学生迅速向前跑出，绕过本组标志筒后返回，将松紧带一端交给2号学生（自己握住绳子另一端），两人合作将松紧带拉到踝关节高度向队尾跑去，其他队员依次跳过松紧带，然后1号学生站到队尾，2号学生持松紧带向前跑出绕过标志筒返回与3号学生合作，将松紧带向后移动从队伍脚底下通过，依次进行，直到最后一名学生与1号学生合作完成任务，1号学生回到原来位置为止，看哪组用时最少。（图10-9）

图10-9

建议：①为安全起见，松紧带尽量放低或拖地而行；②队伍可由纵队调整为圆圈进行游戏。

12. 翻江倒海

在平地上画两条相距 10 ~ 20m 的平行线，分别作为起点线和终点线。学生平均分成两组，每组指定两人拉一条松紧带，其他学生分成 3 ~ 5 人一小组，站成若干列横队，前后相距约一臂，站在起点线后。发令后，拉松紧带的人迅速跑向队伍，同时队员依次跳过脚底下的松紧带，直到最后一排队员跳过松紧带后，拉松紧带的人立即拉高松紧带经队员的头顶原路返回，两人脚越过或触及终点线为一次。如此反复完成固定次数，看哪组用时最少。（图 10-10）

图 10-10

建议：①松紧带从脚底下通过时，尽量放低或拖地而行；②松紧带从头顶通过时，尽量拉高，队员可低头下蹲；③本游戏适用于班级之间的全员性比赛，场面更壮观。

（四）拓展运用

1. 皮筋球

将多条松紧带绕成团，装在塑料袋或网袋中制成一个皮筋球，用于踢球练习。

2. 流星球

用松紧带与报废的球或沙包结合制成流星球，发展投掷能力。

3. 地老鼠

用松紧带与较重的物体结合制成地老鼠，一人持松紧带一端在地面上左右或绕圈甩动，其他人通过跨、跳等方式避开地老鼠，发展快速反应能力。

4. 弹弓

用松紧带和树杈制成弹弓，进行射准练习。

5. 绑腿带

取一条宽约 5cm、长约 45cm 的松紧带，两端分别向内折约 10cm 后进行缝制，制成绑腿带，用于 N 人 $N + 1$ 足的比赛。

6. 作球网

在排球、羽毛球教学中，拉一条松紧带当作简易球网使用。

7. 松紧带操

将松紧带对折约 1m 长，学生两手分别抓松紧带的两端，可当作准备活动操的器械，具体方法可参考跳绳中的绳操。

十一、标志筒（杆）的开发与运用

标志筒（杆）是常见体育教学辅助用具之一。标志筒一般采用聚乙烯材料制成，分为带孔标志筒、多功能标志筒等（图11-1），常见的尺寸为底部直径15～25cm、高度10～50cm；标志杆一般采用聚氯乙烯或者金属材料制成，分为多功能折叠杆、扎地杆、两节杆等，常见的尺寸为管径2.5～3.5cm、长度30～200cm。标志筒（杆）在体育教学中使用广泛，进一步拓展其功能能更好地为体育教学服务。

图 11-1

（一）作为简易教具的开发与运用

1. 作接力棒

在接力跑教学中，可以用标志筒或长度较短的标志杆代替接力棒进行接力比赛。

2. 作跑道线

在快速跑教学中，将若干个标志筒或标志杆相隔一定距离放置充当跑道线，提高学生对快速跑的练习兴趣。

3. 作障碍物

在障碍跑教学中，用标志筒和标志杆摆出各种形状或搭建高低不同的山洞，让学生进行绕、跨、跳等练习。

4. 作简易栏架

在跨栏跑教学中，将标志杆固定在两个标志筒上作为简易栏架。（图11-2）

5. 作简易跳高架

在跳高教学中，用标志杆作立柱，将大号铁夹子夹在立柱上作杆托，在上面放一支竹竿或拉一根橡皮筋，做成简易跳高架。

图 11-2

建议：如标志杆底座过轻，可在底座处加重物，避免简易跳高架侧倒。

6. 作跳远限制物

在跳远教学中，将两个标志筒放在起跳点前方两侧，横拉一根橡皮筋让学生跳过，帮助学生找到合适的起跳角度。

7. 作标枪

在标枪教学中，将标志杆底盘去除，可以当作标枪进行标枪投掷练习。

8. 作奖杯

将金色、银色、古铜色的闪光纸剪成圆形，贴在标志筒上，代替金杯、银杯和铜杯，用于一些非正式小型体育比赛的颁奖。（图 11-3）

图 11-3

9. 作足球门

将两个标志筒（杆）间距 1 ~ 3m 放置在足球场地两端作足球门，可进行足球的传准、射门练习，也可用作比赛时的球门。

10. 作火炬

手握标志筒上端，底部朝上，在底部圆口处放置一个篮球，作为人造火炬，在篮球（表示火焰）不掉落的情况下，学生进行各种传递火炬接力跑。（图 11-4）

11. 作球网立柱

在两根标志杆之间横拉一条松紧带或三角旗作临时性球网，可进行羽毛球或排球等隔网比赛。

图 11-4

建议：如标志杆底座过轻，可在底座处加重物，避免标志杆侧翻。

12. 作跑操定位转圈标志物

在大课间跑操时，多数学校以班级为单位进行"O"形跑（绕两个标志筒转圈跑）。在标志筒上贴带有学校 Logo、校训、班级名称等的图案，代替跑操时的定位转圈标志物。（图 11-5）

图 11-5

13. 作喊话喇叭

在一些临时性人员聚集较多的场合或距离过远时，若暂时没有喊话喇叭，可以将上端带孔的标志筒当作喊话喇叭，将嘴对着上端圆孔，使下端大圆孔对着人群进行讲话。这样可以将讲话人的声音聚集向前传递，减少声音分散，使听话人能清楚地听到远处的讲话。（图 11-6）

图 11-6

14. 作棋子

在地面上画九宫格，利用红、黄两色标志筒作棋子，双方进行"三子棋"或"四子棋"等比赛。同样，可以在标志筒上贴上"将、士、象、兵……"等文字，在地面上画一个中国象棋棋盘，对弈别样的中国象棋。（图 11-7）

图 11-7

15. 作反应筒

教师两手自然下垂，各持一个红、绿色标志筒站在学生正前方，全体学生做好准备姿势。开始后，教师上举绿色标志筒，学生开始做开合跳；当教师上举红色标志筒时（绿色标志筒随之放下），学生立即停止运动，保持准备姿势，等待下一次指令的发出，反复进行。

建议：①出示绿色标志筒时还可以做高抬腿、后踢腿、纵跳、胯下击掌等，也可做篮球的原地运球或高低运球；②出示红色标志筒时由静止不动改为做另一个动作，如绿色标志筒做开合跳，红色标志筒做高抬腿等；③可以拓展到用其他颜色的标志筒来表示相应的动作及要求。

（二）在球类教学中的开发与运用

1. 原地运球绕标志筒

将一个标志筒放在学生体前或体侧，学生原地不动进行顺时针或逆时针绕标志筒运球的练习，强化不同方向的运球能力。（图 11-8）

2. 行进间运球绕标志筒（杆）

将若干个标志筒（杆）间隔一定距离摆成一条直线或不同图形，学生进行行进间运球绕标志筒（杆）练习，加强行进间的运球变向能力。

图 11-8

3. 原地换手运球摸标志筒

将标志筒放在体前，学生进行换手运球，当左手运球时，右手触碰标志筒；当右手运球时，则左手触碰标志筒。反复练习多次，发展学生双手的控球能力。

4. 体前变向运球过标志筒（杆）

将标志筒（杆）放在突破路线上的随意位置作消极防守人，学生进行行进间运球，每遇见一个标志筒（杆）就做一次体前变向运球，培养实战能力。也可进行运球突破投篮的组合练习。（图 11-9）

图 11-9

5. 运球推立标志筒

画两条相距约 20m 的平行线，分别作为起点线和折返线，在中间按一定距离放若干个标志筒，并摆成直线。学生平均分成若干组，每组成纵队站在起点线后。发令后，各组第一人向前做行进间运球，并依次推倒标志筒，至折返线后返回，然后边运球边将标志筒立起，回到起点线和下一名学生击掌接力，依次进行，先完成的组获胜。（图11-10）

6."红、绿、黄"运球

将红、绿、黄色标志筒摆成直线，学生进行行进间运球，运球到绿色标志筒时，原地左右换手运球10次；运球到黄色标志筒时，绕标志筒运球3圈；运球到红色标志筒时，双手把球举高深蹲10次。（图11-11）

图11-10 图11-11

7."8"字运球

将两个标志筒（杆）相距约4m摆放，学生绕着两个标志筒（杆）做"8"字运球，可单人练习或接力练习。

8. 传接球射门练习

将两个标志筒（杆）间隔约2m放置当作足球门，学生站在足球门前适当距离进行传准、射门等练习。

9. 足球过人练习

将若干标志筒（杆）间隔适当距离摆放作消极防守人，学生带球至标志筒（杆）处进行各种过人练习；也可以增加难度，进行带球—过筒（杆）—传球—射门的组合练习，使练习贴近实战。

10. 看标志筒颜色带球

将各种颜色的标志筒按颜色分成 N 个区域，学生自主在活动场上带球练习。当教师手上拿出一个标志筒时，学生以最快速度将球带到和标志筒颜色相同的区域，发展学生的场上观察能力和动作灵敏性。

11. 移动步法练习

将若干个标志筒间隔 3 ~ 6m 摆成一条直线，学生进行足球、篮球、排球侧向移动、前后移动等步法练习。

12. 排球垫准练习

将各种颜色的标志筒摆好，学生在离标志筒约 3m 处做抛垫球练习，垫球至颜色相对应的标志筒处加 1 分，5 次后交换练习，看谁得分最多。

（三）在田径教学中的开发与运用

1. 步频练习

将若干个标志筒相距约 50cm 摆放成"一"字形，学生从标志筒边上快速跑过，要求脚的落点靠近标志筒，发展步频；拉长标志筒间距可以进行步幅练习。

2. 图形跑

将若干个标志筒摆成"一"字形、"之"字形、圆形、五角形、心形等，学生绕图形进行快速跑、耐久跑或趣味性的练习。

3. 辅助高抬腿练习

在两根标志杆约 1m 高的地方横拉一条松紧带作标志线，学生进行原地高抬腿练习，要求腿高抬触碰标志线。

4. 辅助跳跃练习

将孔状的标志筒和标志杆连接，学生进行单脚跳、双脚跳等跳跃过障碍的练习，发展腿部力量。（图 11-12）

图 11-12

5. 辅助跳远腾空练习

在起跳板前两侧各放一根标志杆，中间系一根橡皮筋，根据学生的情况调节橡皮筋的高度，让学生跳过橡皮筋，强化跳远的腾空动作和腾空角度；也可借助标志杆在沙坑上空拉一根绳子，让学生在腾空时去触碰。

建议：为防标志杆侧倒，可在标志杆底座处加重物。

（四）在体育游戏中的开发与运用

1. 巧接抛物

甲、乙两人一组，相距 2 ~ 6m 面对面站立，甲手持沙包或纸球向乙的位置抛，乙手持一个标志筒（底部圆口朝上）接住抛来的沙包或纸球，抛接规定次数后两人交换，抛接成功次数多的组获胜。（图 11-13）

建议：可以两人各持一个标志筒，进行一抛一接；也可以每人一个沙包或纸球直接互抛互接。（图 11-14）

图 11-13   图 11-14

2. 三子连线

在平地上画一个九宫格，学生平均分成两组，两组前三人每人一个标志筒。发令后，第一人跑出将标志筒放在棋盘格子上，返回用手拍第二人，第二人按此进行接力，从第四人开始，跑出后移动本方一颗棋子，依次进行，看哪组先完成横、斜的三子连线。

3. 赶小猪

学生平均分成若干组，每组成纵队站在起点线后，各组第一人手持一个标志筒作为赶猪棒。开始后，第一人用标志筒推球快速前进，绕过终点的标志筒后返

回起点线，将赶猪棒交给第二人，依次进行，看哪组最先完成。（图11-15）

4. 顶天立地

学生平均分成若干组，每组成纵队站在起点线后。发令后，第一人头顶标志筒，走或跑至折返线返回，和下一人击掌接力，依次进行，全部完成用时最短的组获胜。（图11-16）

图11-15   图11-16

5. 快立快倒

学生平均分成甲、乙两队，分别站在篮球场两条边线上。将与学生总人数相等或略超人数的标志筒间隔适当距离摆放在篮球场上，一半侧倒，另一半立放。开始后，两队队员跑进场地，甲队将立放的标志筒推倒，乙队将侧倒的标志筒竖立，到了规定时间，双方退至原来边线，清点标志筒，看侧倒的多还是立放的多。

6. 夹跳

学生两腿夹住一个标志筒，采用跳跃的方式向前移动，可进行单人练习或多人接力比赛。（图11-17）

7. 打保龄球

将10个标志筒按1、2、3、4的数量从前往后摆放成三角形，学生站在一定距离的投掷线后，将篮球向标志筒抛出，击倒标志筒多者获胜。（图11-18）

图11-17   图11-18

8. 作时钟

将12个标志筒平均等分围成一个直径约3m的圆圈，并标明1~12点的时间。开始后，学生双脚放在圆心处，面向标志筒俯撑作时针，当教师报出一个整点时间时，学生按顺时针方向迅速移动双手到达所报的时间点，以躯干或头正对时间为准。如此反复多次，看谁的时针走得又快又准。（图11-19）

图 11-19

建议：①为了让地面时钟更逼真，用粉笔在地面上画一个圆圈，将圆圈 12 等分，并用粉笔标出 1 ~ 12 点；也可以在 12 个标志筒上分别标注 1 ~ 12 点；②学生两人一组作时钟，商定一人作时针，另一人作分针，然后两人脚靠脚俯撑完成 12 点 30 分或 9 点 15 分等时间组合。教师发令（如 6 点整），两人以脚尖为轴，通过两手交替移动，沿顺时针方向旋转身体，摆成指定时间（时针指向 6 点方向，分针指向 12 点方向），若指针出现交叉，可一人趴在地上，另一人从其身上移行过去。

9. 快步快手

将两个不同颜色的标志筒间隔 2 ~ 10m 放在平地上，学生两人一组，面对面间距约一臂站在标志筒中间，两手置于腹前或张开做原地小碎步跑，当听到指令（如"红色"）后，两人采用并步、滑步、交叉步、跨步和跑步等移动步法向红色标志筒移动，看谁的手先触及红色标志筒。（图 11-20）

建议：可以采用反口令练习，听到指令后，向相反的标志筒移动，增加游戏难度和趣味性。

图 11-20

十二、篮球的开发与运用

篮球是中小学体育教学的球类器材之一，外皮一般使用真皮、橡胶、合成皮（超细强力纤维、聚氨酯、聚氯乙烯等）制成，有7号、6号、5号和3号四种型号，7号为标准男子比赛用球，6号为标准女子比赛用球，5号为青少年比赛用球，3号为儿童比赛用球。目前篮球主要用于篮球教学、训练、比赛及相关的体育活动。在此，我们挖掘篮球更多功能，使其能从多方面运用于课堂教学。

（一）在篮球球性练习中的开发与运用

1. 一拨一运

学生左右手各持一个篮球，一手做行进间运球，另一手做拨地滚球。（图12-1）

2. 一人运两球

学生左右手各持一个篮球，做原地或行进间运球，也可双手互换运球。（图12-2）

3. 扶标志筒运球

学生一手运球，一手扶起倒地的标志筒（图12-3），也可进行原地或行进间运球触标志筒的练习。

图12-1   图12-2   图12-3

4. 抛接两球

学生左右手各持一个篮球。开始后，将两球先后向上抛出（在上一个球到达最高点时，再上抛另一个球），然后用双手依次接住下落的球再向上抛出。如此

反复，球落地结束，看谁先完成连续抛接
20 次。（图 12-4）

5. 互抛互换

学生左右手各持一个篮球，然后两手
同时向上抛出（一球稍高，另一球稍低），
接着两手各接住另一只手抛出的球，球落
地为失败。如此反复，看谁连续完成的次
数多。（图 12-5）

图 12-4　　　　　图 12-5

6. 抛接球

学生双手持一个篮球，进行左手抛右手接、右手抛左手接、前抛后接（球从
头顶通过）、后抛前接（图 12-6）、胯下反弹背后接球、胯下反弹体前接球（图
12-7）等球性练习。

图 12-6　　　　　　　　　　　　　　图 12-7

7. 运球猜拳

学生两人一组面对面站立，一人一球。
开始后，两人一边原地运球，一边用无球
手进行"石头剪刀布"猜拳，负者边运球
边蹲起 2～5 次，或绕胜者身体运球两圈，
然后继续游戏。在规定次数内，看谁赢的
次数多。（图 12-8）

图 12-8

建议：可以改用脚来猜拳（先边运球边并脚跳，最后定格时，双脚并脚为"石
头"，前后脚为"剪刀"，左右开立为"布"），激发学生练习的积极性。

8. 躲闪运球

学生分成两组，分别作为进攻组和运球组，在地面上画一个直径约 10m 的圆圈，进攻组学生站在圆圈上，运球组学生站在圆圈内。发令后，进攻组学生把 3 个篮球滚或抛向圆圈内运球组学生，只能击打膝关节以下部位，运球组学生边运球边躲避来球，被击中的运球组学生退到圈外，直至运球组学生全部被击中为止，然后两组交换角色。

9. 偷球王

学生分成男生组和女生组，分别在半场内，每人一个篮球。以右手运球为例，发令后，学生在自己的场地内做不停顿连续运球，并用左手打断别人运球。运球被打断、双手持球或球出界的人即被淘汰，被淘汰的人在界外做原地运球练习。当剩下 10 人时，可安排在三分线内，5 人时在限制区内，3 人时在罚球圈内，最后胜者就是偷球王。（图 12-9）

图 12-9

10. 计时投篮

学生 3 ~ 6 人一组，每人一个篮球，站于限制区外面。发令后，所有人自投自捡，在限制区内投进球无效，最后在规定时间内进球最多的组获胜。

11. 速度传球

学生两人一组，面对面分别站在两条相距 3 ~ 5m 的平行线后，一人持球。发令后，两人来回进行胸前传接球，每传出一个球为一次，在规定时间内，看哪组完成传球次数多。若球有掉落，须自行捡球回线后继续传接球。（图 12-10）

图 12-10

建议：①可由胸前传接球改为击地传接球，或胸前传接球和击地传接球交替进行；①可一人一球，一人用胸前传接球，另一人用击地传接球。

12. 运球传球

学生两人一组，面对面分别站在两条相距 3 ~ 6m 的平行线后，一人持球。发令后，持球者向前运球，无球者向前奔跑，两人都到达对方原来的出发线后，持球者将球传给无球者，然后两人继续运球和跑位。如此反复进行，每完成一次交换球为一次有效次数，看哪组先完成规定次数。（图 12-11）

图 12-11

13. 换位运球

画两条相距 2 ~ 10m 的平行线，学生两人一组，面对面分别站在两条平行线后，各持一球。发令后，两人分别完成原地运球 5 次后，不带球迅速跑向对面队员的位置，途中两人击掌一次，拿起对面队员的篮球同样原地运球 5 次，接着返回对面位置进行运球。如此反复进行，两人完成原地运球且互相交换位置为一次有效次数，看哪组最先完成规定次数。（图 12-12）

图 12-12

14. 投篮运球

在两个篮筐之间拉两根绳，绳上固定若干个呼啦圈作篮筐，在离篮筐 2 ~ 4m 处画一条直线作起点线。学生成四列横队站在起点线后，前后 4 人为一组，一人一球，开始原地运球。发令后，各组排头先进行投篮，投中后接球并运球至对面的边线，脚触及或越过边线即可返回起点线，用没运球的手与第二人击掌接力，然后回到队尾，第二人采用同样的方法进行，依次进行，直到最后一人完成回到起点线，看哪组用时最少。（图 12-13）

图 12-13

15. 步步为营

图 12-14

在场地上画若干条间隔约 5m 的平行线，学生成横队站于第一条线后，一人一球。发令后，学生原地运球 5 次后，迅速向前运球，到达第二条线时，再原地运球 5 次后，向第三条线运球。以此类推，看谁先到达最后一条线，并完成 5 次原地运球。（图 12-14）

16. 运球击掌

学生两人一组，面对面约 1m 站立，一人一球，两人同侧手持球（一人右手，另一人左手）准备。开始后，两人同时做原地体前左右手交换运球，每交换一次，用另一侧（同侧）手在体前击掌一次。如此反复进行，看哪组先完成规定击掌次数（图 12-15）。

图 12-15

建议：①降阶版，初学运球者可以先原地运球用固定手击掌，降低技术难度；②升阶版，两人由同侧手击掌改为相同手击掌（如两人先用右手持球，然后体前双手交替运球一次后，左手接球瞬间，立即用腾出的右手击掌一次，然后右手接球，左手击掌一次，如此反复进行），增加练习难度；③超阶版，两人一手持实心球（也可以是垒球、纸球、沙包），另一手持篮球，同样原地体前双手

图 12-16

交替运球，当有球手将球运向无球手时（也就是持物手），持物手立即将手中的物体抛给刚腾出的手，接球后马上与搭档的实心球对碰一次。（图 12-16）

17. 运球抛接

甲、乙两人一组，相距 2 ~ 4m 面对面站立，一人一球，甲用无球手持一个沙包。开始后，两人原地连续运球，同时，甲将沙包抛给乙，乙接住沙包后抛

回给甲。如此反复进行，沙包落地或没到达规定距离接住沙包均为无效，看哪组先完成规定抛接次数。（图 12-17）

建议：①沙包可用垒球、纸球等轻物代替；②可以一人一个沙包，两人在运球的同时完成互抛互接，以增加练习难度。（图 12-18）

图 12-17　　　　　　　　　图 12-18

（二）在体能练习中的开发与运用

1. 两人角力

学生两人一组面对面站立，双手互握一个篮球进行角力，脚先移动者为输。角力过程中不可突然松手，避免摔倒受伤。（图 12-19）

2. 大力士运球

学生一手俯撑在地上，另一手运球，看谁坚持时间最久。（图 12-20）

图 12-19　　　　　　　　　图 12-20

3. 手撑球登山跑

学生双手俯撑在一个篮球上，身体成一条直线，两脚交替，做慢速登山跑练习。

4. 低位俯卧撑

学生双手俯撑在地上，双脚放在一个篮球上进行连续俯卧撑练习。

5. 平衡支撑

学生俯卧直臂支撑在地面上，两脚脚尖放于一个篮球上，躯干伸直，眼睛看向地面，保持均匀呼吸，看谁坚持时间最久。（图12-21）

图12-21

建议：①可以左右脚各放在一个篮球上进行支撑，以增加挑战难度；②也可以由俯撑改为仰撑，两脚脚跟放于篮球上，躯干伸直。

6. 仰卧抛接球

甲、乙两人一组，甲持球于头顶，平躺在体操垫上，乙站在甲前面1～3m处。开始后，甲将上身抬起与地面约成90°角，同时顺势把篮球抛给对面的乙，乙接住来球后，再抛回给甲，甲接球后，顺势平躺在体操垫上。如此反复进行，两人配合完成规定次数后，交换角色，看哪组配合得又好又快。（图12-22）

图12-22

7. 穿越拱桥

学生两人一组，肩并肩仰卧，屈膝分腿，抬臂挺髋。右侧学生右手持一个篮球，迅速将球向左侧拨出，让球通过双腿支撑形成的"拱桥"，到达左侧学生的左手，左侧学生再拨给右侧学生，如此反复进行，完成规定穿越次数。（图12-23）

图12-23

建议：可以单人练习，让篮球沿躯干绕圈，在不掉球的情况下，看谁先完成规定圈数。

8. 双龙戏珠

学生两人一组，面对面坐在体操垫上，双手撑地于身后，抬腿在空中合力用脚顶住一个篮球。开始后，两人通力合作，将篮球沿横向或纵向旋转1～5圈。

若球中途落地则捡起顶好再继续，看哪组先完成规定圈数。（图 12-24）

9. 双龙吐珠

甲、乙两人一组，间距 1 ~ 4m 面对面坐在草坪上，甲持一个篮球。开始

图 12-24

后，两人向后仰卧，然后同时抬起躯干坐起，甲顺势将球抛给乙，乙接球后，两人再次躺下。如此反复进行，完成多次。（图 12-25）

建议：也可以两人两球练习，方法基本相似，要求两人互抛互接。（图 12-26）

图 12-25

图 12-26

10. 追地滚球

学生两人一组，一人将篮球用力向前滚出，另一人快速跑出将球追上或停住。在此基础上还可进行小组接力比赛。（图 12-27）

11. 扶球俯卧撑

学生俯撑在地上，一手撑在球上，另一手撑在地上，完成规定次数的俯卧撑，两手交换进行。（图 12-28）

图 12-27

图 12-28

12. 指尖转球

将篮球放在指尖上进行旋转，看谁转得久。（图 12-29）

13. 仰卧两头起

学生平躺在体操垫上，两脚夹住篮球，两臂于头后自然伸直。发令后，学生两腿、两臂同时上举，以胯为轴使身体形成对折的"V"字形，两手去触碰篮球，然后恢复原状，再继续做两头起，如此反复多次。（图 12-30）

建议：也可以两手持球做两头起。（图 12-31）

图 12-29　　　　　　图 12-30　　　　　　图 12-31

14. 俯撑抛接球

学生一人一球，俯撑在地上，一只手撑地，另一只手托着一个篮球。开始后，学生持球手将篮球稍往另一只手方向抛起后，立即撑地，同时用另一只手（原撑地手）去接住落下的篮球，再次将篮球抛出。如此反复进行，看谁在规定时间内完成次数多或完成规定次数用时最少。（图 12-32）

建议：手臂力量弱者，可以采用跪姿俯撑抛接球方式进行。（图 12-33）

图 12-32　　　　　　　　　　图 12-33

15. 俯撑拨球

学生两人一组，面对面相距 1 ～ 3m 俯撑在地，其中一人手扶住一个篮球。

发令后，两人交替用手拨球，让篮球贴着地面来回滚动，看哪一组先完成规定次数。（图12-34）

建议：也可以两人两球来回拨球，增加趣味性和难度。（图12-35）

图12-34　　　　　　　　　　　　　　图12-35

16. 矮人运球

画两条相距5～15m的平行线，分别作为起点线和终点线。学生2～10人一组，一人一球，成纵队站在起点线后，然后全体队员蹲下，后面队员一手拉住前面队员的衣服，另一只手持球。开始后，全体队员一边运球，一边蹲着向前行走，在不脱节的情况下，全体队员全部通过终点线为完成，看哪组用时最少。（图12-36）

图12-36

17. 背上运球

学生两人一组，一人背起另一人，被背者手持一个篮球。发令后，背人者小心向前慢行，被背者开始做行进间运球，运球到折返点后，两人交换角色，同样做背上运球回到起点，看哪组最先完成。（图12-37）

图12-37

建议：①被背者在运球过程中脚不得落地；②若出现丢球现象，则原地停下捡回球后，重新背好方可继续。

18. 老式拖拉机

甲、乙两人一组，一个篮球放在乙脚边。两人背对背肘关节互勾，甲弯腰将乙背起，乙双脚踩在篮球上，甲向前走，乙双脚交替拨动球，让篮球跟两人一起向前移动一段距离后，两人交换角色继续。（图12-38）

19. 爬行顶球

在草坪或平地上，学生采用手足爬行方式用头将一个篮球顶向一定距离外的终点线，看谁顶球顶得又快又稳。（图12-39）

图 12-38　　　　图 12-39

20. 仰卧取球

甲、乙两人一组，甲平躺在体操垫上，乙双手持球且手臂前伸，站于甲的髋关节一侧。开始后，甲抬起躯干，双手上举拿到篮球后身体还原成平躺姿势，接着甲再次抬起躯干，将篮球送回乙的手

图 12-40

中。如此一取一放，反复进行多次后，两人互换角色进行练习。（图12-40）

建议：放球高度以甲躯干抬起约60°、手臂上举能拿到球为宜。

图 12-41

21. 圆圈传递

学生3 ~ 12人一组，面向圆心，双手撑地，等距离围坐成圆圈，其中一人将篮球放在双脚中间并夹住。发令后，夹球者（第一人）双脚夹着球传递给自己左边的队员（第二人），第二人主动伸出双脚去接球，两人用脚在空中完成交接后，以同样方法沿顺时针方向依次传递，直到球回到第一人的脚上，计为一次有效圈数，看哪组最先完成规定圈数。交接时双方的脚须在空中，不得触地；若中途掉球或脚触地，须在掉球处或失误处重新摆放好球再交接。（图12-41）

建议：队伍可以变为横队，队员进行左右传递。

22. 后翻传递

学生平均分成若干组，每组成纵队前后相距约1m坐在草坪上，第一人两脚

夹住一个篮球准备。发令后，第一人迅速倒地同时用脚夹球后翻，第二人抬脚将球夹住，以同样方法传递给第三人，依次进行，直到球传递到最后一人的脚上为止，看哪组用时最少。（图12-42）

图12-42

23. 众星捧月

学生4～8人一组，每组围成圆圈，仰坐，两手撑于身后，一个篮球放于圆圈中间。所有人用两脚合力将篮球顶起，并抬到最高处（膝关节尽量伸直）。在篮球不掉落的情况下，看哪组坚持时间最久。（图12-43）

图12-43

24. "V"字撑转体

学生身体呈"V"字支撑坐在草坪上，双手持一个篮球置于腹前。开始后，双肩转向左边同时双手持球伸出，使球触及左侧地面，然后双肩右转，使球触及右侧地面。如此反复进行，完成多次。（图12-44）

25. 转体碰球

学生两人一组，一人一球，两人间距约1m，并排同向呈"V"字支撑坐在草坪上，双手持一个篮球置于腹前。开始后，两人先向内转动双肩，两球在空中互碰后，两人双肩向外转，使篮球触及自己外侧的地面，然后两人身体再向内转碰球。如此反复进行，两球互碰为一次，在脚不落地的情况下，看哪组先完成规定次数。（图12-45）

图12-44

图12-45

26. 夹球抛远

甲、乙两人一组，面对面相距 1 ~ 3m 站立，甲将一个篮球夹于两脚之间，然后全身发力跳起用脚将球抛给乙，乙用手接住来球后，将球夹于两脚之间，以同样方式抛回给甲。循环练习，看哪组先完成规定次数。若球没抛过规定距离则视为无效球。（图 12-46）

27. 夹抛取球

学生两脚夹球，原地收腹抬腿，用力将球向上抛起，然后用两手接住，算一次有效球，看谁先完成规定次数。（图 12-47）

图 12-46　　　　　图 12-47

（三）在体育游戏中的开发与运用

1. 抛球击掌

学生两手持球，将球用力向上抛起，抛球后完成多次胸前或背后击掌、转圈、下蹲双手击地等动作，并在球落地前将球接住。

2. 绕桩拨球

学生平均分成若干组，每组间隔约 2m 成体操队形散开，一人一球，各组排头将球放在脚边的地面上，其他队员作桩。发令后，各组排头用手拨球按"S"形向排尾方向移动，并依次绕过每名队员，当通过排尾队员时，大喊一声"到"，迅速站到排尾队员的后面（与排尾队员保持约 2m 距离）。同时，第二名队员以相同的方式用手拨球出发，以此类推，直到每人完成一次，也就是队伍的站位顺序回到原状，看哪组最先完成。（图 12-48）

图 12-48

3. 圆圈传球

以持球人为圆心，其他人在圆圈上等距离站立。持球人依次与圆圈上的队员传接球，圆圈上的队员接球后迅速传回持球人，直到所有人完成传接球，球回到持球人的手上为止，看哪组用时最少。

4. 争分夺秒

学生分成两组。开始后，每组第一人做加速跑、横滑步、后退步等动作，迅速到中心位置拿球，然后快速运球上篮，先进球者得 1 分，返回击掌接力，依次进行，在规定时间内，得分多的组获胜。

5. 保卫萝卜

学生 6 ~ 10 人一组，两组对抗。在中圈的圆心位置放若干个篮球，防守组队员在圈上守护，进攻组队员用虚晃、加速跑等动作摆脱防守组队员去抢球，抢到一个得 1 分，规定时间后交换角色，比赛结束后，看哪组得分高。

6. 老鹰抓小鸡

学生 6 ~ 10 人一组，一人一球，每组指定两人分别作老鹰和母鸡，其他学生作小鸡。开始后，所有"小鸡"成一路纵队站在"母鸡"身后，一只手拉住前面队员背后的衣服，另一只手连续运球。"老鹰"运球去抓"小鸡"，"母鸡"张开一臂保护"小鸡"，"小鸡"灵活躲闪，不让"老鹰"抓到。"小鸡"若被"老鹰"抓到，两人交换角色继续游戏。（图 12-49）

建议：①若学生的控球能力一般，"小鸡"的手不用拉前面队员的衣服，只要前后站成一路纵队即可（图 12-50）；②可以安排两个"母鸡"并排站立，扩大横向保护面。

图 12-49　　　　　　　　　　　　　　图 12-50

图 12-51

7. 球下穿越

学生一人一球，将球砸在地面上反弹后，在球下来回穿越，看哪名学生一次穿越次数最多。（图 12-51）

8. 运球过山洞

学生分成两组，一组作山洞，另一组钻山洞。山洞组学生每两人一小组面对面手拉手高举站立，间隔约 1.5m 排成"一"字形；钻山洞组学生成一路纵队站于第一个山洞前。开始后，钻山洞组学生一边进行行进间运球，一边依次钻过所有山洞。然后两组互换角色，看哪组做得又好又快。

9. 合作传球

甲、乙两人一组，间距约一臂背对背站立，甲持一个篮球准备。发令后，甲将球从胯下传递给乙，乙从胯下接球后，从头上传递给甲，甲接球后计数一次。如此反复进行，看哪组最先完成规定传递次数。（图 12-52）

建议：可以用篮球绕两人身体做水平转圈传递，两脚不动。

图 12-52

10. 猜拳接力

在平地上画两条相距 5～20m 的平行线，分别作为起点线和终点线。学生平均分成若干组，每组成纵队站于起点线后，各组选一名猜拳手，分别交换站在其他组前面的终点线上。发令后，各组第一人（挑战者）向前运球至终点线，与其他组的猜

图 12-53

拳手进行猜拳。若平手，则继续猜拳，直到分出输赢；若输给猜拳手，则要绕着猜拳手运球两圈后返回；若胜了猜拳手，则立即返回起点线。返回起点线后，用手拍下一人，下一人按第一人方法进行，以此类推，直到最后一人返回起点线，看哪组最快完成。（图 12-53）

建议：比赛时，所有人全程做不间断连续运球。

11. 黄金搭档

在平地上画两条相距 10 ～ 20m 的平行线，分别作为起点线和终点线。学生两人一组，并排站于起点线后，内侧手互拉，外侧手各持一球。发令后，在互拉手不脱节的情况下，边前进边运球。若掉球，须停下捡回球后在掉落处继续运球，直到两人到达终点线，看哪组最先到达。（图 12-54）

图 12-54

12. 活动篮筐

在篮球场半场的两边线中间各画一个直径为 1m 的圆圈，学生分成人数相等的两队，每队指定一人站于圆圈内作篮筐（手握呼啦圈）。猜拳胜的一队发球开始比赛，双方像篮球比赛那样进行攻守对抗，进攻队设法将球投进本方的篮筐，每投中一球得 1 分，防守队设法获得球权转入反攻，在规定比赛时间内，得分多的队胜出。（图 12-55）

图 12-55

建议：①进攻队员只准传球，不准运球或持球跑；②出现违例和犯规时，均由对方发界外球；③作篮筐的队员不准离开圆圈，防守队员不得进入圆圈，否则投进球无效。

13. 抢断球

四人一球，一人防守，三人传接球，传接球三人站成三角形。发令后，传接球三人采用双手来回传接球，防守队员积极抢断，当防守队员碰到篮球时，就与刚才传球被抢断的队员交换角色，游戏继续。（图 12-56）

图 12-56

14. 一分钟跑篮

学生一人一球，站于篮球场端线外，做好起跑准备。发令后，学生迅速开始边跑边运球到达对面篮下投篮，投中后运球至另一侧（出发一侧的篮筐）。如此反复做往返运球上篮，直到一分钟时间到，看谁投进次数多。（图12-57）

图12-57

15. 找朋友

学生一人一球，在场地上随意运球，积极主动找到一名学生进行击掌，并说"你好"，接着运球去找下一名学生，以同样的方式打招呼，在规定时间内，看谁找到的朋友最多。（图12-58）

图12-58

16. 抛球哈哈笑

学生围成圆圈自然站立，教师将球高抛，篮球第一次落地时学生发出"哈"一声，第二次落地时学生发出"哈哈"两声……以此类推，看谁发出的笑声最自然。

17. 垒球

学生左右手各持一个篮球，一手前伸掌心朝上托一个篮球，另一手将另一个篮球轻放在其上面，找到平衡点后，慢慢放开上面的手，在手不触碰上方篮球的情况下，通过调控，比比谁的上方篮球最晚掉落。（图12-59）

图12-59

18. 抢球大战

画一个边长约10m的正方形，在正方形正中间和四角各放一个大呼啦圈，在中间呼啦圈内放置20～30个篮球。学生平均分成四组，每组成纵队站在各自的直角区。发令后，各组采用接力方式将中间呼啦圈内的球搬到自己组的呼啦圈内。每人每次只能搬一个球，当中间呼啦圈内的球被抢光时，可去其他组的圈内拿球，在规定时间内，看哪个组呼啦圈内的球最多。

建议：取球返回时，可以持球跑回或运球返回。

19. 渔夫抓鱼

以一块篮球场为例，学生分成男、女两队，两队各推选一名"渔夫"，其余队员作小鱼，两队"小鱼"分别进入各自的半场准备，男队3个球，女队5个球。发令后，女队"渔夫"抓男队"小鱼"，男队"渔夫"抓女队"小鱼"，"渔夫"只能对没球的"小鱼"实施抓捕，被抓到的"小鱼"原地两手叉腰或上举放于头顶做成爱心形，有球者可免除被抓。当看到无球"小鱼"快被抓到时或被抓后，有球"小鱼"可将球传到其手中，其变成有球"小鱼"就可以避免被抓或重获自由；有球"小鱼"将球传给无球"小鱼"后就变成了无球"小鱼"，要躲避"渔夫"抓捕。"渔夫"用手拍到"小鱼"身体即抓捕成功，有球"小鱼"要连续运球。在规定时间内，看哪一队抓到对方的"小鱼"多。

建议：①可男女生分开比赛，也就是男生抓男生，女生抓女生；②中低学段小学生可持球跑，无须运球；③根据参与游戏的人数调整每队的篮球数量。

20. 百炮争鸣

学生5～10人一组，一人一球站在限制区外。发令后，全体学生连续投篮，教师记下投中数，直至投中50个球为止，看哪组用时最少。投篮方法不限，但必须在限制区外完成投篮，否则视为无效进球。

21. 移行换拉

学生4人以上一组，每组围成圆圈，左右相隔约1.5m，一人一球。发令后，大家一起向自己右侧或左侧的队员抛球，同时接住自己左侧或右侧队员抛来的球。要求必须是抛球而不是传球，抛球的高度必须在头部以上，如果未达标准，则需重来；球在抛接过程中只要有一人没接住球（球落地），本次抛球即无效。最后累计成功完成10次，看哪组用时最少。

22. 夹球运球

学生4～10人一组，每组站成一路纵队，每人的大腿内侧夹一个篮球，后一人双手搭在前一人的双肩上。发令后，从起点出发，用连续双脚跳的方法前进至一定距离的折返点后，队伍变成左手搭肩、右手运球的方式返回起点，先完成的组获胜。途中掉球或搭肩手掉落，必须原地停下，重连后方可继续游戏。（图 12-60）

图 12-60

23. 功夫顶球

学生 4 ~ 10 人一组，每组站成一路纵队，每人一个篮球、一个羽毛球筒。每人一只手持羽毛球筒下端，并将篮球放在球筒上端，用另一只手搭在前面学生的肩上。发令后，大家协力走到终点，看哪组最先到达终点。若途中篮球掉落，须原地停下捡球重新放好后，方可继续游戏。（图 12-61）

24. 众星顶球

学生 3 ~ 5 人一组，每组围成圆圈，面向圆心站立，相互搭肩，在中间放置一个篮球并合力用头顶住，在篮球不掉落的情况下，大家协力一起完成多次蹲起，看哪组完成得又快又稳。（图 12-62）

建议：①用头顶球可以改为每人用一只手的食指顶球（图 12-63）；②可以由蹲起改为蹲姿移行或站姿移行一定距离。

图 12-61　　　　　　　　图 12-62

25. 护蛋使者

学生 3 ~ 5 人一组，每组围成圆圈，面向圆心站立，相互搭肩，每人抬起一只脚靠在一起，然后将一个篮球放在大家抬起脚的脚背上，在篮球不掉落的情况下，采用单脚跳的方式完成规定距离，看哪组完成得又快又稳。（图 12-64）

26. 蚂蚁运球

学生仰撑，将一个篮球放于腹上，然后向前（后、左、右）移动，在球不掉落的情况下，看谁最先到达终点。若途中篮球掉落，则要原地停下，捡球重新放好后，方可继续游戏。（图 12-65）

建议：可安排小组接力比赛。

图 12-63   图 12-64   图 12-65

27. 运球拔河

学生两人一组，分别站于标志线两侧，各伸出一只脚抵在标志线上，同侧手互拉，身体重心下移，另一只手运球。发令后，两人边运球边用力把对方拉向自己这一边，看谁先将对方拉过标志线。（图 12-66）

图 12-66

建议：对拉时，双方同侧脚要始终相抵，不能移动位置，不能突然松手，以免摔倒。

28. 运球猜拳追击

在场地上画两条相距约 2m 的平行线为起点线，在距两条起点线约 10m 的地方各画一条终点线。学生两人一组，面对面分别站在两条起点线上。开始后，两人边运球边用无球手猜拳，当出现胜负时，胜者为"追者"，运球去追拍负者，负者为"逃者"，立即转身运球跑向本方终点线。"追者"在终点线前拍到"逃者"得1分，反之不得分。如此反复进行多次，最后看谁得分多。要求游戏全程做连续运球。（图12-67）

建议：也可玩"运球版长江黄河"，一人为"黄河"，一人为"长江"，当口令是"长江"时，"黄河"转身跑，"长江"追"黄河"，拍到"黄河"得1分，最后看谁得分多。

图12-67

29. 抢篮球

学生两人一组，面对面坐在草坪上，在两人中间地面上放置一个篮球（若为平地可用球托，避免篮球滚动）。开始后，听教师指令将两手放在相应位置，如喊"头"则两手贴于自己头上，如喊"肩膀"则两手放在肩膀上……，当喊"篮球"时，两人立即去抢中间的篮球，先抢到者获胜。（图12-68）。

建议：①指令内容有头、耳朵、脸蛋、肩膀、臀部、腹部、大腿、膝盖等身体部位；②可要求负者给胜者点赞，并说"你真棒"，

图12-68

胜者说"谢谢"表示感谢，培养学生基本的行为礼仪，让学生懂得礼尚往来；③可由坐着玩改为俯撑着玩，用一只手拍身体部位；④也可以站着玩，两人间距约2m，同样听指令去抢中间的篮球；⑤指令内容可改为高抬腿、后踢腿、开合跳等简单的体能练习内容。

（四）废弃篮球的利用

1. 作棋袋

取一个象棋盒盖覆于废弃篮球气芯正中央，用记号笔画出三条边线，用剪刀沿着边线在废弃篮球上剪开三道开口，大小以可放进一盒象棋为宜。在开口两边用螺丝刀各钻一洞，用线固定成提手，即做出了一个有趣的棋袋，然后将棋类放入袋中即可。（图 12-69）

2. 作球托

用记号笔在废弃篮球球体上画两个直径约为 8cm 和 20cm 的同心圆，然后用剪刀沿着画好的痕迹剪切即可做出一个球托，用来放置三大球（图 12-70），也可以作为标志碟、障碍物等器材使用。

图 12-69　　　　　图 12-70

3. 作球帽

将废弃篮球剪成各种大小的弧圈，可以当作金箍帽、西瓜帽等，学生戴在头上，进行追逐抢帽游戏。（图 12-71）

4. 作装饰物

用颜料或彩色笔等在废弃篮球表面画上眼睛、嘴巴和鼻子，绘制成多种风格的头像，用作套圈目标物、防守人头像、校园艺术品等。（图 12-72）

5. 作花盆

将废弃篮球剪开一个直径约 20cm 的圆口，做成一个篮球花盆，然后把一些泥土放到球体里，用来种植绿萝、吊兰、虎皮兰等生活中常见的观赏植物。（图 12-73）

图 12-71　　　　　图 12-72　　　　　图 12-73

6. 作沙包球

在废弃篮球的破损处开一个小口，从开口处往球体内注入沙子或沙子和锯末的混合物，然后在开口处贴上自行车补胎胶片或用针线缝合，即做出了一个沙包球，可用于体育教学或训练。

（五）拓展运用

1. 作保龄球

将篮球当作保龄球，将塑料瓶等物体当作球瓶，进行保龄球游戏。（图12-74）

2. 作台球

学生分组进行台球比赛，用体操棒充当球杆，一个篮球充当母球，8个排球充当子球。在规定区域内画直径1m的圆弧为桌袋，子球进入圆弧为有效，最先完成4个子球进袋的组获胜。

3. 作乒乓球

学生两人一组，用手掌充当球拍，用篮球充当乒乓球，在乒乓球台上进行单、双打乒乓球比赛。（图12-75）

图12-74   图12-75

4. 作门球

用篮球充当门球的球进行门球比赛，比赛规则参照门球比赛规则。

5. 作橄榄球

用篮球充当橄榄球进行橄榄球比赛，比赛规则参照橄榄球比赛规则。

6. 作接力物

用篮球充当接力物进行接力比赛。

7. 作排球

在排球传球技术动作的教学或训练中，可以用篮球代替排球进行对传、一抛一传、单人对墙传球或自传球等练习。篮球体积和重量均比排球大，可以较好地发展学生的手指力量和传球手感，特别适合发展二传手和副攻手的传球控制能力。（图 12-76）

图 12-76

8. 作投掷物

用篮球作投掷物进行单手或双手的掷远练习。

9. 作障碍物

将篮球摆放在地面上作障碍物，学生进行跳过、绕过障碍物等练习。（图 12-77）

10. 作按摩球

在篮球课结束时，学生坐在地上，用篮球在大腿上来回滚动（图 12-78）；或趴在体操垫上，双手支撑地面，将篮球放在一条大腿的下方，在髋部和膝盖之间来回滚动；或仰卧在体操垫上，屈膝，双脚与肩同宽踩实地面，将篮球放在背部下方来回滚动（图 12-79）。

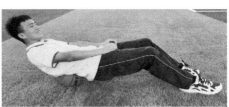

图 12-77　　　　　　　图 12-78　　　　　　　图 12-79

11. 作平衡球

利用废弃篮球或减少气压的篮球作平衡球，进行单脚或双脚踩球练习。（图 12-80）

图 12-80

12. 作拉伸球

学生一人一球，坐姿或站姿利用篮球进行滚动、推拨、牵伸、静压等，以拉伸身体，对经常用到的肌群进行充分放松。（图 12-81）

图 12-81

十三、篮球架的开发与运用

篮球架是学校常见体育器材之一，由篮板、立柱和底座等三部分组成。目前常用的篮球架有液压式（图13-1）、移动式或平箱式（图13-2）、固定式（图13-3）、海燕式（图13-4）、炮式（图13-5）等几种。中小学各个学段的篮圈高度略有区别，小学 1 ～ 3 年级为（2050±8）mm，小学 4 ～ 6 年级为（2350±8）mm，中学生为（2700±8）mm，竞技标准为 3050mm。在此，为充分发挥篮球架的其他功能，使篮球架更好地服务体育教学，对篮球架的开发与运用进行挖掘。

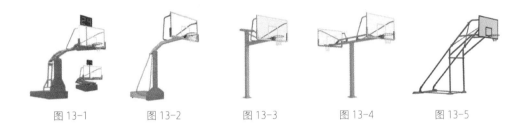

图13-1   图13-2   图13-3   图13-4   图13-5

（一）在体育技术教学中的开发与运用

1. 排球垫传练习

学生对着篮板或立柱进行排球垫球（图13-6）或者传球等练习；也可将排球垫进或传进篮圈，练习控球能力。

2. 轻物投掷

以篮板或者篮圈为目标，学生手拿沙包、纸球等轻物进行投准练习。

3. 立柱踢（投）准

以篮球架立柱为目标，进行足（篮）球踢（投）准练习。学生可根据自己的水平自主选择练习距离，提高练习的积极性。（图13-7）

4. 作足（手）球门

将液压式或移动式篮球架前方

图13-6   图13-7

的长方形区域作为球门，或将炮式篮球架两侧立柱作为球门，学生进行 3 ～ 6 人制足（手）球比赛。

5. 绕篮球架跑

在中长跑教学中，利用篮球架进行各种绕圈和往返跑练习，发展学生的心肺功能和快速奔跑能力。

6. 挂篮球线筐

（1）单线筐。

取长约 36m 的绳子横拉在两个篮筐之间，形成单线筐。练习时，要求篮球从绳子上飞过，主要用于上篮、传球和投篮等练习。

（2）双线筐。

在单线筐边上再拉一根绳子，两根绳子水平并列组成双线筐，要求学生上篮、传球和投篮有高度、有准度。

（3）仿真圆圈筐。

将双线筐的两根绳子相距约 45cm 水平拉直放在篮球场地中间，选直径约 45cm 的呼啦圈用胶带或细绳固定在两根绳子上，相邻呼啦圈中心距控制在 2 ～ 2.6m，放置 10 ～ 13 个呼啦圈，满足多人练习的需要。（图 13-8）

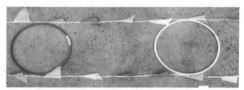

图 13-8

7. 篮球传接球限制区

在篮球架立柱上绑两根平行绳子，在传球练习中，根据不同学生的要求设置不同的高度，学生进行传球穿过两根绳子中间的练习，更直观地体会传球的高度和准度。

8. 线形排球网

在篮球架立柱上绑一根绳子作为排球网，进行排球对垫球、两人传球等练习。高度可根据学生的水平进行调整，也可将高度调整为排球网的标准高度，进行排球比赛。

9. 摸高线

在篮球架立柱上拉一根斜绳，左高右低，学生从低到高循序渐进地进行连续摸高练习，也可自主选择高度进行摸高练习。

10. 摇长绳

将长绳一端固定在固定式篮球架的立柱上，拉住另外一端进行跳长绳练习，以达到减少摇绳人数的目的，让更多的学生参与到跳长绳活动中。

（二）在体能练习中的开发与运用

1. 引体向上

学生悬挂在炮式篮球架下面的横杠上进行引体向上及其相关辅助练习。（图13-9）

2. 攀爬练习

利用炮式篮球架下面的钢管，学生进行攀爬练习。要求篮球架下面铺上海绵垫或体操垫，做好安全防护措施。

图13-9

3. 靠柱静蹲

学生背靠篮球架立柱进行靠柱静蹲练习，以发展下肢力量。（图13-10）

4. 辅助侧摆腿

学生两手扶篮球架立柱，做单脚来回侧摆腿练习。

5. 爬斜线

将拔河绳一端固定在篮球架立柱的高处，另一端让多名学生握紧拉直或者固定到其他的篮球架立柱上，绳子下面放置体操垫，学生手脚并用做爬斜绳练习。

图13-10

6. 摸高练习

学生利用篮板、篮筐或篮网等进行摸高练习，发展跳跃能力，也可将绳子等挂在篮筐或篮板支架上，进行摸高练习。

7. 作固定点

将拔河绳固定在篮球架立柱上进行甩绳的力量练习，或将弹力带固定在立柱上进行后蹬跑（图13-11）、站姿前推（图13-12）等练习，也可进行投掷技术的辅助动作练习。

图13-11 　　　　　　　　图13-12

8. 作简易跳高架

将篮球架立柱当作跳高架，将橡皮筋的一端绑在篮球架立柱上，另一端固定在标志杆上或由学生拿在手上，学生进行跳高练习。一根立柱可以固定4根橡皮筋，安排4个小组同时进行练习。

9. 俯卧撑

利用移动式篮球架底座，将脚放到篮球架底座上进行低位俯卧撑练习。力量弱者可以做手放在底座上、脚放在地上的高位俯卧撑练习。

10. 抱立柱

学生双手抱住篮球架立柱，双脚离地，悬空时间长者获胜。

11. 弓箭步跳

利用移动式（落地式）篮球架的底座平台，进行弓箭步交换跳等练习。

12. 砸篮板接力

学生6～10人一组，每组面对篮板成一路纵队站在篮球场罚球线后，第一人手持一个篮球。开始后，第一人上步跳起将球砸向篮板，落地后立即从侧边返回至队尾。同时，第二人上步起跳，在空中接住第一人的反弹球，并在落地前将球砸向篮板。依次循环，直至球落地为止。在规定时间内，看哪组成功次数多。要求篮球连续砸篮板。

建议：上步 1 ~ 3 步为宜。

（三）拓展运用

1. 柱式存放球桶

在单双臂篮球架的立柱上焊一个圆柱体的存储框，用于存放篮球或足球。（图 13-13）

2. 作武术靶

在篮球架立柱上绑上旧衣服或旧体操垫，作武术的手靶或脚靶。（图 13-14）

图 13-13　　　　　图 13-14

3. 作固定物

篮球架立柱可以用来悬挂体育教学挂图，或固定弹力带、拔河绳等进行力量练习，或固定橡皮筋进行跳皮筋练习。

十四、排球的开发与运用

排球是学校常备体育器材之一，由皮革、聚氨酯和聚氯乙烯、橡胶等材料制成。免充气排球主要用泡沫制成，质地较软。排球的圆周为65～67cm，重量为260～280g。排球按直径可分为5号球（直径204mm）、4号球（直径194mm）、3号球（直径185mm）。排球在学校体育课堂中的运用相对较多，但基本限于排球技术教学。在此，我们开发拓展其功能，使排球能从多方面运用于课堂教学。

说明：篮球、排球、足球作为学校体育教学常见的体育器材，因为在结构、材质等方面有着许多共同点，所以在开发与运用中有许多异曲同工之处。因此，对排球的开发也可参考本书"十二、篮球的开发与运用"中的内容，在此不再赘述。

（一）在排球技术教学中的开发与运用

1. 垫（传）球叫号

学生4～10人一组，每组围成一个圆圈，然后按顺序报数，每人所报的数作为自己的代号，并推选一人持球（持球者）站在圆圈内。开始后，持球者用力将排球垫（传）起，同时叫任意一个号，被叫到号的人在球未落地前将球垫或传出，如此反复。如未触及或未接到球均变为持球者在圆圈内垫（传）球叫号，最后看谁失误次数最少。

2. 垫球换位

画两条相距3～6m的平行线作为限制线，甲、乙两人一组，面对面分别站在两条限制线后，甲手持一球。发令后，甲抛球给乙，乙自垫球一次后用手接住，然后甲、乙两人迅速互换位置，并在途中完成一次击掌，接着乙抛球给甲，甲自垫球一次接球后，两人再互换位置（二次交换），这样为一轮交换。如此反复，累计完成规定的次数后，两人立即举手或蹲下示意结束，看哪组最快。（图14-1）

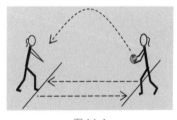

图14-1

3. 你来我往

画两条相距 5 ~ 10m 的平行线作为限制线，学生两人一组，面对面分别站在两条限制线后，两人各持一球。发令后，两人相互垫球给对方，并接住对方来球，然后两人迅速互换位置，并在途中完成一次击掌，再次互垫互接，再互换位置（二次交换），这样为一轮交换。如此反复，累计完成规定的次数后，两人立即举手或蹲下示意结束，看哪组最快。（图 14-2）

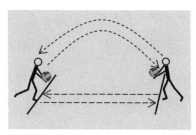

图 14-2

建议：①抛给对方的球必须越过对方限制线，否则无效，且要重新抛球；②当两球都为有效球时，双方接球后可交换位置。

4. 对垫蹲起

甲、乙两人一组，面对面相距约 4m，甲手持一球。发令后，甲将球抛给乙后，自己立即原地做蹲起一次，乙将来球垫回给甲后，同样做蹲起一次。如此反复，看哪组最先完成规定的垫球次数。（图 14-3）

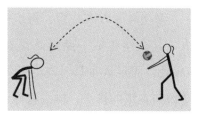

图 14-3

5. 垫球接力

画两条相距 10 ~ 30m 的平行线，分别作为起点线和折返线，将标志筒间隔 2m 放在折返线上，在标志筒上放置一个排球，学生平均分成若干组，每组成纵队站在起点线后。发令后，各组排头迅速跑向本组的标志筒，拿起标志筒上的排球累计完成有效自垫球 5 ~ 20 次后，将球放回原处返回起点线，用手轻拍第二人，第二人以同样方式进行，以此类推，直到最后一人完成后返回起点线，用时最少的组获胜。（图 14-4）

图 14-4

6. 进攻线比赛

将两条进攻线组成的场地（6m×9m）左右分成两个小场地（6m×4m），中间留1m为隔离带；学生分成两组，在6m×4m的小场地上进行两两对抗，采用三局两胜或五局三胜制，每局5分、7分、9分或11分，比赛规则参照排球比赛规则。一场比赛或一局比赛结束时，

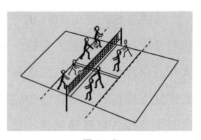

图14-5

双方根据事先约定，由输的一方做适量的俯卧撑、蹲起、跑步或立卧撑等简单的体能练习。（图14-5）

建议：发球时，发球人必须站在本方进攻线后进行发球，或以自抛自垫球代替发球。

7. 垫固定球

学生4～6人一组，每组推荐一人作固定人，其余学生成一路纵队站在固定人前面约4m处，固定人手持一球。开始后，固定人将球抛向本组的排头，排头将球垫回给固定人，并向前跑绕过固定人站到队尾；固定人再将球垫给本组第二人，第二人将球垫回给固定人。以此类推，看哪组最先完成规定的次数。（图14-6）

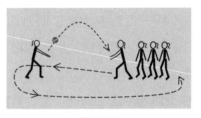

图14-6

8. 移动对垫

学生两人一组，面对面相距约4m站在端线（起点线）后，一人持一球。发令后，两人边垫球边向对面端线（终点线）移动，中间钻过排球网，在排球不落地的情况下，两人到达对面端线（终点线）后各完成一次垫球，即成功一次。如此反复，看哪组先完成规定的次数。（图14-7）

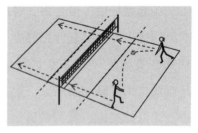

图14-7

建议：①每人每次只能垫球一次；②在垫球过程中，若球落地或失误，则要回到起点线重新开始。

9. 穿梭垫球

学生 4 ~ 8 人一组，每组分成 A、B 两队，相距约 4m 面对面成纵队站立，A 队排头手持一球。开始后，A 队排头将球抛给对面 B 队排头，并立即跑到 B 队队尾，B 队排头将球垫回给 A 队第二人后跑到 A 队队尾。如此循环进行，看哪组先完成规定的连续垫球次数。（图 14-8）

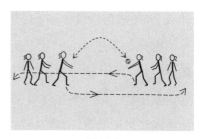

图 14-8

建议：①每人每次只能垫一次球；②途中出现掉球或失误，须捡回球后重新开始；③必须是连续垫球才有效。

10. 三角垫球

学生 4 人一组，站成间隔约 4m 的等边三角形，其中两个角为一人一角，另一个角为两人前后站立（前者手持一个排球）。发令后，A 抛球给 B，同时跑到 B 的位置，接着 B 垫球给 C，B 跑到 C 的位置，然后 C 垫球给 D，C

图 14-9

跑到 D 的位置。如此沿顺时针方向进行垫球移动，看哪组先完成规定的次数或圈数。若中途出现掉球或失误，可捡回球继续比赛。（图 14-9）

11. 发球过网

学生分成两组，分别站在排球场的两条端线后，其中一条端线后的学生一人一球。发令后，有球队员依次发球，发完后，对面无球队员捡球，以同样的方式将球发回。这样一来一往为一次，重复多次。发球没过网的队员原地做蹲起 10 次，发球出界的队员做蹲起 5 次。（图 14-10）

图 14-10

建议：发球口令统一，以免混乱。

12. 垫球积分赛

将呼啦圈固定在长约 2.1m 的竹竿上组成
活动筐，在地面上画一条线作垫球线，距离垫
球线 2m（放活动筐）和 6m（体能练习）处做
一个标志。学生 4 人一组，3 人作垫球人站在
垫球线后，另一人手扶活动筐站在 2m 标志点
处。发令后，第一名垫球者采用自抛自垫的方

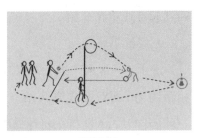

图 14-11

法将球垫进活动筐，自行接球后地滚球给下一名垫球者，然后跑至 6m 标志点完
成 5 次蹲起后，跑回替换扶活动筐的学生，原扶活动筐的学生跑到垫球队伍的队
尾，如此循环。排球通过活动筐得 1 分，球在落地前被接住得 1 分，最后在规定
时间内看哪组得分最多。（图 14-11）

13. 三球不归一

学生 5 ~ 9 人一组，两组进行对抗，其中一
组一个球，另一组两个球。吹哨后，双方把球击
打到对方场地，当 3 个排球同时在一方时，另一
方得 1 分，其他要求参照排球比赛规则，采用三
局两胜制，每局 5 ~ 11 分。最后，输者做俯卧撑、
蹲起、移动或跑步等体能练习。要求双方第一次

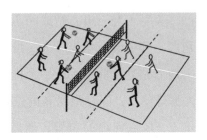

图 14-12

击球用发球或自垫球，位置不限；一方击球出界时，另一方得 1 分。（图 14-12）

14. 垫好球

学生 8 ~ 12 人一组，每组再平均分成 A、
B 两队，分别站在两个半场内。按照排球比赛
规则互相垫球，A 队将球垫给 B 队，B 队成功
接住即完成一次有效垫球，直到排球落地或犯
规为止。在规定时间内，看哪组一来一往连续
垫球次数最多。最后，横向比较各组的有效连

图 14-13

续垫球次数，少者做俯卧撑、蹲起、移动或跑步等体能练习。（图 14-13）

建议：场地可以缩小到 6m×9m 等，增加练习密度。

15. 打壁球

学生 3 ~ 8 人一组，每组成一路纵队站在墙壁前横线处，第一人持球。开始后，第一人对墙壁垫球，并转身跑到队尾，第二人将反弹的球垫回墙壁。如此循环，直到有人失误（垫飞或没接到上一个人垫向墙壁反弹的球）为止，捡球后重新开始。在规定时间内，看哪组连续垫球次数最多。（图 14-14）

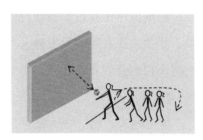

图 14-14

建议：①可在离墙 1.5 ~ 2m 处画一条横线作垫球线，在墙上离地 1.5 ~ 2m 处画一条限制线，垫球人脚不得越过垫球线，球在墙上的落点必须超过限制线；②可在墙上离地约 2m 处画一个边长为 50 ~ 100cm 的方框，对墙垫球时，每次球在墙上的落点都要在方框内。

16. 击球传花

学生 4 ~ 8 人一组，每组围成一个圆圈，左右间隔约 1.5m，第一人手持一球。发令后，第一人完成连续自垫球 3 ~ 10 次后，垫传给第二人，依次进行。若谁接球失误或未能完成规定的垫球次数，就要进行体能练习；若上一人垫传给下一人时出现失误（两人未能顺利交接），则两人一起进行体能练习。（图 14-15）

图 14-15

建议：①可以进行组与组之间的比赛，看哪组先连续完成 1 ~ 5 圈不失误；②可要求每人只能垫球一次，按顺序垫传，看哪组在不失误的情况下完成圈数最多；③可要求上一人成功垫传给下一人后，原地做蹲起 2 次，失误者则要做蹲起 10 次；④可用任何动作垫球，但必须把球垫起来。

17. 自垫自传

学生一人一球，向上传一次后自垫球一次，如此交替传、垫球，连续完成次数多者获胜。

18. 我是重炮手

根据排球比赛时的轮转位置将场地分成 1 ~ 6 号区域，每个区域有不同的分值，学生站在发球线后发球，每人发 5 球，发到相应的分值区得相应的分数，最后将所得的分数累加起来，得分高者获胜。

19. 守护者

学生两人一组，一人将球放在背后的地面上，做好守护排球姿势，另外一人通过积极移动去触碰排球，经过一守一攻提高两人的快速移动能力。

20. 坐姿传球

学生三人一组，一人竖持呼啦圈站在中间，另外两人面对面相距一定距离以坐姿进行对传球，并让球穿过呼啦圈。要求持呼啦圈者不能随意移动呼啦圈，最后看规定时间内哪组对传球个数多。在传球时，不能用下肢力量，只能借助上肢力量来传球，这样可以发展手指力量和传球手感。

建议：根据学生的年龄及传球能力，呼啦圈高度可以在腹前至头顶之间进行调整。

21. 初级传球

学生一人一球，面对墙进行传球练习。要求两个肘关节靠墙，利用手腕、手指进行传球，体会手腕、手指弹拨球的动作感觉，固定传球时的手形（图 14-16）。动作熟练后，可逐渐拉大距离进行对墙传球练习。

图 14-16

22. 对墙垫球、扣球和发球

学生一人一球，距墙一定距离进行垫球、扣球和发球练习。可在墙上标注不同高度的线，要求学生向不同高度的线进行垫球、扣球和发球，提高学生的控球能力。

23. 垫反弹球

学生一人一球，先将球上抛，球落地弹起后，双手正面垫球将球向前垫起，

在球落地反弹后再次将球垫起，如此循环，练习多次。（图14-17）

建议：①此法适合初学垫球者；②可以每垫一次转体90°，增加练习难度。

24. 坐地垫球

学生一人一球，坐在草坪上，然后自抛自垫球，看谁连续垫球次数多。（图14-18）

建议：可以采用单膝跪地垫球。

25. 左右开弓

学生一人一球，将球抛起后，用两前臂交替垫球，看谁连续垫球次数多。（图14-19）

图14-17

图14-18　　　　　　图14-19

（二）在体育游戏中的开发与运用

1. 打鸭子

在排球场上，两名及以上学生站在边线外，其他学生在场地内，边线外的学生持排球或软式排球，用扔、掷等形式将球砸向场内学生的膝关节以下部位，场内学生被球打中膝关节以下部位则出局，以规定时间内留在场内人员的人数多少决定胜负。如果直接接住球则获得一次重生机会。

2. 谁是机灵鬼

学生两人一组，绕着排球进行各种形式的慢跑，慢跑过程中可以转换各种跑的形式，如高抬腿、后踢腿或小步跑等，随后听教师口令，进行触球游戏，如教师喊"右手"，学生即用右手去触球，看谁先碰到球。

3. 双人夹球跑

学生两人一组，背对背或面对面夹一个排球，从排球场的一侧底线出发，移动到另一侧底线后返回，先完成的组获胜。在游戏过程中不能用双手触碰排球，否则回到起点重新开始。

4. 谁是跳跳王

学生一人一球，站在排球场的一侧底线上，将球夹在两腿之间。开始后，学生夹球向前跳，到达另一侧底线后返回，看谁往返最快。

5. 谁是爬行王

学生仰撑地面，一人一球放在腹部。开始后，学生从排球场的一侧底线点用四肢支撑向前行进，到达另一侧底线后返回，看谁往返最快。

6. 赶小猪

学生用体操棒击打排球，从排球场的一侧底线将球赶到另一侧底线。学生可以以组为单位进行比赛，也可以进行单人赛。看哪组或者个人先完成。

7. 玩转排球

学生两人一组面对面站立，用双手食指将一个排球顶起高于头顶。开始后，在教师的指令下，在排球不掉落的情况下，两人一起做蹲下起立（图14-20）、互换位置或单脚跳互换练习，一人固定另一人翻转360°（图14-21）或两人同时翻转，也可多组人员连成山洞，各组依次通过，并在山洞前继续搭山洞（图14-22），直到队伍还原成原状。

图14-20　　　　图14-21　　　　图14-22

8. 大腿垫球

甲、乙两人一组,面对面相距1~3m站立,甲手持排球作抛球人,乙作垫球人。开始后,甲将球抛向乙的腹前,乙根据来球调整站位,并抬起一条大腿将球垫回给甲,甲接球重新抛球给乙。如此反复,当两人合作完成规定的有效垫球次数后,两人交换角色,看哪组先完成。接球人在球未落地前接住球为有效球。(图14-23)

图14-23

建议:①由原地单腿垫球改为两腿跳起在空中垫球(图14-24),增加练习难度;②可以跳起用头顶球。

9. 双脚踢球

甲、乙两人一组,甲(踢球者)坐在地上,两手后撑地,两脚并拢抬起离地,脚面绷直,乙(抛球者)手持一个排球站在甲体前1~3m处。开始后,乙将球抛向甲的两脚,甲注视来球,当球接近时,甲抬起小腿,用绷直的脚面将球踢回给乙,乙在来球落地前接住球。如此反复,直到完成规定的有效抛、踢球次数,两人交换角色,看哪组先完成。抛、踢球过程中球落地则为无效次数。(图14-25)

图14-24

图14-25

(三)拓展运用

1. 作彩带排球

将长约1m的彩带一端粘在排球上,学生进行发球练习,通过观察彩带的运

行姿态来观察发球的旋转方式和发球弧线，提高发球技术。（图14-26）

图14-26

2. 作教练排球

在废弃排球上对称挖两个洞，用弹力带或自行车内胎穿过，然后往球体内填充一些海绵，即做成了一个教练排球。练习时，可将教练排球固定在一定高度，进行扣球练习。（图14-27）

3. 作篮球

在低年级篮球传接球教学时，可用排球代替篮球。排球小且轻，能消除一些学生的恐惧心理，有利于提高练习效率。同样，在小学篮球教学中篮球数量不足时，可以暂时用排球代替篮球。

图14-27

4. 作实心球

在初学实心球投掷技术时，学生可以用排球代替实心球进行学练，避免实心球过重而导致动作变形。这样能提高出手速度，有助于技术动作的掌握。

5. 作足球

在足球头顶球教学中，用排球代替足球进行教学，能解决学生惧怕来球或顶球疼痛的问题，可以提高学生的积极性和课堂教学效率。

6. 作地掷球

地掷球不是学校常备体育器材，可以用排球代替地掷球进行练习或比赛。

7. 作手球

手球比赛中传接球速度很快，初学者不易掌握。用少气的排球代替手球，可减慢传球速度，降低接球难度，提高传球准确率，减少捡球次数，提高学生的练习兴趣。

8. 作手足球

在五人制足球场地或合适区域内，学生用手击打排球开展手足球比赛。

图14-28

9. 作卷吊球

在废弃排球内装入适量沙子，然后用绳子和短圆木连接，制作成锻炼前臂力量的卷吊球。（图14-28）

10. 作绳袋球

将排球放入网袋内，用绳子打结固定，然后悬挂在一定高度，学生进行传球、垫球的基本功练习，可以减少捡球次数，提高练习密度，适用于初学者，也可以进行扣球练习。

11. 作哑铃

取一根约50cm长的圆木备用，将两个废弃排球在中心对称位置挖两个微大于圆木的洞，通过洞口往球内装入适量沙子或旧衣物，并将圆木分别插入两个排球洞眼，用胶带固定好，当作哑铃。（图14-29）

12. 作橄榄球

将废弃排球折成橄榄球状，外面用透明胶带缠绕或用针线缝合，当作橄榄球，用于橄榄球训练或比赛。（图14-30）

图14-29　　　　　　　图14-30

13. 作瑜伽球

用排球代替瑜伽球，与瑜伽动作结合，创编出一些精彩优美的动作，可用于排球课的准备活动或放松环节，也可用于力量练习。（图14-31）

图14-31

14. 作标志垫

将废弃排球裁剪成直径约为 15cm 的圆形（可在球心处裁剪个小洞），做成软式标志垫，当作跑、跳等练习的标志垫。（图 14-32）

图 14-32

15. 作标志杆底座

将废旧排球对半切开，在一半的排球内灌入水泥浆作底座，随后插入一定高度的聚氯乙烯管，制作成标志杆。

16. 作壶铃

将废旧排球开一个 10cm 的小口，灌入沙子，随后用补胎贴将小口封上，再将另一个排球两侧镂空，装入灌沙的排球且用 AB 胶粘牢，做成一个壶铃。

17. 作装饰物

将废弃排球剪开一个直径约20cm的圆口，即可做出一个排球花盆，把一些泥土放到球体内，能用来种植绿萝、吊兰、虎皮兰等生活中常见的观赏植物，用来绿化体育馆等校园运动空间（图 14-33）。也可以将废弃排球清洗后，在球面上绘制各种运动图案，固定或悬挂在校园各处，用来装扮体育馆等校园运动空间。

图 14-33

十五、排球架（网）的开发与运用

排球架是排球运动的必备器材之一，分为移动式和地插式两种。网柱高2.55m，网柱距边线0.5～1.0m，球网长9.5m、宽1m，网孔大小为0.1m×0.1m，球网上、下部分别有0.07m和0.05m宽的白帆布带。标准男子网高2.43m，标准女子网高2.24m；少年男子网高2.24～2.35m，少年女子网高2～2.15m。排球架（网）在平时只用于排球运动，在此，我们开发拓展其功能，使排球架（网）充分发挥其价值，更好地服务体育课堂教学。

（一）在排球技术教学中的开发与运用

1. 垫球过网

从底线或进攻线开始，边垫球边前进，临近排球网时将球垫高，球从网上过，人从网下过，过网后继续垫球至进攻线或者底线。

2. 传垫对对碰

甲、乙两人一组，面对面隔网分别站在各自半场的进攻线上。开始后，甲垫球给乙，乙将球垫回给甲后，立即跑向球网，双手或单手触及球网后返回进攻线继续接甲垫回的球。如此反复，完成规定的次数后，两人互换角色，最后看哪组最先完成。

建议：①根据学生能力可缩短两人的间距；②由一人固定一人移动调整为两人都移动，增加练习难度，激发学生的练习兴趣。

3. 多变排球网

在排球教学中，根据学生的身高和身体素质差异，设计不同的网高，组织学生进行隔网的发球、传球、垫球或扣球等练习，提高学生练习的成功率，激发学生的练习兴趣。此法特别适用于初学者或低段学生，一般使用低球网（图15-1）、斜拉球网（图15-2）、"U"形球网（图15-3）等。

4. 对网扣、发球

学生站在排球网前适宜的位置，进行扣、发球等练习，减少捡球时间，提高练习密度和效率。

图 15-1   图 15-2   图 15-3

5. 网上对对碰

学生两人一组，面对面站在球网两侧，同时跳起，双手在网上击掌一或两次，落地后向同侧移行一步，再次跳起，双手在网上击掌，如此反复。（图 15-4）

6. 封闭球网

把广告横幅固定在排球网上，挡住学生视线，学生进行对垫、对传等练习，也可以进行排球比赛。（图 15-5）

图 15-4   图 15-5

（二）在其他项目技术教学中的开发与运用

1. 辅助羽毛球发球练习

利用排球网的高度，站在网前适当距离进行羽毛球发高远球练习，要求发球过网。

2. 辅助投掷类项目出手角度练习

在垒球、沙包、实心球等投掷类项目的教学中，根据排球网高度和学生身高等情况，选择网前合适距离进行投掷过网练习，解决出手角度过低或过高的问题。

3. 辅助篮球传接球练习

利用排球网的高度，选择不同距离进行传球过网练习。网高和传球距离可自主调整，巩固学生双手胸前传接球和单手肩上传球动作，使学生体会不同高度的传球动作。

4. 辅助篮球运球练习

学生一人一球，从排球场端线运球出发，低运球从排球网下穿过，运至另一条端线，也可运至进攻线或网下做低运球、急起急停等练习。

5. 辅助肩肘倒立练习

学生在排球网正下方做肩肘倒立练习，让脚面或脚尖触网，并沿网面上举双腿，做到立腰挺髋，体会身体充分向上伸展的动作。

6. 辅助足球射门练习

（1）学生站在网前 3 ～ 5m 处，对网抽射凌空球，将足球踢到排球网上为成功，提高学生射门的准确性。

（2）学生站在网前合适位置踢高远球，要求球越过球网，巩固高远球技术动作，提高控球能力。

（三）在体育游戏中的开发与运用

1. 捕鱼达人

学生分成"捕鱼人"和"鱼"两组，其中"捕鱼人"组有两人，其余学生都在"鱼"组。开始后，"捕鱼人"持长约 2m 的排球网进行"捕鱼"活动，"鱼"在排球场内躲闪。游戏过程中，"鱼"触及排球网即被捕获，退出游戏，直至所有"鱼"被捕完。

2. 网抛大球 1

学生 4 ～ 6 人一组，围在长约 2m 的排球网四周，将一个瑜伽球或排球放在网上。开始后，大家协同用力，用网将球向上抛起一定高度，然后用网接住并再次上抛。如此反复，以最多的一次连续抛球数为最终成绩，看哪组在规定时间内连续抛球最多。球落地则停止计数，达不到高度不计数。（图 15-6）

图 15-6

3. 网抛大球 2

学生 8 ~ 16 人一组，围在整张排球网四周，将一个瑜伽球或排球放在网的一端。开始后，大家协同用力，用网将球向上连续抛起一定高度，让球边抛边向网的另一端移动，并按此方法返回起点，看哪组完成最快。（图 15-7）

图 15-7

建议：也可原地抛接球，人向一侧移动。

4. 快闪手

学生站在排球网前，两手五指并拢，交替从排球网的网眼插过后收回，横向依次向前移行。在手不触网的情况下，看谁又快又准。（图 15-8）

图 15-8

5. 穿越网眼

学生手持小于排球网网眼的沙包站在排球网前 2 ~ 4m 处，用力将沙包投向排球网，使沙包从网眼中穿过。可以分组比赛，看哪组在一轮比赛中穿过的沙包最多。

6. 看你跳多高

学生在排球网前约 30cm 处，原地跳起摸排球网比高，或以起跳后头顶到达的位置比高。

7. 你来我往

学生分成两组，分别站在排球场半场上，每人手持一个羽毛球或荞麦沙包等轻物。开始后，大家将羽毛球或荞麦沙包扔向对方场地，同时捡起对方扔来的羽毛球或荞麦沙包并扔回对方场地。如此反复，在规定时间内，看哪方场地上羽毛球或荞麦沙包少。要求羽毛球或荞麦沙包从排球网上飞过，否则无效。（图 15-9）

图 15-9

8. 看你钻多低

将排球网降低，学生以下腰的形式从排球网下通过，成功一次，排球网降低一个高度，最后看谁钻过的排球网高度最低。也可以在两根立柱之间横拉一根皮筋或绳子来练习。

（四）拓展运用

1. 作网管

将废弃排球网一端固定在篮圈四周，并将上下边沿连接，另一端下垂到地面或斜拉固定在地面上，让球网形成一条完整的网管。在投篮练习时，篮球投中篮筐后，会自然沿着网管滚到相应的位置，减少捡球时间，提高投篮练习密度，激发练习兴趣。（图 15-10）

图 15-10

2. 作固定木人桩

将泡沫软棒或小体操垫等垂直固定在排球架立柱上，充当固定木人桩。学生进行脚步躲闪、鞭腿或出拳等练习。

3. 作简易担架

将长 9.5m 的排球网多次对折成长约 2m 的短网，充当简易担架。

4. 作障碍物

将排球网或排球架立柱等当作接力赛的障碍物，进行网下穿越、绕杆等练习。

5. 作固定架

可以将拔河绳、弹力带等固定在排球架立柱上进行各种力量练习。

6. 作足球门（网）

利用排球网作超长足球门，学生对排球网进行踢凌空球练习，看谁踢中排球网多；也可在原排球网下方再拉一张排球网，上下两张排球网合并形成一条足球网，

学生对足球网进行各种踢球练习，减少捡球时间，提高练习效率。（图 15-11）

7. 作摆臂限制线

在齐步走练习时，为了让学生摆臂高度一致，队列更整齐划一，可以让学生面对排球网站在适宜位置，进行前摆手触及排球网

图 15-11

下沿的辅助练习（图 15-12）；也可背对排球网进行后摆手触网练习。

建议：①对于低年级学生，可以在排球网下方横拉一根绳子进行练习；②此方法也适用于跑步走、正步走的摆臂练习。

8. 悬挂拦网假人

用直径 7.5cm、长 1.5m 的游泳棒及多孔接头，从排球网的网眼交替穿过，组成单人或多人的拦网假人，安排学生进行扣球和拦网练习。（图 15-13）

图 15-12   图 15-13

十六、足球的开发与运用

足球是学校常备体育器材之一，由聚氯酯和聚氯乙烯两种材料制作而成。足球根据大小可分为 1～5 号，1 号最小，5 号最大。足球运动组织简单、趣味性强，比赛形式丰富，包括街头足球、笼式足球、沙滩足球等。在此，我们开发足球的其他功能，充分发挥足球的特性，助力体育课堂教学。

说明：篮球、排球、足球作为学校体育教学常见的体育器材，因为在结构、材质等方面有着许多共同点，所以在开发与运用中有许多异曲同工之处。因此，对足球的开发也可参考本书"十二、篮球的开发与运用"中的内容，在此不再赘述。

（一）在足球技术教学中的开发与运用

1. 互踢互换

学生两人一组，相距 1～3m 面对面站立，一人一球，将球停在右脚边。开始后，两人同时用右脚脚内侧踢球给搭档，并换左脚将搭档踢来的球踢回，两脚连续来回踢球，看哪组连续完成的次数最多。（图 16-1）

图 16-1

2. 互踢轮转

学生两人一组，相距 1～3m 面对面站立，两人一人一球，将球停在右脚边。开始后，两人同时用右脚脚内侧踢球给搭档，并用左脚将搭档踢来的球接传到右脚前，随即用右脚将球踢给搭档。两脚连续做踢球、接球动作，看哪组连续完成的次数最多，熟练后可换脚进行练习。（图 16-2）

图 16-2

3. 追地滚球

甲、乙两人一组，甲在起点用力将球向前踢出或滚出，乙从起点跑出以最快速度用脚将球停住，两人轮换挑战，停球后距离起点最近者获胜。

4. 快滚快跑

画两条相距 10 ~ 20m 的平行线作起点线和终点线，学生在起点线后将球向前踢出，在球越过终点线后，向前跑出用脚将球停下，然后将球运回到起点线。

5. 互踢换位

甲、乙两人一组，相距 5 ~ 10m 面对面站立，甲传球给乙，乙将球停在脚下后，两人迅速交换位置继续传球，反复练习。

6. 快速搬家

学生分成若干组，在每组前设置两个相距 5 ~ 10m 的呼啦圈，其中一个呼啦圈内摆放一个足球。开始后，每组第一人快速跑向有球呼啦圈，用脚将球运进无球呼啦圈，返回与第二人接力，第二人跑出将球运回无球呼啦圈内。依次进行，直至全部人完成。

7. 乾坤大挪移

学生两人一组，每人一个足球，相距 5 ~ 10m 站立。开始后，两人各自在自己的球上连续踩球 5 ~ 10 次，再迅速跑到对面和同伴互换球做连续踩球 5 ~ 10 次的练习。可多人同时进行，也可换成拨球、推拉球等不同球性练习。

8. 一对一过人

学生两人一组，面对面站立，中间放一个足球。开始后，两人进行"石头剪刀布"，赢的学生先控制身前的足球，可伺机选择向左或向右运球，无球学生进行防守抢断。成功带球到两侧指定区域得 1 分，进行多次，最后得分多者获胜。如果防守学生成功抢断，即可转换攻防身份。（图 16-3）

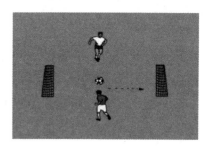

图 16-3

9. 足球踢准比赛

学生两人一组，一人一球，站在相距约 5m 的两个标志筒边。开始后，两名学生跑向对面标志筒，绕过标志筒后，转身踢地上的足球，率先将球踢中对面标

志筒的得 1 分，在规定次数内，得分多者获胜。（图 16-4）

图 16-4

10. 攻占堡垒

在每名学生前设置一个踢球点，由近到远分别放若干个标志筒，学生用脚内侧踢球依次击倒标志筒，将标志筒全部踢倒最快者获胜。（图 16-5）

11. 躲避运球

学生围成一个圆圈，持一个足球，圆圈内安排 1 人或 2 人，一人一球，在圆圈内自由运控球，圆圈外的人通过传球，撞掉圆圈内学生脚下的足球。（图 16-6）

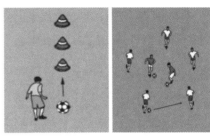

图 16-5   图 16-6

12. 看谁最近

在足球教学中，将足球场的中线、边线或底线作为目标线。开始后，若干名学生在离目标线一定距离处一字排开，用脚内侧、正脚背等部位将球踢向目标线，通过对踢球力量与方向的控制，使球无限贴近目标线，最后看谁的球离目标线最近。（图 16-7）

图 16-7

建议：①踢球处离目标线的距离根据学生能力进行适当调整；②可以让每次踢出球离目标线最远的学生做一些体能练习，以激发学生练习的积极性；③将目标线改成中圈，若干名学生站在距离中圈一定距离的踢球点，然后向中圈踢球，使球无限接近圆心，踢出球离圆心近者获胜；或者画若干同心圆并标上不同分值，按多次踢球的总得分判定名次。

（二）在体能练习中的开发与运用

1. 抓球游戏

学生两人一组，间距2～5m，传球人站在抓球人身后，用脚内侧踢球，让球从抓球人两脚间穿过，当球穿过抓球人两脚间时，抓球人快速把球抓住，抓住后交换角色。（图16-8）

2. 夺球大战

学生两人一组，在起点线前直线摆放若干个足球，每球相距2～5m。发令后，两人同时出发，先抢夺近端的球，抢到球的人返回将球放到起点线后自己的一侧，未抢到球的人也要返回到起点线，然后两人再同时跑出抢夺第二个球，抢夺后再次回到起点线，以此类推，全部抢完后，抢到球多者获胜。（图16-9）

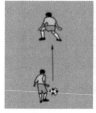

图16-8　　　　图16-9

3. 你扔我接

学生围成一个圆圈，手里各拿一个足球。发令后，学生将手里的足球向地面垂直用力砸，并逆时针移动接右侧学生砸地弹起的足球。没接住球的学生淘汰，其他人继续游戏。（图16-10）

图16-10

4. 俯撑停顶球

甲、乙两人一组，相距1～3m面对面俯卧支撑，甲胸前地面上放置一个足球。开始后，甲抬起一条腿用大腿前侧将球顶给乙，乙用胸口将来球压停，然后用大腿前侧将球顶回给甲。如此反复进行，在规定时间内，看哪组完成次数最多。（图16-11）

图16-11

5. 仰撑滚球

甲、乙两人一组，相距 1 ~ 3m 面对面屈膝仰撑,甲脚底放置一个足球。开始后,甲抬脚将球滚向乙,乙用脚掌将来球停住再滚回给甲。如此反复进行,看哪组先完成规定的次数。（图 16-12）

图 16-12

6. 俯卧支撑接力

传球学生站在俯卧队伍的排头，其他学生并排俯卧直臂支撑。传球学生用脚内侧把球传过其他学生支撑起来的腹部空间,并到排头第一个位置俯卧直臂支撑,队尾最后一人接球后运球到排头进行传球。如此反复接力，直至所有人都完成一次。要求传球时球不能接触俯卧支撑学生身体的任何部位。（图 16-13）

图 16-13

建议：对于力量弱的低年级学生，支撑时，可以抬高臀部，降低练习难度。

7. 脚夹球传递

学生 3 ~ 12 人一组，等距围坐成圆圈，双手撑地，面向圆心，其中一人用双脚夹住足球准备。发令后,有球学生双脚夹起球,在空中将球传递给自己左边的学生，左边的学生以同样方法沿顺时针方向依次传递，直到足球回到开始学生的脚上，计为一次

图 16-14

有效的圈数，看哪组最先完成规定的圈数。要求交接时，双方的脚须在空中；若出现掉球或脚触地，须在掉球处或失误处重新开始。（图 16-14）

8. 摸高跳

将足球装袋悬挂一定高度，学生跳起用手摸球或头触球。

9. 夹球跳

学生双脚夹住足球向终点做并脚跳练习。

（三）在体育游戏中的开发与运用

1. 快速反应

学生在规定区域内自由运球，听到信号后完成脚底踩球、脚内侧连续拨球或"V"形推拉球等动作。

2. 喊数抱团

学生若干人一组，在规定场地内自由运球，教师随机喊数字，如喊到"4"，学生组成4个人的队伍运球，并把脚下球运到一起，即组合成功，如此反复进行。

3. 撒网捕鱼

安排两名学生作为捕鱼人，其他学生在指定范围内自由运球，躲避捕鱼人。开始后，捕鱼人手拉手开始捕鱼，被捕者加入捕鱼人队伍，直至鱼被捕光。

4. 抢球大作战

在一块边长为6～10m的等边三角形区域中心放置若干个足球，三个角各放置一个呼啦圈，3名学生各站在一个呼啦圈内。开始后，学生抢夺三角形区域中心的足球运到自己的呼啦圈内，规定时间内抢到球最多的学生获胜。

建议：①进行计时比赛，三角形区域中心的球抢完后，可以抢其他学生呼啦圈内的球；②根据学生的水平高低调整场地大小；③可以进行四角、五角等多角抢球游戏。

5. 运球抢占标志筒

在一个直径6～8m的圈外等距放置6个标志筒，7名学生一人一球在内圈沿顺时针方向运球，哨声一响，快速运球抢占标志筒，未抢到的人淘汰，在场地外进行运球练习。淘汰一个人减一个标志筒，决出最后胜者。该游戏主要发展学生的控球能力。

6. 破坏王

学生在规定区域内自由运球。开始后，学生在保护自己球的同时去干扰其他人运球，不得将球运出界，出界即出局。该游戏主要发展学生的控球能力和灵敏性。

7. 轻物掷准

学生用足球进行击打标志筒、矿泉水瓶或小球门等投准练习。

8. 找伙伴

学生在规定区域内自由运球，找到 10 个伙伴击掌，要求不能连续找同一人，率先完成的学生获胜。

9. 通过火力网

学生分成两组，一组进攻、一组防守，进攻组在运球通道两侧持球准备。开始后，进攻组学生连续传球，攻击运球通过运球通道的防守组学生，防守组学生被两侧的球击中为失败，两组轮换挑战。（图 16-15）

图 16-15

10. 网球式足球

用标志筒从中间将一个长方形场地分成两块场地，场地两边各站一人，甲传空中球到对面场地，乙接球后再传空中球到对面场地，如此反复进行。每球只能落地一次，球在本方场地落地两次及以上对方得 1 分，先得 11 分者获胜。该游戏主要发展学生的球性和空中传球能力。（图 16-16）

图 16-16

11. 手足球

画一个长方形，在长方形两边中间位置放两个标志筒作球门，以球门为弦长画一条弧线作禁区。学生 3～6 人一队，用手代替脚进行运球、传球、抢断和射门，在规定时间内，进球多的队获胜。要求球只能贴地滚动；双方队员不得进入禁区，其他参照足球比赛规则执行。图 16-17 为实践图，图 16-18 为场地图。

图 16-17

图 16-18

（四）拓展运用

1. 足球韵律操

在徒手体操动作的基础上，结合足球技术动作特点，创编足球韵律操，可用在课的准备活动中，以提高练习兴趣，活跃课堂气氛。下面列举几节足球韵律操供大家参考。

第一节：两脚交替前脚掌连续踩球练习；

第二节：两脚交替左右横向拉球练习；

第三节：两脚内侧连续拨球练习；

第四节：小碎步绕足球前后左右移动练习；

第五节：侧滑步绕足球移动练习；

第六节：站立式体前屈拉伸，手指触摸脚下的足球。

2. 作接力物

在接力比赛时，用足球作接力物进行接力跑练习。

3. 作标志物

将足球当作标志物，进行折返跑、变向跑或连续跳跃障碍等练习。

4. 作实心球

在初学实心球投掷时，用足球代替实心球，进行前抛、后抛、侧抛、抛远或抛准等练习，减轻重量，让学生更好地掌握技术动作。

5. 作足式保龄球

在足球教学中，在场地上摆放若干个标志筒，呈倒三角形，在距离倒三角

形若干米处画一条起点线，然后用足球作保龄球，学生用各种脚法踢球击倒标志筒，看谁击倒数量最多。（图16-19）

图16-19

建议：可作为趣味体育比赛项目。

6. 作篮（排）球

在篮（排）球教学中，球的数量不足时，可以用足球临时代替篮（排）球。

7. 作平衡球

将废弃足球或减少气压的足球当作平衡球，进行单脚或双脚踩球练习。（图16-20）

8. 作绳吊球

将足球装在网袋中，学生手提网袋绳进行颠球练习（图16-21）；也可将其悬挂在高处，进行头顶球练习（图16-22）。绳吊球适合初学者使用。

图16-20    图16-21    图16-22

9. 作哑铃

利用废弃足球、圆棒、沙子等物，做成球式哑铃。（图16-23）

图16-23

10. 作足式冰壶

在草坪或跑道上选取一块长10～20m、宽3～6m的区域，将该区域一端中点作为发球点，在另一端以中点为圆心画一个直径3～6m的圆（目标圈）。

双方各选 5 名队员，比赛开始后，双方队员依次从发球点向目标圈踢球，足球留在目标圈内离圆心最近者得 1 分。若最后目

图 16-24

标圈内无球则本局先发球方得 1 分，比赛共进行 5 局或 7 局，得分多的队获胜。（图 16-24）

11. 作足式门球

在草坪或平坦场地四周放置 3 个球门（可用 2 个标志筒左右间隔 50 ～ 100cm 组成一个球门），在中间放置一个标志筒作中柱。比赛时，一人一球，轮流从开球点用脚踢球，依次踢球通过一门、二门、三门 3 个球门，通过一个球门得 1 分；不设边界，下一次踢球点必须是上一次的停球点；若球顺利通过球门，可以继续再踢一次球。球通过 3 个球门后，方可击打中柱，打中得 2 分，每人满分为 5 分，先获得满分者或在规定时间内分数多者获胜。（图 16-25）

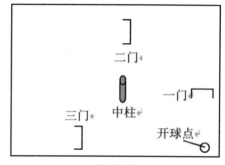

图 16-25

建议：可以根据场地大小增加球门数，也可以设置边界，当球出界时，下一轮回到开球点重新开球。（图 16-26）

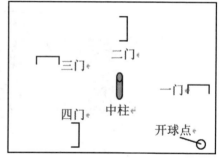

图 16-26

12. 作足式地掷球

在草坪或平坦场地上，用足球作足式地掷球，用脚踢球代替手掷球，根据地掷球比赛规则进行练习或比赛。

13. 作足式排球

学生 6 人一队，两队分别站在排球场的两个半场，发球方在端线后采用脚踢手抛球的方式，将球踢到对方场地，防守队员可以用除手之外的身体任意部位多

次触球或多人触球，再将球踢回对方场地，如此反复进行，直到球在对方场地内落地即得分，若球踢落到界外则对方得分。具体可参照排球比赛规则进行。

建议：本游戏需要有一定足球基本功方可进行，对于初学者，可以降低要求，如要求接球队员第一次必须用身体部位（除手外）触球，之后若球不慎落地，可以用手拾起后采用脚踢手抛球的方式继续比赛。

14. 作足式高尔夫球

在五人制足球场的开球点或七人、十一人制足球场半场的中心放置一个敏捷圈作球洞。学生4人一组，一人一球站在4个角球区，按顺序轮流采用任意方法踢球，每人下一次踢球点为上一次踢球后的停球点，先将足球踢入中间球洞者获胜。（图16-27）

敏捷圈（球洞）

图16-27

建议：由个人赛改为团体接力赛（每人依次轮流踢球）；可增加球洞数量，并任意编号，参赛者按照编号顺序依次将球踢进球洞，先完成所有球洞者获胜。

十七、足球门的开发与运用

足球门是学校常备体育器材之一，由两根立柱、一根横梁及支撑斜杠等组成，材质多为镀锌钢材。根据是否可移动，足球门可分为移动式和地埋式两种。根据参赛人数多少，足球门可分为三人制足球门（1.2m×0.8m×0.6m）、五人制球门（3m×2m×1.4m）、七人制足球门（5m×2m×1.6m）和十一人制足球门（7.32m×2.44m×2.0m）等几种。在此，我们开发足球门的其他功能，力求发挥其拓展价值，使其更好地服务体育课堂教学。

（一）在球类教学中的开发与运用

1. 射门练习

运用足球门进行足球点球、定位球等射门练习。

2. 九宫格足球门

把足球门九等分，每一格中贴上相应的分值，学生进行射门练习，从哪一格进球，即得相应的分数，最后看谁得分多。（图 17-1）

图 17-1

3. 射立柱练习

运用足球门进行射立柱练习，提高射门的精准度和练习的趣味性。

4. 地滚球练习

在两立柱之间离地 40cm 处，横拉一根绳，要求学生踢地滚球从绳下将球射进足球门。（图 17-2）

图 17-2

5. 作排球网

在排球教学中，用足球门作排球网，学生站在两侧进行排球垫球或传球过足球门的练习。（图 17-3）

图 17-3

（二）在投掷教学中的开发与运用

1.辅助出手角度练习

学生站在足球门前适当位置，以足球门横杆为参考，进行实心球投掷过横杆的练习。（图17-4）

图17-4

2.辅助超越器械练习

学生将弹力带一端固定在足球门立柱或横梁上，手握另一端，两腿成投掷步站立，进行投掷超越器械练习。

3.辅助蹬地转体练习

学生将弹力带一端固定在足球门立柱或横梁上，手握另一端，做铁饼或标枪的蹬地转体练习。

4.辅助鞭打练习

学生将弹力带一端固定在足球门立柱或横梁上，手握另一端，做标枪鞭打练习。

（三）在体能练习中的开发与运用

1.摸高

学生向上纵跳单手或双手触摸足球门横梁；也可以在横梁上悬挂若干不同高度的吊球，学生进行摸球练习。

2.抱立柱

学生手脚协同发力抱住足球门立柱，使身体全部悬空并停留一定时间。

3.作固定柱

将弹力带、拔河绳等固定在足球门立柱或横梁上进行体能练习。

4.作单杠

将七人制或十一人制足球门的横梁作单杠，进行引体向上、挂杠移动等

练习。（图17-5）

建议：练习前需检查足球门是否在地面上有加固措施。

5. 作篮筐

把足球门横梁当作篮筐，学生进行投篮和行进间低手投篮练习。（图17-6）

图17-5   图17-6

十八、实心球的开发与运用

实心球是投掷类体育器材之一，分为硬式（橡胶）和软式（充气）两种，常用重量有 1kg（直径 10 ~ 12cm）和 2kg（直径 12 ~ 15cm）两种，也有其他规格的定制款。考虑到安全性和实用性，目前大部分学校在教学和训练中都选择软式实心球。科学合理地运用实心球，开发实心球的多元功能，可以创设多彩的体育课堂。

（一）在技术教学中的开发与运用

1. 辅助性练习

学生持球做原地正面头上投掷、原地后抛、背向胯下投掷、侧向滑步推等练习，体会蹬腿、转髋及反弓动作，加快出手速度，有利于掌握准确的出手角度。

2. 手指力量练习

学生单手或双手手心向下抓抛实心球，也可以左抛右抓或右抛左抓，发展手指和手腕力量。（图 18-1）

图 18-1

3. 步频练习

将若干个实心球间隔 0.5 ~ 1m（根据学生水平调整）摆放在跑道上，学生在实心球侧边或正对实心球用最快步频跑完全程，发展大腿快速下压的能力，加快步频。（图 18-2）

图 18-2

4. 步幅练习

将若干个实心球间隔 1.5 ~ 2.4m（女生 2m 左右）摆放在跑道上，学生在实心球侧边或正对实心球以最大步幅跑完全程，发展大腿后侧肌群的力量，带动小腿折叠前摆，加大步幅。（图 18-3）

图 18-3

5. 绕球跑

将多个实心球等距离摆放在地上，学生进行"S"形快速跑绕过每一个实心球的练习。（图 18-4）

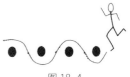

图 18-4

6. 穿越雷区

在地上分散放置若干个实心球当地雷，要求学生快速跑过，不触及地雷。（图18-5）

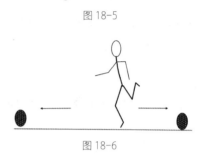

图18-5

建议：练习时要注意安全，可在实心球的底部放一小绳圈，避免实心球滚动。

7. 左右触球跑

将两个实心球相距4m放在地上，学生进行快速往返跑触球练习，记录在一定时间内的触球次数。（图18-6）

图18-6

8. 手指、手腕力量练习

学生在指间来回拨实心球，锻炼手指和手腕力量，体会投篮时的屈腕拨指动作。

9. 投篮动作练习

用实心球代替篮球来模拟单手肩上投篮、双手胸前投篮等动作。两人一球，相距5～10m面对面站立，中间拉一根高2.5～3m的绳子，用投篮的方法投实心球。为保证教学安全，统一信号进行投球和捡球。

10. 耍球

用实心球代替篮球，进行腰部绕球、腿部绕球、胯下绕"8"字和抛球击掌接球等球性练习。

（二）在体能练习中的开发与运用

1. 仰卧蹬球

学生两人一组，练习者仰卧在垫子上，辅助者在距离练习者脚部1～2m处站立，将实心球滚向练习者，练习者用单脚或双脚将球蹬回。如此反复多次后，两人互换角色进行。（图18-7）

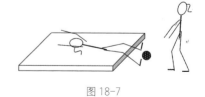

图18-7

图 18-8

2. 夹球上抛

学生两脚夹住一个实心球，原地收腹抬腿，用力将实心球向上抛起，然后用双手接住算一次有效球，看谁先完成规定次数。（图 18-8）

3. 夹球连跳

学生两脚夹住一个实心球，进行连续向前跳跃练习。

4. 持球深蹲

学生双手各持一个实心球，做原地深蹲、半蹲或提踵等练习。

5. 夹球屈伸

学生坐在高台上，两脚夹住一个实心球，向前蹬伸，膝关节伸直后还原，反复练习。学生也可俯卧，两脚夹住一个实心球，向后屈腿再还原，反复练习。

6. 俯卧抛球

甲、乙、丙3人一组，甲俯卧在高垫上且手持一球，乙压住甲脚踝，丙在甲前面适宜位置。开始后，甲抬起上体至最高点，顺势将实心球抛给前方的丙，丙接球后立即将球滚回给甲，如此反复多次后，3人轮换角色进行。（图 18-9）

图 18-9

7. 高抬腿跳

学生面对多个叠加的实心球，两腿高抬跳过，双脚落地。

8. 双脚连跳

把多个实心球等距离摆放，学生双脚连续跳过实心球。

9. 持球立卧撑

学生双手握一个实心球或一手拿一个实心球站立，持球蹲撑，然后两脚后伸完成一个俯卧撑，接着收腿还原成直立，如此反复多次。

10. 金鸡独立

取一个少气的软式实心球，单脚站立在上面，看谁站得久。（图18-10）

11. 翻山越岭

在地上画一个半径为1.2m左右的圆圈，圆心处放置一个实心球，圆周上均匀布置若干个实心球。预备时，一名学生做俯卧撑，双手撑在圆周线上，两脚尖落在圆心的实心球上，发令后，按逆时针方向移动双手并且依次越过实心球。在规定时间内，看谁越过实心球个数多且失误少。

图18-10

12. 同步卫星

学生4～8人一组，每人一个软式实心球，左右间隔约2m围成圆圈面向圆心站立。发令后，学生将球同时向上抛起，并按逆时针方向快速跑到右侧学生位置，接住右侧学生抛起的实心球。所有人都成功接住得1分，失误不记分，如此循环进行，在规定时间内得分多的组获胜。（18-11）

图18-11

13. 热火朝天

学生平均分成若干组，每组成纵队站立，每组排头手持实心球，依次用侧向转腰传球、头顶传球、胯下传球等方法进行传球接力比赛。

14. 七品芝麻官

学生头顶一个软式实心球，左右手各侧平托举一个实心球，进行竞速比赛。要求比赛过程中球不能掉，否则回到起点重新开始。

建议：头顶用充气少的软式实心球为宜。

15. "十"字摸球

在地上画一个"十"字，每条线长约2.5m，在东南西北各个顶端各放置一个实心球，学生站在中间交叉点处。发令后，学生依次按东、中、西、中、南、

中、北、中的顺序跑动并触球，在规定时间内，看谁触球次数最多。（图18-12）

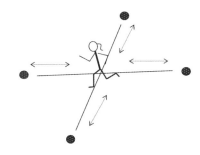

图18-12

16. 抛接两球

学生左右手各持一个软式实心球，开始后，将两球先后抛出（在上一个球到达最高点时，再上抛另一个球），然后用双手依次接住下落的球再将其向上抛出，球落地为结束。如此反复抛接，看谁先完成连续抛接20次。（图18-13）

17. 互抛互换

学生左右手各持一个实心球，然后两手同时向上抛出（一球稍高，另一球稍低），接着两手各接住另一只手抛出的球，球落地为失败。如此反复抛接，在规定时间内看谁完成的次数多。

图18-13

（三）在体育游戏中的开发与运用

1. 花样接力赛

将实心球相距约1.5m排成若干条相同的直线，学生平均分成若干组，每组成纵队站在起点线后。发令后，各组从排头开始，采用后蹬跑、单脚跳、双脚跳、"8"字绕过等接力形式进行比赛。

2. 抱球接力

学生分成人数相等的4组，在起点线前1m处画4个圆圈，圆圈内各放一个实心球，在离起点线约20m处，放置4个标志筒与圆圈相对。发令后，各组排头抱球，快速向前跑绕过标志筒返回把球放回圆圈内，第二人再按此法进行接力，以此类推，直到最后一人完成，看哪组最先完成。若实心球滚出圈，须由原持球人捡回重放，否则加时2s。

3. 蜘蛛行走

在起点线前 8 ~ 15m 处放置标志筒，学生平均分成若干组，每组成纵队站在起点线后，各组第一人仰卧屈腿手脚撑地（脸朝标志筒），腹部放一个实心球。发令后，第一人手脚并用向前爬行，绕过本组标志筒后爬回起点线，将球交给第二人，依次进行，直到最后一人完成，看哪组最先完成。（图 18-14）

图 18-14

4. 平举托球

学生平均分成若干组，每组成纵队站在起点线后，各组第一人两臂侧平举，掌心朝上，将两个实心球分别放在左右手上。发令后，第一人托球迅速向前跑出绕过本组标志筒后返回起点线，将球交给第二人，依次进行。若途中球掉落，须原地停下捡回球放好后再继续游戏，直到最后一人完成，看哪组最先完成。（图 18-15）

建议：①根据学生年龄选择 1kg 或 2kg 的实心球；②为了增加手指的握力，也可把掌心向上的托球改为掌心向下的抓球。（图 18-16）

图 18-15　　　图 18-16

5. 托盘送球

学生平均分成若干组，每组成纵队站在起点线后，各组第一人用一只手托着一个托盘（手掌朝上托于托盘底部，手指不能抓握托盘边沿），在托盘上放一个实心球。发令后，第一人向前跑出绕过本组标志筒后返回起点线，将托盘及球交给第二人，依次进行。若途中托盘或实心球掉落，须原地停下重新放好后再继续游戏，直到最后一人完成，看哪组最先完成。（图 18-17）

建议：①可以用五指托住盘底练习（图 18-18）；②可增加托盘里实心球的数量，激发学生挑战的兴趣；③托盘可用硬纸板、旧书本等代替。

图 18-17　　　　　　　　　　　　图 18-18

6. 航天运输

在草坪上画两个相距 10m 的圆圈，在第一个圆圈里放 3 个实心球，甲、乙、丙 3 人一组，甲、乙面对面双手相握（图 18-19），丙俯卧其上，组成一架飞机。

发令后，丙持球，在甲和乙的配合下从第一个圆圈出发，至第二个圆圈将球放下，接着返回第一个圆圈继续取球，直至运完 3 个球，先完成任务且不散架的组得 1 分，接着换人进行第二轮，最后得分最多的组获胜。（图 18-20）

图 18-19　　　　　　图 18-20

7. 小车推球

甲、乙两人一组，甲双手俯撑在地上作小车，乙在甲身后抬起其双脚；甲双手前放置两个实心球。开始后，乙向前"推车"，甲用双手交替拨滚两个实心球前进，至对面折返线，互换角色以同样方法返回，看哪组先完成。（图 18-21）

8. 赶小猪

用体操棒拨动实心球进行绕障碍的接力比赛。（图 18-22）

图 18-21　　　　　　图 18-22

9. 夹抛比多

甲、乙两人一组，面对面相距 1 ~ 3m 站立，甲两脚夹一个实心球，用力跳起将球抛给乙，乙在球落地前接住为有效。完成有效球规定次数后，两人互换角色继续，同样完成有效球规定次数，最后看哪组用时最少。（图 18-23）

图 18-23

10. 搭石过河

在地上画两条相距约 10m 的平行线代表小河，每人 3 个未充气或充气少许的软式实心球。发令后，学生两脚必须踩在实心球上，依次移动实心球前进，途中脚不落地，先到终点者获胜。（图 18-24）

11. 过石墩桥

将若干个未充气或充气少许的软式实心球间隔 20 ~ 50cm 摆放成一条直线或曲线，组成一座石墩桥。学生依次从实心球上走过，看谁在脚不落地的情况下能顺利通过石墩桥。（图 18-25）

图 18-24

图 18-25

（四）拓展运用

1. 作手足球

在地上画一个长约 8m、宽约 4m 的长方形场地，两端各放两个标志筒或书包等当球门；3 人一组，两组对抗。猜拳胜的一组从中圈开始比赛，用手滚拨一个实心球，相互配合，将球拨进对方球门得 1 分；另一组进行防守抢断。每场 3min，最后看哪组得分多。（图 18-26）

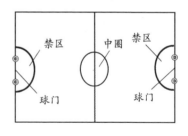

图 18-26

2. 作足球

在足球教学时，根据教学需要，可以将软式实心球当作足球进行脚内侧踢球、正脚背踢球等各种脚法技术练习。由于实心球较重，学生能更好地体验技术动作。（图 18-27）

3. 作保龄球

在平整的场地上，将6个或10个矿泉水瓶摆成三角形。学生站在一定距离处用单手或双手滚动实心球击打矿泉水瓶。击倒一个记1分，几轮过后得分多者获胜，可进行个人赛和团体赛。（图18-28）

图18-27　　　　　图18-28

4. 作地掷球

在平整的场地上，用实心球作地掷球，根据地掷球比赛规则进行练习或比赛。

5. 作弹珠

在平整的场地上，学生以单手或双手用自己的实心球击打对方的实心球，最后看哪一组击中对方球的次数多。

6. 作冰壶

在平整的场地上，用实心球作冰壶进行冰壶比赛，比赛规则参照冰壶比赛规则。

7. 作链球

用材质厚实的编织袋或麻袋裹好一个软式实心球作链球，学生在草地上体验链球运动。

8. 作桌球

将半个篮球场视为桌球区域，在实心球上标注数字1～15，数字即分数。学生分成甲、乙两组，只允许学生在规定的一边抛掷实心球，击中场内实心球则获得球上相应的分值，并获得继续抛掷权，否则换对方抛掷，被击中的球立刻拿掉，直至场上球全部拿掉，总得分多的一组获胜。

9. 实心球操

实心球操是在徒手体操动作的基础上，手持实心球进行的上、下肢有节奏的练习。它具有全面锻炼身体的价值，可用在课的准备活动中，以活动身体各关节，提高练习兴趣，活跃课堂气氛。

第一节　伸展运动 4×8 拍（图 18-29）

图 18-29

预备姿势：立正，两手持球自然下垂。

第一个 8 拍：

1 拍：左脚向前走一步，同时两臂屈肘持球于胸前；

2 拍：直臂持球上举，两脚不动；

3 拍：直臂持球前平举，两脚不动；

4 拍：两手持球自然下垂，左脚还原成预备姿势；

5 ～ 8 拍：动作同 1 ～ 4 拍，左右方向相反。

第二、第三、第四个 8 拍同第一个 8 拍。

第二节　肩部绕环 4×8 拍（图 18-30）

图 18-30

第一个 8 拍：

1 拍：左脚向前走一步，两手持球直臂前平举；

2 拍：右脚向前并一步，两臂不动；

3 拍：左脚向前走一步，左手托球，右臂经上向后绕环一周至上举；

4 拍：右脚向前并一步成直立，两臂不动；

5 拍：左脚向后退一步，两手持球直臂前平举；

6 拍：右脚向后并一步成直立，两臂不动；

7 拍：左脚继续向后退一步，两手持球自然下垂；

8 拍：右脚向后并一步，两手持球自然下垂，还原成预备姿势。

第二个 8 拍同第一个 8 拍，左右方向相反；

第三、第四个 8 拍同第一、第二个 8 拍。

第三节　下蹲运动 4×8 拍（图 18-31）

图 18-31

第一个 8 拍：

1 拍：左脚向左迈出一步，同时两臂持球上举；

2 拍：屈膝半蹲，同时左臂持球前平举，右臂侧平举；

3 拍：两腿直立，两臂持球上举；

4 拍：还原成预备姿势；

5 ~ 8 拍：动作同 1 ~ 4 拍，左右方向相反。

第二、第三、第四个 8 拍同第一个 8 拍。

第四节 踢腿运动 4×8 拍（图 18-32）

图 18-32

第一个 8 拍：

1 拍：左脚向左前方迈出一步，两臂持球上举；

2 拍：右脚向左前方踢出，两臂持球向右后方摆；

3 拍：还原成 1 拍的姿势；

4 拍：还原成预备姿势；

5～8 拍：动作同 1～4 拍，左右方向相反。

第二、第三、第四个 8 拍同第一个 8 拍。

第五节 体侧运动 4×8 拍（图 18-33）

图 18-33

第一个 8 拍：

1 拍：左腿向左迈出一步，左臂持球上举；

2 拍：直臂持球向左振一次；

3 拍：直臂持球向右振一次；

4 拍：还原成预备姿势；

5 ~ 8 拍：动作同 1 ~ 4 拍，左右方向相反。

第二、第三、第四个 8 拍同第一个 8 拍。

第六节　腹背运动 4×8 拍（图 18-34）

图 18-34

第一个 8 拍：

1 ~ 2 拍：左脚向左迈出一步，两脚左右开立；

3 ~ 4 拍：两臂经前向上举，向后振两次，同时抬头、体后屈；

5 ~ 6 拍：体前屈，左手托球并将球由左腿外侧经左腿后至胯下传递给右手；

7 ~ 8 拍：右手接球，由右腿外侧经右腿后至胯下传递给左手，还原成预备姿势。

第二个 8 拍同第一个 8 拍，左右方向相反；

第三、第四个 8 拍同第一、第二个 8 拍。

第七节　跳跃运动 4×8 拍（图 18-35）

第一个 8 拍：

1 拍：两脚跳成开立，两臂持球上举；

2 拍：两脚跳成并立，两臂持球前平举；

3 拍：左脚向前跳成左弓步，两臂持球前平举；

图 18-35

4 拍：还原成预备姿势；

5 ~ 8 拍：动作同 1 ~ 4 拍，左右方向相反。

第二、第三、第四个 8 拍同第一个 8 拍。

第八节　整理运动 4×8 拍

第一个 8 拍（图 18-36）：

1 ~ 4 拍：从左脚开始踏步，踏步四次逐渐成开立，两手持球自然下垂；

5 ~ 6 拍：两脚不动，两臂经前向上举，两手握球后振两次；

图 18-36

7 ~ 8 拍：两臂经前下至两脚之间，体前屈振动两次，同时两手握球触地。

第二个 8 拍（图 18-37）：

1 ~ 4 拍：从左脚开始踏步，踏步四次逐渐成并立，两手持球自然下垂；

5 ~ 6 拍：两脚不动，两臂经前向上举，两手握球后振两次；

图 18-37

7 ~ 8 拍：两臂经前下至两脚之间，体前屈振动两次，同时两手握球触地。

第三、第四个 8 拍同第一、第二个 8 拍，第四个 8 拍的最后一拍还原成预备姿势。

十九、垒球的开发与运用

垒球（图 19-1）是学校常备体育器材之一，由软木或发泡物（聚氯乙烯）等材料制成。垒球圆周为 27.6 ~ 28.3cm，重量为 166.5 ~ 173.6g。在中小学，垒球主要用于投掷练习。在此，我们开发拓展垒球的其他功能，使其更好地服务体育课堂教学。

图 19-1

（一）在技术教学中的开发与运用

1. 自抛自接

学生手持垒球，原地连续向上抛球接球，可结合转身、击掌、下蹲、高抬腿等方式，增加练习的趣味性和难度。

2. 两人互传

学生两人一组，保持一定距离站立，每人一个垒球，进行互抛互接练习。熟练后，可进行行进间互抛互接或在规定时间内比抛接次数的练习，也可增加抛接人数，提高学生的注意力。

3. 地滚球

学生每人一个垒球，从起点线发力抛球，让球贴地滚动，比一比谁的垒球滚得远。

4. 反弹比远

学生每人一个垒球，正面对着墙壁投掷，看谁的垒球与墙壁碰撞后反弹落地的距离最远。

5. 反弹比高

学生每人一个垒球，垂直向空中抛出，看谁的垒球落地后反弹最高。

6. 打靶

将若干个小体操垫或标志筒摆放在离投掷线一定距离的地面上，学生在投掷线后，用垒球向前方的目标物投掷。每人打靶 5 次，看谁打中目标物的数量最多。

建议：①若能将目标物摆在主席台、桌子等有一定高度的物体上，投掷效果会更好；②可以在墙上或地上画若干个同心圆，分值由外向内依次增加，学生每人打靶规定次数，看谁累计分值最多。

（二）在体能练习中的开发与运用

1. 快取垒球

学生平均分成若干组，每组成纵队站在起点线后，在离起点线一定距离的终点线上放置若干个垒球。开始后，各组第一人快速跑到终点线取一个垒球回来，与第二人击掌接力，以此类推，直到最后一人完成为止，看哪组最先完成。

2. 步频、步幅练习

将若干个垒球按一定间距摆成直线，学生依次跑过或跨过垒球进行步频、步幅练习。

3. 追地滚球

甲、乙两人一组，并排站在起点线后。开始后，甲将一个垒球用力向前抛出，让球贴地滚动，同时，乙迅速跑出追到垒球，两人互换角色，看谁在最短距离内追到垒球。

4. 极速前进

甲、乙两人一组，甲站在投掷线后持一个垒球，乙手持一个网兜站于投掷线前 5 ~ 20m 处。开始后，甲用力投出高远球，同时，乙快速向前跑，力争在垒球落地前用网兜接住。规定次数后，两人互换角色，看谁接住垒球数量最多。

5. 夹球跳

学生用双脚夹住垒球向前跳，跳至折返点后以同样的方式返回。

6. 小兔连续跳

将若干个垒球等距离摆成直线，学生双脚或单脚连续跳过垒球，跳过最后一个垒球后举手，下一名学生出发，依次进行。

7. 摸高练习

将若干个垒球悬挂在不同高度，学生进行原地或助跑起跳摸高练习，也可跳起来用头触球。

8. 夹球抛远

学生双脚夹住垒球站在线后，双脚跳起收腹向前摆腿，用力将垒球抛出去。可两人或几人进行抛远比赛。

9. 顶球行走

学生将垒球放在头顶、前额、手背等部位，在确保垒球不掉落的情况下向前移行，看谁移行最远。（图 19-2）

图 19-2

（三）在体育游戏中的开发与运用

1. 打移动靶

将一根尼龙绳横拉在篮球架的两个篮圈之间，用硬纸板等做成坦克、飞机或怪兽等图案吊在尼龙绳上，教师用一根绳子牵拉硬纸板，学生站在尼龙绳一侧一定距离的横线后，用垒球击打移动靶，看谁击中次数多。

2. 垒球拼图

学生平均分成若干组，每人一个垒球。开始后，各组每次派出一人拿垒球到指定地点进行拼图或拼字的接力比赛，看哪组完成得又快又好。

3. 投果进筐

学生站在投掷线后，手拿数个垒球当果实。开始后，学生依次把果实投向前方约 5m 处的塑料筐，投果进筐多者获胜。

4. 叫号接球

学生站成一个圈，依次报数后，教师在圈中将一个垒球抛起叫号，如喊到"5号"，5 号学生进圈接球，其他人迅速跑开。5 号学生接球后，马上喊"停"，其他人停在原地不动，5 号学生再用地滚球击打其他人。若击中人，被击到的人进行抛球叫号；若没有击中人，则 5 号学生自己进行抛球叫号。

5. 赶"小鸡"回家

学生平均分成若干组，用垒球代替"小鸡"。发令后，各组第一人手持体操棒将"小鸡"向前赶，绕过前方标志物后返回，依次接力，看哪组用时最少。

6. 计时捡球

在平地上分散放置若干个垒球，学生两手各握一支羽毛球拍或体操棒准备。开始后，学生用手中的球拍或体操棒将地上的垒球夹起放进纸篓，在规定时间内，捡球多者获胜。要求捡球过程中手不能碰球。

7. 手托垒球跑

学生手持一支羽毛球拍或乒乓球拍，在拍面上放置一个垒球，然后跑动完成一段距离，在垒球不掉落的情况下，看谁最先完成。可以组织接力比赛。

8. 脚推球接力

学生平均分成若干组，每组成纵队站在起点线后，各组第一人用脚内侧推球向前至折返线后，换脚推回起点线将球交给下一人，依次接力，先完成的组获胜。要求推球前进过程中球不离脚，否则须回到起点线重新开始。

9. 运球抛接垒球

学生两人一组，保持适宜距离面对面站立，一人原地运篮球，另一人将垒球抛给运球者，运球者一边运球，一边接住垒球后抛回给抛球者，若一方没有接住垒球则不计数。循环进行，在规定时间内看哪组完成抛接次数多。

10. 运球拾宝

将若干个垒球分散放在地上，学生以组为单位。开始后，每组快速地边运篮球边将地上的垒球捡起放到固定区域，在规定时间内捡拾垒球最多的组获胜。每次只能捡拾一个垒球，捡多无效。

11. 击球打靶

在离击球线 5 ～ 8m 处画 3 个直径分别为 1m、2m、3m 的同心圆，圆心上放一个纸篓，作为球靶。开始后，学生在击球线后，用旧乒乓球拍将手中的垒球击向球靶，击进 3m 圆得 1 分，击进 2m 圆得 3 分，击进 1m 圆得 5 分，击进纸篓得 10 分。每人击 5 球，最后得分多者获胜。

12. 花式抛接

将两个及以上的垒球依次抛起再接住，形成循环抛接球。

（四）拓展运用

1. 作接力物

将垒球当作接力物，用于各种接力、换物或春种秋收等游戏。（图 19-3）

2. 作足球

用垒球代替足球，进行脚内侧、正脚背颠球等足球基本技术练习。

3. 作链球

将垒球装入网兜，用绳子系上做成链球，让学生体验链球投掷方法。（图 19-4）

4. 作保龄球

将 6 个矿泉水瓶摆成三角形，学生站于一定距离外，将垒球当作保龄球进行保龄球比赛。（图 19-5）

图 19-3　　　　　　　图 19-4　　　　　　　图 19-5

5. 作绳吊球

在垒球表面用胶带固定一条宽约 2cm、长约 60cm 的彩带，用来进行绳吊球练习。此外，投掷时，这样能让学生清晰地看到垒球的飞行轨迹，以便调整出手角度。

6. 作地掷球

在平整的场地上，用垒球作地掷球，根据地掷球比赛规则进行练习或比赛。

7. 作弹球

在平整的场地上，学生以单手用自己的垒球击打对方的垒球，最后看哪一组击中对方垒球的次数多。

8. 作健身球

学生一手两球，将手指伸开，用力拨弄两球，使两球在掌心旋转。（图 19-6）

建议：可以手指自然分开抓住一个垒球，各手指用力捏球，停顿一下后放松一次，一捏一松，反复捏球 6 ~ 15 次。捏球的力量要缓慢而持久，停顿时要等手指有酸胀感后再放松。此练习可以锻炼手指力量。（图 19-7）

图 19-6　　　　　　　　图 19-7

9. 作按摩球

学生手持垒球在上肢、下肢、躯干等身体部位进行滚动或敲打。用力大小自主调整，也可以同伴互助，适用于运动后的肌肉放松活动。（图 19-8）

图 19-8

二十、跨栏架的开发与运用

跨栏架是学校常备体育器材之一，主要由金属和实木制成。跨栏架高度可调节，主要用于跨栏项目训练和比赛。当下也出现了各种材质和功能的跨栏架，如不同固定高度的塑料跨栏架、能在撞击后自动弹开的跨栏架等。在此，我们开发拓展跨栏架的其他功能，提高其使用频率，使跨栏架更好地服务体育课堂教学。

（一）在技术教学中的开发与运用

1. 直腿摆绕栏

学生身体直立，单腿伸直支撑，站在跨栏架一端，另一条腿举起与地面平行，勾脚尖，大幅度左右摆动过栏，两腿交替进行。在初始训练阶段，学生摆动腿可由低向高摆至最高点过栏，随着水平提高，可正对跨栏架做摆腿过栏练习。以摆动腿距栏架 50cm 为宜，匀速摆动，幅度尽可能大。（图 20-1）

图 20-1

2. 提拉髋滑栏

学生身体直立，单腿伸直支撑，站在跨栏架一侧，另一条腿屈膝 90°，大腿外展与地面平行，置于跨栏架上方，依靠髋的前伸匀速拉髋过栏，至身体正前方，两腿交替进行。随着学生水平提高，拉栏速度可加快，同时可做大腿积极下压扒地动作，或增加弹力带进行抗阻练习。要求学生身体正直或稍前倾，重心不可后移。（图 20-2）

图 20-2

3. 抬腿伸髋过栏

学生正对跨栏架，双手反握肋木或双杠，单腿前脚掌支撑，身体前倾，另一条腿屈膝 120° 左右，抬大腿伸髋过栏，然后抬大腿后撤，髋还原，两腿交

替进行。要求跨栏架距肋木或双杠
70～90cm，身体重心和膝关节角度
尽量保持不变，抬大腿伸髋匀速过
栏。（图20-3）

图 20-3　　　　　　　　图 20-4

4. 对墙攻栏练习

跨栏架放在离墙 30～40cm 的
地方，学生正对跨栏架，加速利用起跨腿攻栏。（图 20-4）

5. 辅助传接球练习

学生两人一组，距离 5m 面对面站立，在中间摆放一个跨栏架。两人来回进
行篮球的传接球练习，传出的篮球必须通过跨栏架中间的方框。

（二）在体能练习中的开发与运用

1. 连续跳反扣栏

将 3～5 个跨栏架反扣在平整
的地面上，学生双脚起跳，连续跳
过所有跨栏架。

2. 连续跳立栏

在跑道上放置 5～10 个跨栏架，
间距为 60～80cm，学生双脚或单
脚连续跳过所有跨栏架，发展腿部
力量。（图 20-5）

图 20-5

3. 跳上跳下

取高 70～90cm 的跳箱和高 80～100cm 的跨栏架各一个，相距 1～2m 放
置，学生双脚跳上跳箱后跳下，落地后紧接着双脚跳过跨栏架。每组 8～10 次，
完成 4～6 组。也可增加跨栏架个数。

4. 跳组合栏

取高度相差 10～20cm 的跨栏架 4～5 个，相距 2～3m，高低交叉放置，

学生双脚连续跳过跨栏架。

5. 俯卧撑

跨栏架反扣，学生双手放在横档上做高位俯卧撑（图 20-6），或者双脚放在横档上做低位俯卧撑（图 20-7）。

图 20-6　　　　　　　　　　　　　　　　图 20-7

6. 钻栏架

在障碍跑练习中，学生连续从跨栏架正面、侧面的方框中钻过，发展不同肌群的力量。

7. 连续绕栏

将多个跨栏架成直线放置，学生从外侧提膝连续绕过跨栏架，发展髋关节柔韧性。（图 20-8）

图 20-8

8. 辅助柔韧练习

学生利用跨栏架进行压腿、摆腿和压肩等练习，发展身体柔韧性。

9. 进二退一走栏练习

将多个跨栏架间隔 50cm 摆放，学生先单脚连续向前跨过两个跨栏架，接着向后跨过一个跨栏架，如此反复，发展髋关节灵活性。（图 20-9）

图 20-9

10. 原地转髋

学生双手扶栏架，两腿左右开立略比肩宽，一只脚脚跟着地，另一只脚脚尖着地，转动髋关节，两脚依次转换，连续进行。

11. 后拉顶髋

学生背向跨栏架，双手反握跨栏架，两腿与肩同宽并下蹲，踝、膝、髋依次伸展，髋部前倾，身体呈反弓形，髋在最高点停留 1 ~ 2s 后再进行练习。练习时，为了安全，应在底部铺上体操垫。（图 20-10）

图 20-10

12. 弓步交换跳

学生正对跨栏架，双手扶跨栏架，两脚呈弓步，进行左右腿弓步交换跳练习。

13. 仰卧挺髋

学生仰卧于跨栏架下，双手正握跨栏架，积极主动顶髋上送，身体呈反弓形，腹部最高点接近栏板，髋在最高点停留 1 ~ 2s 后再进行练习。要求主动顶髋，快起慢放。练习时，为了安全，应在底部铺上体操垫。（图 20-11）

图 20-11

（三）在体育游戏中的开发与运用

1. 穿越隧道

将多个跨栏架连续摆放，形成一条"隧道"，学生俯身钻过"隧道"后，跑回和下一名学生击掌接力，完成时间短的组获胜。

2. 持板合作跑

取下栏板，学生 3 人一组持板赛跑。可以 3 人并排持板，也可纵向持板，还可以 6 人一组持板赛跑。中途手脱板为犯规，先到终点且不违反规则的组获胜。

3. 借力用力

取下栏板，学生用栏板做多种传统角力游戏，如横向角力、纵向角力、扭棍游戏、顶杠游戏等，将对方拉（推）出规定区域者获胜。

4. 谁是平衡王

取下栏板，学生用栏板做平托、竖直平衡等游戏，比一比谁坚持的时间长，还可以进行行进间托举比赛。

（四）拓展运用

1. 作球门

根据教学或训练的需要，用跨栏架代替足球门，进行各种射门练习或小型足球比赛。

2. 作球棒

取下栏板，当作简易的曲棍球球棒，进行击打垒球、网球或排球的体验练习。

3. 作杠铃

学生双手抓握跨栏架横档进行推举（图20-12）、弯举（图20-13）、挺举深蹲（图20-14）、前平举等各种力量练习。

建议：由于跨栏架体积大，练习中动作要缓慢。

图20-12　　　图20-13　　　图20-14

4. 作障碍物

根据需要将单副或多副跨栏架正放、侧立或倒扣摆放在场地上，学生进行绕、跨、跳、钻、爬等各种障碍跑练习，也可将其当作篮球或足球的各种运球练习的障碍物。

5. 作低单杠

将跨栏架反扣，在跨栏架下放一块体操垫，学生双手抓住横杠，进行斜面引体贴杠练习，一腿蹬地，体会贴杠翻身上动作（图20-15）；也可以做斜身引体、俯卧撑等力量练习。

图20-15

6. 作软式跨栏架

取下栏板，将宽5～10cm的松紧带横拉在两侧立柱上，就形成一个软式跨栏架，在初学跨栏跑时使用，能减少学生对跨栏架的恐惧心理。

二十一、拔河绳的开发与运用

拔河起源于我国春秋战国时期，是我国传统的民间体育活动，深受人们的喜爱。拔河绳主要由麻绳或涤纶棉制成，涤纶棉拔河绳因其柔软、防滑、不勒手而被普遍选用。拔河绳长度一般为 15m、20m、25m、30m、35m、40m，直径一般为 1.8cm、2.5cm、3cm、3.5cm、4cm、5cm。拔河绳除了开展传统拔河比赛用之外，基本被长期搁置，利用率低。因此，我们需要转换视角和思维，对拔河绳进行创造性的开发和利用，挖掘其隐性功能，更好地发挥其使用价值，使其更好地服务体育课堂教学。

（一）拔河的拓展方法

1. 增加绳子数量

在传统的对抗性拔河的基础上增加绳子数量，将一根绳子变为两根（图 21-1）、三根（图 21-2）或四根绳子（图 21-3）进行对抗性拔河。

图 21-1　　　图 21-2　　　图 21-3

2. 增加参赛队数

由传统的两支队伍对抗性拔河，改为多支队伍对抗性拔河，如百人拔河（图 21-4）：A、B、C、D 四队，每队派 25 人参赛，然后 A、B 合作，C、D 合作，两两进行拔河比赛。百人拔河由于人数多，场面大，会给参与者留下难忘的记忆。

图 21-4

3. 横拉拔河

在平坦场地上画一条中线，在中线两侧 1～2m 处各画一条平行线作为河界，取一根拔河绳拉直放在中线上。学生分成两队，面对面站在中线两侧，双手握紧

拔河绳。发令后，双方队员用力将绳子向本方河界拉。在规定时间内，看哪一队被拉到对方河界后的人数多。（图21-5）

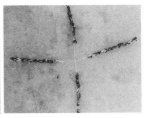

图21-5

4. 横推拔河

在平坦场地上画一条中线，在中线两侧 1 ~ 2m 处各画一条平行线作为河界，取一根拔河绳拉直放在中线上。学生分成两队，面对面站在中线两侧，双手握紧拔河绳。发令后，双方队员用力向前推动绳子，争取让对方队员向后退。在规定时间内，退到本方河界后的人数少的队获胜。

5. 三方拔河

在传统拔河比赛的基础上，由两方对抗性拔河变为三方对抗性拔河，以中间标志带为圆心，每方分别站在夹角为 120° 的扇形区域。开始后，把标志带拉过本队河界的队伍获胜，或在规定时间内，标志带靠近本队河界的队伍获胜。（图21-6）

6. 四方拔河

在传统拔河比赛的基础上，由两方对抗性拔河变为四方对抗性拔河，即"十"字拔河。（图21-7）

图21-6

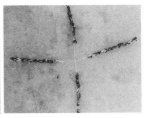

图21-7

7. 二或三拔一

两支或三支队伍的人数与一支队伍的人数相等，一方有两根或三根拔河绳，另一方只有一根拔河绳，进行对抗性拔河比赛；也可用于小年龄（人多）与大年龄（人少）之间的对抗。图21-8 为二拔一，图21-9 为三拔一。

图21-8

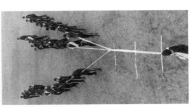

图21-9

8.接力拔河

在传统拔河比赛的基础上，发令后，双方各一半队员进行对抗性拔河，同时另一半队员从画好的起跑线处出发跑半圈或一圈后加入本队拔河队伍继续比赛。（图21-10）

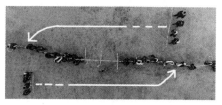

图 21-10

9.坐地拔河

学生分成两队，分别成一路纵队分腿坐在两侧河界后。开始前，双方队员拿起拔河绳，拉直做好准备，标志带在中线正上方。发令后，双方用力拉绳，把标志带拉过本队河界的队获胜，要求臀部不得离开地面。（图21-11）

10.拔萝卜

学生5～12人一队，两两对抗，分别为拔拉队和萝卜队。拔拉队队员在河界后分腿坐成一路纵队，两手拉绳；萝卜队队员依次团身（两脚收回，大腿紧靠胸口）成一排躺在草坪、地板或平铺的体操垫上，两手抓绳，第一人身体不得越过河界，拉直绳子准备。发令后，拔拉队一齐用力拉绳，把萝卜队拉向本方，直到萝卜队第一人触及或越过本方河界。然后双方交换角色继续，最后用时少的队获胜。（图21-12）

图 21-11

图 21-12

11.多方角力

将一根拔河绳两端连接，4人将绳子拉成正方形，人站在绳圈外，用单手拉绳，或人站在绳圈内，将绳子放在腰腹部。发令后，4人各自用力向自己前面的标志筒靠近，看谁的手先碰到标志筒。（图21-13）

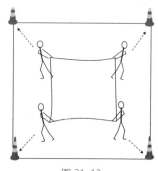

图 21-13

建议：①可以将绳子摆成三角形或五角形进行三方或五方角力拔河；②可以在每个顶点位置增加人数进行合作拉绳。

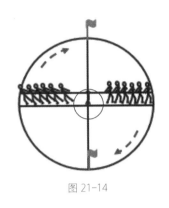

图 21-14

12. 圆圈拔河

在平坦场地上画两个直径为 2m 和 25m 的同心圆，在圆内画两条相互垂直的"十"字线，"十"字线交点为圆心，且两端与外圆相交，在其中一条直线与外圆相交的两点处，各放一面红旗，然后将拔河绳放在另一条直线上。发令后，两组学生边拔边走，逐渐向本组的红旗移动，在拔河过程中先取到红旗的组获胜。（图 21-14）

13. 移动拔河

在平坦场地上画两条相距 3 ~ 8m 的平行线，分别作为起点线和终点线，在两条平行线中间画两条相距 2m 的垂直分界线。学生分成两组，按常规拔河方法站在起点线上。发令后，两组学生边拔边走向终点线，最后全体组员的脚都通过本组的终点线用时短的组获胜。（图 21-15）

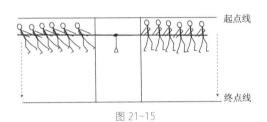

图 21-15

14. 匍匐拔河

取一段长约 8m 的涤纶拔河绳，两端各打一个绳套（大小以能套进身体为宜，另一端多余绳子放在一边）。两人将绳套斜挎在肩上，背对背趴在草坪或垫子上准备。发令后，双方采用低姿（图 21-16）、高姿（图 21-17）或侧身匍匐（图 21-18）的方

图 21-16

图 21-17

图 21-18

式前进,进行一对一对抗性拔河,先碰到本方前侧 1m 处的标志筒者获胜。可以拓展到 2 ～ 4 人一组进行比赛。

建议:①若用麻质拔河绳,须在绳套处缠绕多股棉布条,特别是受力位置;②可以借鉴"藏式拔河",即在两人的脖子上套上绳套,使拔河绳从胯下穿过,手脚着地背向拉爬,拉过指定区域即获胜(图21-19);③也可以采用肩挎式进行拔河(图21-20)。

图 21-19　　　　　　　　图 21-20

15.单脚拔河

学生两人一组,分别站在相距 3m 的两条平行线两侧,手抓住拔河绳的一端并且单脚站立。发令后,两人用力拉绳,使对方的脚踩线或踏入平行线中间区域为胜利。

(二)在体能练习中的开发与运用

1.踩绳走

将拔河绳摆放成直线或"S"形等,学生踩着绳子从一端走到另一端,看谁脚落地次数最少。(图21-21)

2.跳跃练习

在地面上放一根拔河绳,学生用单脚或双脚做前后(左右)来回单脚跳(图21-22)、双脚跳或旋转跳等练习,重复

图 21-21　　　　　　　　图 21-22

多次。练习时教师提示学生要量力而行,注意安全,不要踩到绳子。

建议:①可逐渐向前移动跳;②可将两根拔河绳平行放,增加左右跳跃的宽度,提高跳跃难度(距离加大时可采用左右跨步);③可以单、双脚进行变换跳跃。

3. 爬绳

利用学校的场地设施，将拔河绳一端固定在高处呈垂直状态或两端固定成横绳（斜绳），进行手足并用攀登，主要发展学生的四肢力量、协调和灵敏素质。（图21-23）

4. 荡绳

将拔河绳一端固定在校内的大树或平梯等坚固处，进行各种荡绳过沙坑或海绵垫的练习，主要发展学生的上肢力量，培养学生挑战自我的精神。

图 21-23

5. 抖绳

将拔河绳对折，两端留出约10m，剩余中间部分系在固定物上。学生双手各握一个绳头，进行竖向或横向的甩、双手左右交替大波浪等抖绳练习。（图21-24）

图 21-24

建议：①可直接将绳子放在地面上，一人或多人握住拔河绳一端进行抖绳，看谁抖起的波浪振幅大、距离远；②可两人面对面同时进行抖绳，看谁的绳波先传到对方手里。

6. 绕绳跑

将拔河绳摆成圆形、正方形、长方形等图形，学生绕着图形进行耐久跑比赛。

7. "一"字形跑

学生分成若干组，每组学生双手持绳成一列横队站立。开始后，全组学生向前跑步，保持一条直线，也可以途中做左右转弯跑，看哪组跑得又齐又快。

8. 合作跑

学生分成若干组，每组学生站在拔河绳的一侧或两侧，保持好前后距离，抓握绳子，然后大家通力合作，同步跑完全程，看哪组跑得又齐又快。（图21-25）

图 21-25

9. 横扫千军

学生围成一个圆圈，指定一名甩绳手站在圆圈中间，手持拔河绳一端 2 ~ 4m 处。开始后，甩绳手甩绳做圆周运动，最外端绳子离地 10 ~ 20cm，当绳子经过圆圈上的学生时，圆圈上的学生必须跳起越过绳子，若谁被绳子触及，则与甩绳人互换角色。

10. 躲避游蛇

一名学生将拔河绳像一条游蛇一样在地面上左右摆动，其余学生在规定的区域内跳跃躲避摆动的拔河绳，被触者与摇绳者互换角色。（图 21-26）

图 21-26

（三）在体育游戏中的开发与运用

1. 穿针引线

学生 10 人一组，5 人手拿呼啦圈成一路纵队前后相距 2 ~ 6m 站立，呼啦圈统一放在身体右侧。发令后，其他 5 人手拿一根拔河绳依次穿过每个呼啦圈，看哪组最先穿过 5 个呼啦圈。也可以让绳子穿过 5 个呼啦圈后，接着再往回穿 1 ~ 3 个呼啦圈。

2. 你结我解

在平坦场地上画两条平行线，分别作为起点线和终点线，将一根拔河绳横放在终点线上。学生平均分成若干组，每组学生站在起点线后。发令后，第一人跑向终点线给绳子打个单结，返回和第二人击掌，第二人跑出以同样方法进行打结，依次进行，直到最后一人完成返回；接着每名学生再依次上去解一个结扣，直至全部解开，根据各组所用的总时间长短判定名次。

3. 勇攀绳索桥

学生排成两列横队，将一根拔河绳来回折成"W"形，每人双手抓握拔河绳的折弯处并用力拉紧，组成一座绳桥。队尾学生从一端爬上绳桥，手脚并用爬至桥的另一端下绳桥，依次进行，直到所有人体验一次（图 21-27）。也可以双手扶住两边同学的肩，两脚走过绳桥。

4. 车轮滚滚

图 21-27

在平坦场地上画两条相距 10 ～ 30m 的平行线，分别作为起点线和终点线，将一根拔河绳两头连接形成一个大绳圈。学生 10 ～ 20 人一组，每组成一路纵队站于起点线后，双手举起大绳圈的上半圈绳子，双脚踩在下半圈绳子上。发令后，全体学生齐心协力，双手交替向前抓移上半圈绳子，双脚踩着下半圈绳子向前行走，让大绳圈像轮子一样向前滚动，直到前端绳子触及或越过终点线，用时最少的组获胜。（图 21-28）

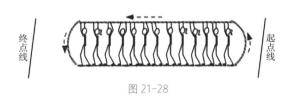

图 21-28

5. 飞渡绳索

在平坦场地上画两条相距 4 ～ 8m 的平行线当作河流，将一根拔河绳等分横放在河上。学生分成人数相等的甲、乙两队，分别站在河岸两侧，将拔河绳放在腰部以下后用手拉直。开始后，甲队第一人手脚并用从绳的甲端攀爬到乙端，并用手触及乙队拉绳的第一人后，脚落地后站在乙队第一人处加入拉绳队伍，其他拉绳者依次后移，乙队拉绳的最后一人快速跑至队前成第二个渡河人，依次进行，直至最后一人渡河完毕。（图 21-29）

图 21-29

6. 找圆心

将一根拔河绳两端打结，形成一个大绳圈。学生面向圆心等距离围在大绳圈外，双手握绳于腹前，教师手持排球站于大绳圈的圆心处。开始后，教师移动手中排球位置，围在大绳圈外的学生以排球为圆心移动。如排球放于地面，学生下蹲使大绳圈着地；排球上举，大绳圈也上举；教师持球连续上跳，大绳圈也连续上跳；排球原地顺时针转动，大绳圈也顺时针转动；等等。移动中要始终保持排球处在大绳圈的圆心位置。

7. 编辫子

将 3 根拔河绳的一端都固定在篮球架立柱上（固定点高于地面约 1m），然后拉直绳子平放于地面。发令后，学生 6 ~ 12 人一组，分工开始编辫子，直到将绳子编完为止，记下比赛用时和辫子节数。用时少且编的辫子节数多的组获胜。（图 21-30）

图 21-30

8. 勇走绳圈

将一根拔河绳两端打结，形成一个大绳圈。学生面向圆心等距离围在大绳圈外，双手手心向上握绳于腹前。开始后，一名学生在其他学生的保护下站上绳子，手扶拉绳学生的肩，移行一圈，和下一名学生击掌，下一名学生上绳行走，以此类推，直到每人都尝试一次。（图 21-31）

图 21-31

建议：可以让两名学生相向而行，在绳子上面完成交叉换位，以增加难度和挑战性。为了安全，应在场地铺上体操垫或海绵包。

9. 传绳乐

将一根拔河绳两端打结，形成一个大绳圈。学生面向圆心等距离围坐在大绳圈外，双手握绳于腹前，指定一名学生作指挥员，且蒙住双眼坐在圆心处。发令后，坐在大绳圈外的学生将手中的绳子连续向顺（逆）时针方向传递，一段时间后，指挥员发出"停"的口令，其他学生立即停止传动，此时查看绳结停在谁的手上或两手之间，或绳结靠近谁，谁就出列表演一个节目或做体能练习。之后，表演者与指挥员交换角色继续游戏。（图 21-32）

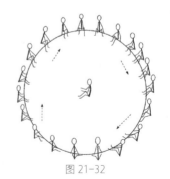

图 21-32

10. 齐心向上

将一根拔河绳两端打结，形成一个大绳圈，学生面向圆心等距离围坐在大绳圈外，双手拉紧绳子，在喊出"1——2——起"口令后，全体学生同一时间站起来为成功。

11. 蜈蚣行走

在平坦场地上画两条相距 10 ~ 30m 的平行线，分别作为起点线和终点线。学生平均分成若干组，每组成一路纵队站在起点线后，拔河绳从学生胯下穿过，学生两手握住拔河绳，形似一只"蜈蚣"。发令后，"蜈蚣"步调一致，以最快的速度向前行走，以排头学生脚触及终点线为结束，看哪组最先到达。（图 21-33）

12. 游龙穿林

将一根拔河绳一端绕成圆形放在地上。学生平均分成若干组，每组成一路纵队，将绕成圆形的拔河绳放在第一人脚前。发令后，第一人用左手拿起绳头从左侧传递给第二人，第二人用左手接绳后从左侧再传给第三人，以此类推，直到传递到排尾并绕过排尾的背后，再从右侧用右手依次传递回到排头为止，看哪组用时最少。（图 21-34）

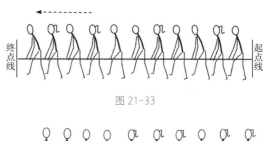

图 21-33

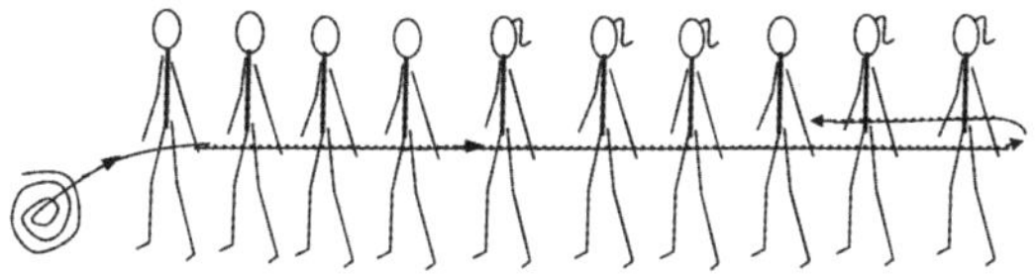

图 21-34

建议：可以依次沿队员的身体呈"S"形绕行。

13. 孤岛求生

将一根拔河绳在地上摆放成圆形，大小以能站下全班学生为宜。教师说明游戏的背景（某地发生水灾，有多名学生被困于河中的小岛上，等待救援）后，全班学生进入小岛（绳圈）内，接着将小岛（绳圈）面积减少五分之一，在学生一个不少的情况下，想办法让全班学生依旧站在小岛（绳圈）内，然后继续缩小小岛（绳圈）面积，以此类推，最后挑战用最小的面积站下全班学生。也可以分组

图 21-35

挑战。（图 21-35）

14. 蛟龙出海

在平坦场地上画两条相距约 15m 的平行线，在两条线上各插上 6 面红旗，两边红旗错位。学生 20 人一队，男、女各 10 人，每人同侧手握拔河绳，等距离排成纵队站在起跑线后。发令后，全队如蛟龙般沿红旗成"之"字形前进，直到全体队员通过最后一面红旗计时结束，用时最少的队获胜。（图 21-36）

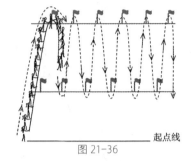

图 21-36

15. 轨道滚球

取两根拔河绳相距约 14cm 平行拉直，或将拔河绳对折拉直形成一条轨道。学生分成两组，面对面分别站于轨道两边，每人两手抓在绳子横截面的下半面（避免手碰到滚动的球），让轨道笔直

图 21-37

架在胸腹前。发令后，将一个球放在轨道一端，让球从一端快速滚动到另一端，看哪组球滚得又稳又快。（图 21-37）

16. 同舟共济

在平坦场地上画两条相距 15～30m 的平行线，分别作为起点线和终点线，并画出宽为 1.5～2m 的若干条跑道；将拔河绳对折竖放在起点线后（中间位置在起点线），并打开成"U"形。学生 10 人一队，前后等距离成纵队站在拔河绳的"U"形中间，双手握住两边的绳子，形成一条长龙舟。发令后，队伍用统一的步伐快速前进，直到最后一人通过终点线为止，用时最少的队获胜。（图 21-38）

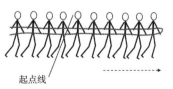

图 21-38

（四）拓展运用

图 21-39

1. 作重物

将拔河绳绕成直径为 30 ~ 60cm 的绳圈，并用小绳固定做成绳子哑铃，可进行简单的力量练习，也可扛、举、拉、抱绳圈进行负重跑练习。（图 21-39）

2. 作绳龙

将若干根体操棒或竹竿相隔 1.5 ~ 3m 固定在拔河绳上，将排球当龙珠制作成一条简易的绳龙，可以进行基础的舞龙教学。若能自制龙头、龙尾则更佳。

3. 作竹竿

用拔河绳充当软式竹竿，用来跳竹竿舞；也可以让学生站在两根绳子中间，手握绳或将绳子固定在脚踝上进行旱地龙舟游戏。（图 21-40）

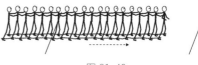

图 21-40

4. 作投掷圈

用拔河绳代替白石灰或胶带摆出各种几何图形的投掷圈，学生在圈外向圈内做投准、投远练习。

5. 作跳绳

将拔河绳当作长绳进行跳绳练习，摇绳手最好安排身强力壮的男生担任。（图 21-41）

图 21-41

建议：摇绳的速度稍慢，当有学生出现脚绊绳时，立即停止摇绳。

6. 作障碍

将拔河绳摆成直线、蛇形或者其他图形，学生在其中进行单脚跳、双脚跳、跨步跳等练习，发展学生的跳跃能力。

7. 作标志线

将拔河绳摆成圆圈、弧形、"S"形等，学生沿绳进行各种图形跑练习；也可以将拔河绳当作起（终）点线、折返线、限制线等。

8. 作拼图

利用拔河绳的柔软性，结合大家的智慧，将拔河绳摆成房子、汽车、飞机、自行车等图形，看哪组摆图形摆得又快又好看。

9. 作拉绳

在拔河绳一端绑上重物，单人或集体进行快速拉重物比赛，如拉轮胎等。根据学生年龄和参与人数调节重物重量。（图 21-42）

10. 作绳桥

将拔河绳两端固定在学校的场地设施如树木、单双杠、肋木或平梯等上面，尽量将绳子拉紧拉平，绳离地面约 40cm，拔河绳上面再拉一根绳作为扶手，学生从桥上走过，要求在绳子下面铺上体操垫或海绵包，做好保护工作。（图 21-43）

图 21-42   图 21-43

二十二、羽毛球（拍）的开发与运用

羽毛球运动是一项隔网对抗的球类运动，需要使用羽毛球拍和羽毛球（图22-1）。羽毛球拍由拍杆、拍柄、拍框组成，长度不超过68cm，宽度不超过23cm，拍弦面长度不超过28cm，宽度不超过22cm；羽毛球由球托、球裙和球翼三部分组成，分塑料球和羽毛球两种，

图22-1

其中塑料球更耐打。羽毛球运动对场地要求低，运动量可大可小，老少皆宜，深受广大群众的喜欢。因此，充分利用羽毛球运动的特点，开发羽毛球（拍）在体育教学中的其他功能，可以使其更好地服务体育课堂教学。

（一）在技术教学中的开发与运用

1. 单拍颠球

学生原地手持一支球拍，连续向上颠球。

2. 左右开弓

学生双手各持一支球拍，左右手连续交替颠球，看谁连续颠球次数最多或时间最长。（图22-2）

图22-2

3. 正反拍颠球

学生手持一支球拍，将羽毛球向上颠起，在球下降后用球拍另一面去颠球，如此一正一反交替颠球，看谁连续颠球次数多。

4. 球拍捡球

学生一手拿球拍，一手拿纸篓，用手中球拍将地上散落的羽毛球挑起放进纸篓。在规定时间内，捡球多者获胜。要求必须将球先挑到拍面上，然后放进纸篓，不允许用手触碰球。

5. "8"字击球

学生分成若干组，每组又分为甲、乙两队，分别成纵队相距一定距离面对

面站立，每人手持一支球拍。开始后，甲队第一人将球击向乙队后跑到乙队排尾，乙队第一人回击球后跑到甲队排尾，依次循环进行，连续击球次数多的组获胜。

建议：学生击球后也可接到本队队尾。

6. 击球打靶

在距离击球线 5 ~ 8m 的位置上画 3 个直径为 1m、2m、3m 的同心圆，圆心上放一个纸篓，作为球靶。开始后，学生站在击球线后，用球拍将手中的羽毛球击向球靶，击进 3m 圆得 1 分，击进 2m 圆得 2 分，击进 1m 圆得 3 分，击进纸篓得 10 分。每人完成规定的击球次数，最后得分多者获胜。

建议：根据学生能力，适当调整击球距离和同心圆的直径。

7. 胯下颠球

学生站成弓步，用左手或右手持一支球拍从胯下伸出，完成多次颠球。（图 22-3）

图 22-3

建议：可以站成马步或左右脚开立进行颠球练习。

8. 圆圈颠球

学生 3 ~ 8 人一组，围成圆圈，左右间隔适当距离，每人一支球拍，第一人将球颠给第二人，第二人颠给第三人，依次接力。若羽毛球落地，则要在掉落处捡起后再继续，看哪组先完成规定的圈数。

9. 叫号颠球

学生 4 ~ 10 人一组，围成圆圈，左右间隔适当距离，按顺序编号。1 号先在圆圈中间向上颠球，颠球高度要超过头顶 3m，同时高喊一个号，如"3 号"，3 号听到喊声迅速跑向圆圈内接球，1 号则向圆圈外的 3 号位跑去，3 号在球落地前将球接住，并用球拍连续颠球，择机颠起喊号，如此反复，看哪组学生反应灵敏、合作完美。

10. 同步卫星

学生两人一组，各拿一支球拍，相距 2 ~ 5m 面对面站立，然后用球拍连续颠球互传，同时两人向一个方向移动，在球不掉落的情况下，通过规定距离用时最少的组获胜。

（二）在体育游戏中的开发与运用

1. 颠球接力

学生分成若干组，各组按顺序先派一人上场，一手握拍、一手持球准备。开始后，场上学生连续向上颠球，累计完成 10 ~ 50 个后，将球和球拍交给下一人，下一人依次接力，直到最后一人完成，用时最少的组获胜。

2. 打活靶

在地面上画一条长 10m、宽 1m 的通道，在距离通道两侧 2m 处各画一条与通道平行的投掷线。学生分成甲、乙两组，甲组学生手持羽毛球站在投掷线上，做好投掷准备，乙组学生站在通道的一端。开始后，乙组学生快速从通道通过，甲组学生用手中的球掷击通道上的活靶（乙组学生），直至乙组学生全部通过通道，然后两组交换角色继续游戏，击中对方次数多的组获胜。

建议：通道与两边投掷线的距离根据不同年级学生的情况适当调整。

3. 拦截导弹

在墙壁上画一个 4m×1.2m 的方框作目标靶，下沿离地约 1m。学生分成甲、乙两组，甲组每人持一支球拍站在墙壁的方框前作拦截队，乙组每人持若干个羽毛球站在距离墙壁 3 ~ 6m 处准备扔"导弹"。发令后，乙组学生用力将"导弹"掷向方框，掷中框得 1 分，若被甲组学生用球拍拦截，则"导弹"被拦截成功，每成功拦截 1 次甲组得 1 分。在所有羽毛球掷完后，两组交换角色继续游戏，最后得分多的组获胜。（图 22-4）

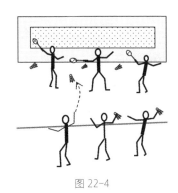

图 22-4

建议：可以在教室内游戏，用黑板作为目标靶。

4. 吹球比远

将羽毛球球托朝上立在桌上，学生深吸一口气后朝羽毛球用力吹气，看谁吹得远。

5. 躲避飞球

甲、乙两人一组，相距约 5m 面对面站立，甲手拿若干个羽毛球依次投击站在指定区域内的乙，乙则进行躲闪或接球（不得离开指定区域），击中则甲得 1 分，若被接住则乙得 1 分。投完后，两人互换角色，一轮后得分多者获胜。

6. 翻煎饼

学生手持一支球拍，将拍面上的"煎饼"（圆垫）不断地向上抛起，使"煎饼"在空中翻转。计时 20 ~ 60s，最后累计翻"煎饼"次数多者获胜。要求翻转 180° 以上并落在拍面上为有效；若掉在地上，则该次不计数，捡起后继续翻。（图 22-5）

图 22-5

7. 头顶球

将羽毛球放在头上，用走或慢跑的方式移动，看谁先过终点。行进过程中不允许手护球，若中途掉球，须原地捡起放好后再继续前行。

8. 扶拍换位

学生分成若干组，每组学生围成一个圆圈，左右间距适当，每人一支球拍，拍柄朝下竖立在地面上。开始后，大家齐喊"1——2——3"，当喊到 3 时，所有学生放开自己的球拍，同时去抓自己右边同学的球拍，所有学生在球拍没有倒地前抓住，则该组成功 1 次，只要有一支球拍没抓住或倒地即失败。在规定时间内，成功完成次数多的组获胜。

9. 传递接力

学生 3 ~ 10 人一组，人手一支球拍成横队站立，左右间隔 1 ~ 3m，每组第一人拍面上放置一个乒乓球。发令后，第一人用拍面托着乒乓球，送到第二人的拍面上，第二人再将乒乓球送到第三人的拍面上，依次接力，直到最后一人拖住乒乓球为止，用时最少的组获胜。途中不可用手接触或控制乒乓球，若乒乓球掉落，则回到起点重新开始。

10. 双拍夹球

学生两人一组，并排站立，内侧手各持一支球拍，拍框垂直地面，夹住一个羽毛球。开始后，两人合作夹球向前跑，先到达终点的组获胜。若中途掉球，则要停下，在掉落处夹好球后再继续。

11. 自抛自接

学生将手中的羽毛球向空中抛出，在球落地前用手抓住。其间可增加转身、击掌、下蹲、高抬腿等动作，看谁的动作又快又稳。

12. 互抛互接

学生两人一组，相距数米面对面站立，进行羽毛球互抛互接练习。可以安排多人一球或多人多球进行行进间互抛互接。

13. 天女散花

在羽毛球上系上五颜六色的彩带，向空中同时抛出，增加练习的趣味性。

14. 赶小猪

在 5 ~ 20m 场地上摆放多个相距 1 ~ 2m 的标志筒，学生平均分成若干组，每组成纵队站在起点线后，各组第一人手持一支球拍作赶猪棒，用一个垒球、乒乓球或纸球放在起点线上作小猪。发令后，各组第一人用球拍推着"小猪"依次绕过标志筒，绕过最后一个标志筒后以同样方法返回起点线，将球拍交给第二人，第二人按此进行接力，最先完成的组获胜。（图 22-6）

15. 颠乒乓球

学生手持一支球拍，用乒乓球代替羽毛球做连续颠球练习（图 22-7）；或两人面对面以适当距离站立，合作互相颠球（图 22-8）。

图 22-6　　　　　图 22-7

16. 趣味乒乓球

用羽毛球拍代替乒乓球拍在乒乓球台打乒乓球，体验别样的乒乓球，特别适合身材矮小的学生体验练习或进行趣味活动。（图 22-9）

图 22-8   图 22-9

（三）拓展运用

1. 作接力物

可以将羽毛球当作接力比赛中的接力物进行换物、春播秋收等比赛，也可以人手一个或多个羽毛球进行摆造型接力比赛，还可以将羽毛球当作接力棒在接力跑中使用。

2. 作标志物

方法一：将若干个羽毛球定点定距摆放成不同形状，学生做绕球曲线跑、蛇形跑、折返跑等练习。

方法二：将若干个羽毛球摆放在地面上，学生每人一个篮球，进行边运球边捡羽毛球练习；或先将羽毛球立在地面上，学生一边运球一边将羽毛球推倒，返回时，再将羽毛球立起。

3. 作投掷物

用羽毛球代替垒球、沙包或标枪等进行各种掷远、掷准练习或比赛，发展学生的投掷能力。

4. 作摸高物

把若干个羽毛球用绳子固定在不同的高度，学生根据自己的跳跃能力选择适合高度的羽毛球进行摸高练习，也可以进行过关挑战赛，依次挑战，直到挑战最高高度。

5. 作测力器

将羽毛球悬挂在不同高度，学生在羽毛球边上做各种冲拳、踢腿、踹腿、鞭腿等动作，努力用拳风、脚风推动羽毛球，推动幅度越大说明拳脚速度越快。

6. 作鱼

将若干羽毛球散落在场地上作鱼，学生拿一根长约 2m 的竹竿或聚氯乙烯管作钓竿，在钓竿前端系一条长约 1m 的线，在线上系上回形针或细铁丝做成的鱼钩。开始后，学生站在距"鱼"约 1.5m 的线后，用鱼钩钓"鱼"，在规定时间内，钓"鱼"多者获胜。

7. 作棋子

将废弃羽毛球的羽毛去除，留下球托，根据需要涂上各种颜色，然后在每个球托上面写上字或画上相应的标志，再画一张棋纸，就可以当作中国象棋（图 22-10）、飞行棋等棋具来使用。

图 22-10　　　　　　　图 22-11

8. 作毽子

用羽毛球代替毽子来尝试毽子的基本踢法。（图 22-11）

9. 作板羽球

用羽毛球拍代替板羽球拍。学生两人一组，各拿一支羽毛球拍，在合适距离内进行板羽球击打练习。

10. 珍珠链

将废弃羽毛球的羽毛去除，留下球托，用细铁丝将球托穿成一串，两端连接，即成珍珠链。可模仿呼啦圈功能进行转圈、套圈、投准、抛接、跳跃等练习，或用作标志物等。

11. 作飞镖

用长约 4.6cm 的铁钉，从球托里面向外穿出（铁钉要居中对称），做成飞镖，镖靶可用泡沫板制作，做成普通的环靶。比赛时，站在离镖靶约 2m 处投掷飞镖，按投中的区域记下相应的得分，以得分多少判定胜负。（图 22-12）

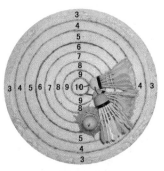

图 22-12

12. 花式举重

取羽毛球拍、气球、透明胶带和绳子若干，将一副羽毛球拍拍柄相对放置，中间用透明胶带固定好，再将两个气球固定在拍面上，当作杠铃，进行模仿举杠铃练习。（图 22-13 为演示图，图 22-14 为实践图）

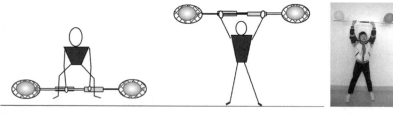

图 22-13   图 22-14

二十三、乒乓球（台、拍、拍套）的开发与运用

乒乓球是我国的"国球"，球径40mm，重2.53～2.70g，是由高分子聚合物制成的塑料球，呈白色或橙色。乒乓球台呈长方形，长2.74m，宽1.525m，高0.76m，球台的台面一般为硬木、高弹复合材料、水泥等材质，颜色为墨绿色或蓝色，主要分为室内乒乓球台和室外乒乓球台。球网由网、网柱、支架三部分组成，网高15.25cm。球拍由底板、胶皮和海绵三部分组成，可装在拍套中。在此，我们拓展乒乓球（台、拍、拍套）的其他功能，使器材得到充分利用，更好地服务体育课堂教学。

（一）乒乓球台的开发与运用

1. 看谁反应快

学生分成若干组，每组绕一张乒乓球台慢跑，哨声响起时快速将手放到台面上，最慢者淘汰，直到剩下最后一人。（图23-1）

图 23-1

图 23-2

2. 支撑猜拳

学生两人一组，面对面一只手支撑在乒乓球台边沿，另一只手进行"石头剪刀布"猜拳，每次负者做俯撑，以此类推，直到有人做不动或完成规定游戏时间为止。（图23-2）

建议：可由双脚支撑改为单脚支撑，以增加游戏难度，提升核心稳定性。

3. 手式"乒乓球"

学生两人一组，面对面站在乒乓球台两端，用手击打排球进行比赛，规则同乒乓球比赛规则。也可以用篮球、足球、网球等代替。（图23-3）

图 23-3

4. 头式"乒乓球"

学生两人一组，面对面站在乒乓球台两端，用

头击打气排球进行比赛,规则同乒乓球比赛规则。(图 23-4)

图 23-4

5. 互吹乒乓球

学生两人一组,面对面站在乒乓球台两侧。开始后,中线开球,双方用嘴将乒乓球吹到对方的台面并落地则得 1 分。在规定时间内,最后看谁得分多。(图 23-5)

建议:一对一比赛可以改为二对二比赛。

图 23-5

6. 趣味乒乓球

用羽毛球拍代替乒乓球拍在乒乓球台上打乒乓球,体验别样的乒乓球,特别适合身材矮小的学生体验练习或进行趣味活动。(图 23-6)

图 23-6

7. 反弹入筐

将 5 ~ 10 个纸杯排成一排放在乒乓球台一端(最近纸杯离球网约 10cm),由近至远分别标注 1 分、2 分……。学生手持多个乒乓球站在乒乓球台另一端,每次一球,采用击桌反弹球的方式,力争使球落入纸杯,落入的相应纸杯的分值即本次投掷得分,最后总得分最高者获胜。可进行单人赛或团体积分赛。(图 23-7)

建议:①可以用球拍击球反弹入杯,以增加游戏难度;②为提高投掷命中率,降低游戏难度,可以并列放置多排纸杯(图 23-8),增加得分区域的范围。

图 23-7　　　　图 23-8

8. 俯撑移行

学生 4 ~ 8 人一张乒乓球台,将两脚放到乒乓球台边上,手撑地面。开始后,所有人沿球台边沿同方向移动,保持一定间距,移动若干圈。移动过程中不能故

意停下。（图23-9）

图 23-9

建议：可以手撑在乒乓球台上、两脚撑于地面进行俯撑移行，适合年龄小的学生练习。

9. 推推乐

学生两人或多人一组，站在乒乓球台一侧，将扑克牌、旧书本或卡片等薄物放在乒乓球台边沿（薄物要超出乒乓球台边沿少许）。开始后，大家用一只手推击薄物，看谁的薄物滑行最远，若落地则无成绩，输者做蹲起、高抬腿等体能练习。（图23-10）

图 23-10

10. 作拉伸台

利用乒乓球台进行压肩、压腿等拉伸练习，发展身体柔韧性。（图23-11）

11. 作跳箱

利用水泥制作的乒乓球台进行跳上跳下练习，发展腿部力量。

图 23-11

12. 悬空背起

甲、乙两人一组，甲俯卧在乒乓球台上，上体超出乒乓球台边沿并自然弯曲，双手贴于后脑；乙用双手压住甲的脚踝。开始后，甲抬起上体到最高点，然后慢慢还原为一次，完成多次后，两人互换角色继续。（图23-12）

图 23-12

建议：①练习的次数因人而异；②可以在乒乓球台上面放体操垫，让学生俯卧在垫上做悬空背起，提高舒适性；③可以做悬空仰卧起坐；④练习前，一定要做好乒乓球台的安全检查，确保乒乓球台的牢固。

13. 支撑高抬腿

学生双手撑在乒乓球台边沿进行 10 ~ 30s 的连续高抬腿练习。要求大腿高

抬与地面平行，后蹬腿伸直。（图23-13）

14. 作展示台

根据教学需要，安排学生站在乒乓球台上面进行技能示范、优生展示等临时性活动，使其他学生更易看清动作。（图23-14）

建议：①适宜动作幅度不大的内容；②练习前，一定要做好乒乓球台的安全检查，确保乒乓球台的牢固。

图23-13

15. 绕台追击

学生两人一组，对称站在乒乓球台边上。开始后，两人绕着乒乓球台跑，一人追一人跑，追拍到后互换角色。（图23-15）

建议：①可以蹲着追击，手扶着乒乓球台边沿且不能脱离；②追击时要注意安全。

16. 移动摸台

学生面向乒乓球台站在乒乓球台一侧中间，两手张开，降低身体重心准备。开始后，先向左（右）侧移动，并用左（右）手触摸左（右）侧边角，然后向右（左）侧移动，用右（左）手触摸右（左）侧边角，如此往返为一次，完成规定的次数为止，看谁用时最少。（图23-16）

图23-14

图23-15

17. 作目标物

在体育教学中，可以把乒乓球台当作目标物，如将排球垫（传）到乒乓球台上，将沙包投到乒乓球台上，将纸飞机扔到乒乓球台上等。

图23-16

18. 作足球门

在足球教学中，用室外乒乓球台的桌脚作足球门，学生站在乒乓球台两侧进行踢球和射门的练习。

（二）乒乓球（拍）的开发与运用

1. 原地颠球

学生手持一个球拍，原地进行连续颠球，在球不掉落的情况下，看谁颠球时间长。（图23-17）

2. 左右开弓

学生左右手各持一个球拍，挑战一左一右交替颠球，看谁颠球时间长。（图23-18）

3. 行走颠球

学生手持一个球拍，行进间连续颠球，也可以摆设一些障碍物，边颠球边绕过障碍物。

4. 对墙颠球

学生用球拍对墙颠球，看谁连续颠球次数多或颠球时间长。（图23-19）

5. 两人对颠

学生两人一组，每人拿一个球拍，隔空对颠球。（图23-20）

6. 地式"乒乓球"

图23-17　　　　图23-18

图23-19

在一块平坦地面上用两个带孔的标志筒和一根横木作球网，学生两人蹲在地上打乒乓球。若要进行正式比赛，用粉笔在地面上画出一定大小的区域作球台即可。（图23-21）

图23-20

图23-21

7. 正反拍颠球

学生手持一个球拍，用球拍的红面和黑面交替颠球，看谁连续交替颠球次数多。（图23-22）

建议：可以尝试一次拍面、一次球拍侧边交替颠球（图23-23），增加挑战性。

图23-22　　　　图23-23

8. 台面拍球

图23-24

学生手持一个球拍站于乒乓球台前，将球抛起后，用球拍将球拍向台面，球反弹后再次用球拍拍回，如此一拍一台交替拍球，在不失误的情况下，看谁连续拍球时间长。（图23-24）

建议：在原地拍球熟练后，尝试围绕乒乓球台移动拍球，看谁完成圈数多。

9. 乒乓球过桥

取4～6个纸杯装满水摆成一排，在第一个纸杯的水面上放一个乒乓球。发令后，在规定时间内，学生要将第一个纸杯中的乒乓球吹到最后一个纸杯中，乒乓球要被吹至一个一个纸杯中，不可以跳过纸杯或滑落。若途中乒乓球掉到纸杯外，则要重新开始，看谁能够挑战成功。（图23-25）

图23-25

建议：可进行个人计时赛或小组接力赛（每人吹一个纸杯或全部纸杯，吹到最后一个纸杯后将球放回第一个纸杯，继续游戏）。

10. 标志筒扣球

将若干个乒乓球散落在一定区域内，学生手持标志筒逐个去扣球，看谁最快将乒乓球都扣到。（图23-26）

图23-26

建议：若用乒乓球捡球器则效果更好。

11. 回旋球

学生取一个乒乓球放在乒乓球台面上，手指用力按住乒乓球后上部，让乒乓球反旋转，使其旋转出去后自动返回。每人尝试规定次数，看谁的球返回原点次数多。也可以进行小组积分赛，最后看哪组的球返回原点次数多。（图 23-27）

图 23-27

12. 乒乓弹珠

学生分成人数相等的两组，每组每次派一人比赛，先画出一个共同的目标区域，然后两人在距离目标约 2m 处同时抛、滚、弹乒乓球，乒乓球距离目标区域近者得 1 分，最后按累计得分确定名次。

13. 高尔夫乒乓

学生 3 ~ 5 人一组，每组每次派一人比赛，每人 5 球，用脚代替高尔夫球杆击打乒乓球，使球滚向得分区域，记录停留的区域对应的得分。最后累计得分多的组获胜。也可以用体操棒或自制简易球杆来击打。

14. 夹球比快

在乒乓球台上或其他桌子上放两个盆（间距 10 ~ 50cm）、一双筷子，其中一个盆里放若干个乒乓球，另一个盆是空盆。开始后，学生拿起筷子将有球盆内的乒乓球逐个夹放到空盆里，若有乒乓球掉落盆外，则捡回放在有球盆内重新夹起，全部乒乓球夹完后，看谁用时最少。可以进行个人赛或团体接力赛。（图 23-28）

图 23-28

建议：①可以不用筷子夹球，采用左（右）手的食指和小指夹球；②可以两人合作夹球，一人一支筷子或一人一根相同手指夹球。

15. 运球接力

学生平均分成若干组，每组成纵队站在起点线后，第一人手持一拍一球（球放在球拍面上）。发令后，在手不碰球和球不掉落的情况下，第一人用球拍托球跑出，绕过前方一定距离外的标志筒回到起点线，将球拍和球交给第二人，依次接力，直到最后一人完成后返回起点线为止，看哪组最先完成。途中乒乓球落地须原地停下，将球捡起放好后方可继续游戏。

建议：可设置障碍物或采用侧滑步等形式。

16. 合作运球

学生平均分成若干组，每组分成两路纵队站在起点线后，前两人手上各持一个球拍，将一个乒乓球夹在两球拍之间（球拍须垂直地面）准备。发令后，两人配合向前绕过一定距离外的标志杆返回起点线，将球和拍交给后两人，依次接力，看哪一组完成最快。（图23-29）

图23-29

17. 夹球跳

学生将一个乒乓球夹在两膝之间，然后并脚向前跳跃一段距离，看谁跳得又快又稳。要求跳跃过程中手不能碰乒乓球，如果乒乓球中途掉落，原地捡起放好方可继续游戏。（图23-30）

建议：可进行个人赛或团队接力赛。

18. 软绳抬球

图23-30

学生平均分成若干组，每组分成两路纵队站在起点线后，左右两人为一小组。第一小组两人面对面站立，配合将跳绳对折拉紧，将乒乓球放在跳绳上准备。发令后，两人合作抬着乒乓球绕过前方一定距离外的标志筒后返回起点线，将跳绳和乒乓球交给下一小组，以此类推，

图23-31

看哪组最先完成。若途中乒乓球掉落，须原地停下捡起乒乓球放好后方可继续游戏。（图23-31）

19. 乒乓球滑滑梯

将一排纸杯放在桌面或地面上，学生两人一组，面对面站在纸杯两侧，配合将跳绳对折拉紧，将乒乓球放在跳绳上，将球滚动调整后，打开跳绳让乒乓球掉进对应的纸杯内为成功。要求游戏过程中手不能碰球，跳绳离杯口至少30cm。（图23-32为夹球，图23-33为落球）

图23-32

建议：①将一排纸杯放在桌面或地面上，并按顺序标号，然后依次使球落入相应杯中，直到所有纸杯中都有一个乒乓球，看哪组先完成；②为保证游戏的公平性，可以在离杯口一定高度处拉一条横线作为限制线。

图23-33

20. 纸上滚球

在一张报纸中央挖一个直径5cm的洞，学生两人一组，双手抓住报纸4个角，让乒乓球绕着中间的圆洞滚动若干圈，乒乓球掉落须捡起放好后再重新开始，看哪组先完成。（图23-34）

图23-34

21. 跳跳乐

在盒子里放规定数量的乒乓球，盒子上开一个略大于乒乓球的洞，将盒子绑在学生腰上。开始后，学生通过跳动使球掉出，每人限时约60s，掉出球最多者获胜。

22. 投球

准备一个纸篓、水桶或纸箱作为目标物，学生在一定距离外向目标物投乒乓球，比谁投得准。

23. 乒乓陀螺

学生一只手握球拍，另一只手发力旋转乒乓球，让乒乓球在拍面上旋转，直至停止旋转或掉落，记录每球旋转时间，旋转时间长者获胜。也可以直接将球放

在乒乓球台上进行旋转。（图23-35）

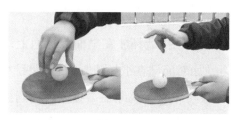

图23-35

24. 乒乓开花

学生平均分成若干组，每组围成一个半径2~3m的圆，各组选一人站在圆心为0号，其他人分别站在圆上。开始后，用乒乓球拍进行隔空颠球，颠球顺序为0-1-0-2-0-3……每组3次掉球机会，最后按连续颠球的次数确定名次。

25. 珠行万里

学生分成人数相等的4组，每组站成一排，每人一张纸，将纸折叠成弧形或管形相连。开始后，各组第一人将乒乓球放到弧形纸上，让球依次滚过纸槽，球过后的学生迅速排到队伍的前端，继续接传来的球，直到球安全到达指定的筐中，最后按完成速度确定名次。途中乒乓球掉地，须返回起点重新开始，传球过程中手不能碰球。（图23-36）

26. 迷你保龄球

将6个小容量饮料瓶在地面上摆成三角形，学生站于一定距离外将乒乓球当作保龄球向饮料瓶滚出，每人投掷规定次数，最后看谁击倒的饮料瓶数量多。（图23-37）

图23-36　　　　　图23-37

建议：饮料瓶可以用小塑料瓶、记号笔笔套、小圆棒等轻小圆柱物体代替。

图23-38

27. 乒乓击靶

将若干个矿泉水瓶呈"一"字形摆放在乒乓球台上，学生站于乒乓球台前一定距离外，手持若干个乒乓球。开始后，学生逐个将手中的乒乓球投向矿泉水瓶，击倒一个瓶子得1分，最后看谁得分多。（图23-38）

28.颠球接力

学生平均分成若干组，同组学生间距约 2m 站成一排，每人一个球拍。开始后，各组第一人颠球传给下一人，依次进行，直至最后一人将球垫进筐内，最后按完成时间确定名次，用时少的组名次列前。传球过程中球掉地或手碰球须重新开始，可设置障碍物等。（图 23-39）

图 23-39

29.喊号颠球

学生分成人数相等的 4 组，每组围成圆圈进行编号，每人一个球拍，每组共用一球。开始后，1 号学生在中间颠球，颠球几次后喊出下一个号码，对应号码的学生迅速上前接球颠球，颠球几次后喊下一个号码，依次进行。

30.翻翻乐

学生分成人数相等的红队和黑队，站在规定区域外准备。将乒乓球拍间隔适当距离散放在规定区域内，且红面向上和黑面向上的数量相同。开始后，每组第一名学生同时出发，将一个乒乓球拍翻成本队对应的颜色，返回接力继续，到达规定时间后，看哪种颜色的球拍面向上数量多。

建议：为避免损坏球拍胶面，将球拍放在垫子或草坪等软质面上。

31.教学演示球

在乒乓球上画一个箭头，用以各种旋转球的讲解演示，学生可以按箭头方向进行上旋、下旋、侧上旋、侧下旋等发球练习。（图 23-40）

建议：为了便于讲解与示范，用铁丝穿进画好箭头的乒乓球（图 23-41）效果更好。

图 23-40

32.绳吊球

将一根细线的一端系在长约 1cm 细铁（钢）丝中间，然后使铁丝钻入乒乓球，就做成了绳吊球（图 23-42）。使用时，将绳吊球固定在一定

图 23-41　　　图 23-42

高度或拿在手上，进行正抽、推挡、削球等练习。这也适用于初学者的颠球练习。

建议：铁丝可以用钉书钉代替。

33. 健身球

学生一手两球，将手指伸开，用力拨弄两球，使两球在掌心中旋转（图23-43），两球尽量不碰撞；可以三四球同时旋转（图23-44）。

图 23-43　　　　　图 23-44

34. 小拍颠球

学生用小木板、竹制桌垫、金属罐盖或罐底等作球拍，看谁连续颠球时间长。（图23-45）

建议：可以进行对墙颠球。

35. 迷你篮筐

用剪刀将纸杯底由中间向四周剪成线条状，并下压线条作篮筐，用胶带将篮筐粘在适当高度的墙壁上。学生站于离墙1～3m处，用乒乓球完成10次投篮，看谁投中次数多。（图23-46）

图 23-45　　　　　图 23-46

图 23-47

36. 吹吹乐

用剪刀在纸杯上口剪一个"球门"（大小以能通过乒乓球为宜）。学生站于桌子一端，将"球门"扣在桌面上。开始后，学生将乒乓球放在桌边沿处，在身体不触碰乒乓球的情况下，用嘴吹气使乒乓球向前滚动。若途中乒乓球掉落，须捡起放于失误处继续游戏，最后看谁先将乒乓球吹进自己的"球门"。（图23-47）

37. 彩绘乒乓球

让学生用彩色笔在乒乓球上画人物、动物、表情或风景建筑等各种元素的图案（图 23-48），提升学生的动手能力和创作兴趣。

图 23-48

建议：①一般选取白色乒乓球进行绘画，因为其创作的空间更大；②可以画各乒乓球大赛的吉祥物进行校园展览，传播乒乓运动文化；③可以在自己的乒乓球上写上自己的名字或缩写字母，使其变成专属乒乓球。

（三）乒乓球拍套的开发与运用

1. 步频练习

把若干个拍套间隔 30 ~ 50cm 放成一排，学生踩拍套之间的空当进行快速小步跑、高抬腿练习（图 23-49）；也可以跑完拍套后接加速跑练习。

2. 步幅练习

把若干个拍套间隔 1.5 ~ 2.2m 放成一排，学生踩拍套之间的空当进行大步跑练习。（图 23-50）

图 23-49　　　　　　　图 23-50

3. 纠正起跑

用拍套在起跑线前摆放好第一步、第二步、第三步……的落点，摆放距离要因人而异且逐渐增大，借此纠正学生起跑后迈步太大、上体抬起过早的问题。

4. 改进跨步跳

将拍套等距离摆成一条直线，要求学生按照摆放的标记进行跨越，落点尽量和摆放的标记接近，顶膝送髋，延长腾空时间，增大跨步幅度。

5. 改进单脚跳

将拍套等距离摆成一条直线，要求学生起跳腿蹬地有力，折叠前送，从拍套上面越过，改掉学生起跳腿折叠不充分、前伸不够的问题。

6. 改进三级跳

根据学生能力，用拍套摆出三级跳的落点，学生尽量按照落点跳跃，改进三级跳的步长和节奏。

7. 抛高练习

学生采用直立或半蹲姿势，手拿一个拍套向上用力抛出，看谁抛得高。可进行单手连续多次抛高练习，体会连贯发力的感觉。

8. 柔韧性练习

学生两人一组，一人手拿拍套，另一人原地前踢腿，尽量踢到拍套上，或者原地外摆腿、内摆腿，尽量绕过拍套，提高抬腿的高度。

9. 力量练习

学生直体仰卧在垫子上，双脚夹住一个拍套，进行两头起双手触碰拍套的练习。

10. 拳击手靶

学生两人一组，一人将拍套戴在手上作手靶，另一人握拳击打手靶，可以练速度和力量，也能练出拳线路以及发现目标时的第一出拳反应，培养实战中的反应能力、击打技术、防守技术等。（图23-51）

建议：先做固定靶练习，后做移动靶练习。

图 23-51

二十四、跳高架（横杆）的开发与运用

跳高架是跳高项目的主要器材之一，由立柱、横杆托架、横杆构成，横杆由竹、铝合金、尼龙、塑钢、碳素等材料制成，长4m、直径3cm。跳高架通常只用于跳高的专项训练和比赛。在此，我们充分利用其易移动、可调节等特点，挖掘其他使用方法，使跳高架更好地应用于体育课堂教学。

（一）在辅助技术教学中的开发与运用

1. 斜向横杆

将横杆一端放在跳高架上，另一端放在地上，呈斜坡状，学生根据自身弹跳力选择不同高度的斜坡进行跨越式跳高辅助练习。此方法适用于跨越式和俯卧式跳高初学者。（图24-1）

图24-1

建议：可将横杆两端放于跳高架上，两端形成高低落差，高度及落差自主调整。（图24-2）

图24-2

2. 辅助跳远

将横杆架于起跳区前方适当位置，学生从横杆上方跳过，用于调整起跳角度、辅助进行团身的练习，适用于立定跳远和急行跳远。

3. 纠正投掷角度

将横杆架于投掷线前方适当距离，高度依实际情况调整，用于纠正投掷时的出手角度。（图24-3）

图24-3

4. 队列练习

学生5～8人一组，每组成一列横队站立，将一根横杆放于腹前并用双手抓握，或置于身后夹于肘关节内，进行横队齐步走或行进转弯走，以达到整齐划一、协调一致的动作要求。（图24-4）

图24-4

5. 高抬腿跑

将横杆悬放于学生体前腰胯部位，学生原地高抬腿，力争大腿上抬触及横杆。

6. 竹竿舞

取两根或其倍数的横杆，学生学习竹竿舞。（图24-5）

图24-5

7. 阻力跑

学生两人一组，前后相距约3m同向站立，两人左右手各握同一根横杆，然后前者全力向前跑，后者向后适当用力，给前者一定的阻力，增加练习跑步难度，提升腿部爆发力。（图24-6）

建议：后者要根据前者的能力灵活调整后拉力量，不可让前者跑不动，也不可突然松手。

图24-6

图24-7

8. 滚翻练习

在体操垫旁边适当距离摆放一副跳高架，设定相应高度，横杆置于横杆托架上（调整横杆托架方向，确保横杆易脱落），在远撑前滚翻和鱼跃前滚翻练习时，要求学生从横杆上越过。（图24-7）

建议：①根据学生的能力调整横杆的高度和离体操垫的距离；②横杆可用橡皮筋代替。

9. 辅助肩肘倒立

将横杆固定在立柱上，调整到合适的高度，学生肩肘倒立时，足尖尽量去触碰横杆，提升肩肘倒立的练习效果。

10. 腾空击板

在立定跳远练习中，在横杆上固定一块泡沫垫，然后固定在跳高架最上端，

图 24-8

适当升高跳高架并置于起跳线前 1 ~ 2m 处。开始后，学生从起跳线后用力向前上方跳起，双手击打悬挂在横杆上的泡沫垫后缓冲落地，更好地体验两臂向前上方有力摆动和充分展体（髋、膝、踝充分伸展）的动作。（图 24-8）

建议：①根据学生的身高和跳跃能力调整跳高架的高度和离起跳线的距离，泡沫垫的高度一般高于学生头顶一臂左右；②为避免跳高架倾倒，可以在底盘上增加配重或由学生手扶跳高架；③泡沫垫选用 60cm×60cm 规格为宜，对半剪开后，挖洞穿过绳子固定在横杆上。

11. "十"字跳跃

跳高架"十"字交叉摆放，设定相应高度，将横杆置于横杆托架上，学生跳过（图 24-9）或侧向跨跳过（图 24-10）相应的高度后，站至下一高度的队尾，挑战更高的高度。

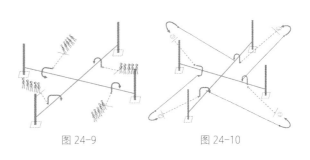

图 24-9   图 24-10

建议：①根据学生的身高和跳跃能力调整横杆高度；②低段学生或初学者可选用皮筋或绳等质软、有弹性的材料；③根据人数、练习密度等调整纵队和跳高架数量。

12. 篮球传球辅助练习

两排学生分别站在横杆两侧，面对面做篮球胸前平传球、头上传球、击地传球等练习，改进传球的角度和线路，提高传球的准确性。（图 24-11）

建议：横杆高度的设定根据学生的身高和传球方法进行调整，运用时可加拉一根橡皮筋，要求球从橡皮筋和横杆中间通过，增加练习难度，提高传球的准确性。

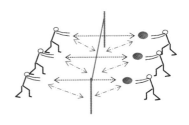

图 24-11

13. 起跑限制器

在蹲踞式起跑教学中，两名学生站于起跑线前适当距离处，手持两根横杆组成一个斜面。发令后，起跑学生从起跑线起跑后从横杆下方通过并逐步抬高身体，以纠正起跑时上体过早抬起的问题。（图24-12）

图 24-12

建议：①横杆组成的斜面的高度与离起跑线的距离要根据起跑学生的身高来调整；②持横杆学生需要保持横杆的稳定性；③可以安排一名持杆学生站在起跑学生身后斜向固定一根横杆（图24-13），这同样可以纠正起跑时上体过早抬起的问题。

图 24-13

（二）在体能练习中的开发与运用

1. 连续跳跃

将横杆置于横杆托架上，学生立于一侧，进行连续侧向单脚或双脚跳跃横杆的练习。（图24-14）

图 24-14

图 24-15

2. 跳龙门

学生成1~4路纵队站立，两名学生分别持横杆两端站于排头两侧，横杆离地面10~30cm。开始后，两人持横杆向队尾水平移动，接近横杆的学生用双脚跳、单脚跳或跨跳等方式跳过横杆，直至横杆移动到队尾，反复多次。（图24-15）

3. 跳栅栏

跳高架侧倒在地，横杆一端置于跳高架底座上，另一端置于地上，成一条斜状栅栏，学生从栅栏低的一端开始做左右来回跳跃，并前进至另一端。（图24-16）

图 24-16

4. 下腰过杆

将横杆设置在一定高度，学生面对横杆，身体后仰过杆，通过横杆且横杆没有掉落为成功，然后下降高度再次进行挑战。每一高度每人有三次机会，直到一个高度连续三次挑战失败为止，最后通过的高度最低者胜出。（图 24-17）

图 24-17

5. 多人仰卧起坐

学生 5 ~ 8 人一组，每组仰卧成一排，屈膝90°左右，所有人双手抓握横杆，将横杆置于胸前。发令后，所有人协力坐起使躯干与地面垂直，仰卧时双肩、背触地即完成一次。如此反复，看哪组先完成规定的次数或在规定时间内完成次数多。（图 24-18）

图 24-18

建议：在草坪或体操垫上进行。

6. 多人仰卧举腿

学生 5 ~ 8 人一组，每组在草坪或体操垫上坐成一排，所有人两脚并拢，将横杆放在鞋面上，把两只鞋的鞋带系在横杆上，然后平躺，手臂紧贴着身体两侧。发令后，学生一边齐喊数字，一边同时把双腿举起至与地面垂直，然后还原，为一次仰卧举腿。如此反复，看哪组先完成规定的次数。（图 24-19）

图 24-19

建议：膝关节可以稍微弯曲。

7. 勾棒跳

学生 5 ~ 8 人一组，每组站成一排，所有人一条腿后勾，将横杆放在后勾腿的腘窝处或小腿肚上。开始后，学生单脚跳跃前进，在横杆不掉落的情况下，通过规定的距离，看哪组最先完成。途中若出现掉杆，须原地停下重新放好，方可继续。（图 24-20）

图 24-20

8. 滑板运动

学生 5 ~ 8 人一组，每组坐成一排，所有人两脚并拢，将横杆放在鞋面上，并用鞋带或绑带系牢横杆，然后双手撑地，身体后仰，双腿弯曲准备（图 24-21）。发令后，学生合力向前伸直双腿（图 24-22），然后收腿屈膝，双腿尽量靠近胸前，如此一伸一缩为一次，依次进行，看哪组先完成规定的次数。双脚可贴近地面，但不能触地。

图 24-21

图 24-22

9. 跑跳组合

两副跳高架"十"字摆放，学生在完成一定高度的单、双脚跳过横杆后，快速跑到标志筒处并折线跑到下一个标志筒。（图 24-23）

建议：可根据学生的身高和跳跃能力调整横杆高度及折线跑距离；还可增加物品搬运，提高学生的练习兴趣。

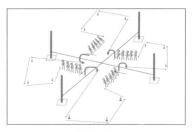

图 24-23

10. 跨跳跑组合

两副跳高架"十"字摆放，设定相应高度，学生成纵队站在各区的标志线处，进行一定高度的单、双脚跳 + 侧向跨跳练习，完成动作后，快速跑到下一纵队队尾，挑战下一个高度。（图 24-24）

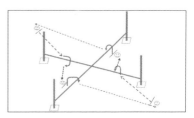

图 24-24

建议：①可根据学生的身高和跳跃能力调整横杆高度；②低段学生或者初学者可选用皮筋或绳等质软、有弹性的材料，可在落地位置放置体操垫。

（三）在体育游戏中的开发与运用

1. 旋风跑

学生 4 ~ 8 人一组，双手握住一根横杆靠近身体，进行同步跑，绕过标志物并返回出发点或者前进至终点为结束。在此过程中不得有人掉队或者双手松开横杆，否则回到起点重新开始。（图 24-25）

图 24-25

2. 扫地雷

画一个半径约 3.5m 的圆圈，一人手握横杆站于圆心作舞杆者，10 ~ 20 个学生等距离站在圆圈上。开始后，舞杆者使横杆沿着圆圈做慢速旋转，横杆外端离地高度保持在 10cm 以下，当横杆要扫到圆圈上学生的腿部时，圆圈

图 24-26

上学生迅速跳起，让横杆从脚下扫过。碰到横杆的人要退出游戏，看谁能坚持到最后。（图 24-26）

建议：①可以将横杆的扫雷端直接拖地移动，为了不损坏横杆，可以在横杆的扫雷端绑上旧布或包装袋；②可以在横杆的扫雷端固定一段约 50cm 长的软棒，这样既安全又能避免横杆拖地磨损。

3. 旱地龙舟

学生 4 ~ 7 人一组，每组站成纵队，双手共同握住两根横杆并收于两侧腰际。发令后，学生齐步快速向前移动，直到最后一人通过终点线，用时最少的组获胜。（图 24-27）

图 24-27

建议：可以将横杆用绑带固定在左右脚的脚踝处进行比赛。

4. 纵向拔河

学生一对一或二对二比赛，面对面分别抓握横杆两端进行拔河，先移动者输，要求不得突然松手。（图24-28）

图24-28

5. 套圈

把跳高架作为套柱，学生站在距离跳高架一定距离的投掷线后，将呼啦圈或胶圈等投向跳高架，力争套住跳高架，每人套规定次数，比比看谁套中次数最多。（图24-29）

6. 扶杆接力

学生平均分成若干队，每队选一名学生手扶横杆立在折返点，发令后，同队学生从起点跑出，手扶横杆将其换下，原扶杆人跑回起点与下一人击掌后，下一人跑出换回上一人，以此类推，看哪队最先完成。比赛中横杆不得倒地，否则视为失败。（图24-30）

图24-29　　　　图24-30

7. 捕鱼达人

将一个绳吊球固定于横杆一端（图24-31），教师手持横杆另一端作渔夫，学生站在一定区域内作鱼。开始后，学生左右躲闪奔跑，教师手持"钓鱼竿"不断移动位置，尽量让"钓鱼竿"上的绳吊球触及学生，被触的"鱼"即视为被捕。被捕的"鱼"到场外做规定的体能练习。一段时间后，看还有多少"鱼"没有被捕。（图24-32）

建议："钓鱼竿"上的绳吊球可以用呼啦圈代替。（图24-33、图24-34）

图24-31　　　　图24-32

图24-33　　　　图24-34

8. 长杆钓鱼

准备：将两根横杆连接成一支 7m 长的杆，画一条直线作河岸线，在河岸线前 4m 处画两个相距 3m、边长 2m 的正方形作鱼池，将"鱼"分散放在一个"鱼池"内，另一个为空"鱼池"；用铁丝做成鱼钩，并用绳子固定在长杆一端。

方法：学生 6 人一队，在"河岸"上共持"鱼竿"，把"鱼"钓起，放在旁边的空"鱼池"内。计时 4min，最后钓鱼数最多的队获胜。

建议：①用矿泉水瓶（装少量水）在瓶口缠上细铁丝即可作为鱼，也可以用水桶、带孔的塑料椅、废弃的球等代替；②可以在长杆一端 2m 处贴上黄色胶布，此 2m 区域为握手端，比赛时队员的手不得超出此区域。

9. 跨棒行走

画两条相距 20 ~ 30m 的平行线，分别作为起点线和终点线。学生 5 ~ 8 人一组，每组成纵队站在起点线后，两脚开立跨在横杆上，共同用手握住横杆。发令后，学生齐步前进，直至排尾通过终点线。用时最少的组获胜。（图 24-35）

图 24-35

10. 投掷打靶

在跳高架上方固定一个或多个圆圈，置于场地上，学生站在四周一定距离外的投掷线后进行投掷入圈练习。（图 24-36）

图 24-36

建议：①可将投掷线分成距离不等的几条，距离越远分值越高，学生自由选择；②强调练习过程中的安全，统一口令，按就近原则捡投掷物；③根据学生的能力、项目的特点及要求，设定相应的高度和间距，投掷物可使用软式垒球或者小沙包等。

11. 单手狙击

跳高架上方固定一个平台或者球托，将球放在上面，学生站在投掷线后，单手用沙包或纸球进行击球练习，努力将球击落或击中。（图 24-37）

建议：①可以调整球的大小，激发学生挑战的欲望；②根据需要调整球的高度；③练习过程中服从指挥，确保安全。

图 24-37

（四）拓展运用

1. 作标志物

跳高架立杆和横杆可用作各种比赛的折返点标志，或篮球、足球运球的标志杆。

2. 作简易排球架

跳高架"一"字摆好，将横杆（橡皮筋、标志带、广告布等）放于适当高度，学生成纵队站在两侧标志线后，进行排球传、垫球练习。（图 24-38）

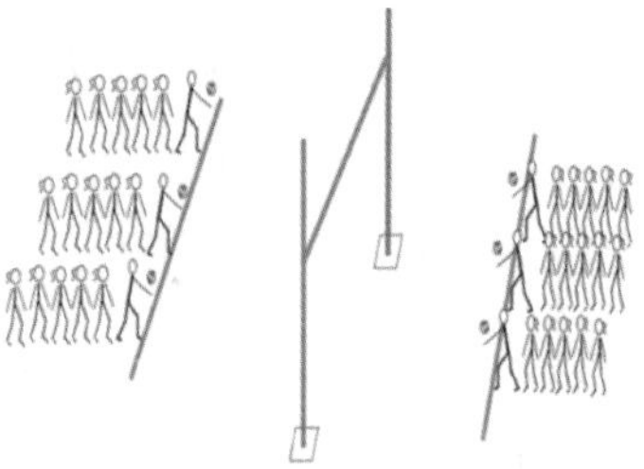

图 24-38

建议：在跳高架底盘增加配重，避免跳高架侧倒。

3. 作羽毛球网立柱

将羽毛球网两端挂在一副跳高架上，然后将球网拉直即可进行羽毛球比赛。

建议：在跳高架底盘增加配重，避免跳高架侧倒。

4. 作足球门

将一副跳高架按适当的距离左右摆开，放上横杆或横拉橡皮筋，组成一个小型的临时足球门。

5. 作杠铃

学生将跳高架立柱作杠铃，进行力量练习，如负重深蹲、负重提踵、上举（图 24-39）、前推、屈臂伸等。

6. 摸高器

在横杆上挂满不同高度的小球（小纸球、小皮球），然后将横杆升到适当高度。练习时，学

图 24-39

生站于杆下，双脚起跳进行头顶球或手摸球的纵跳练习。（图24-40）

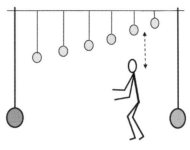

图 24-40

建议：根据学生的能力调整横杆高度，初、高中生可选用头顶球。

7. 接力棒

取断裂横杆的完好部分，截成体操棒或接力棒用来教学。

建议：使用前一定要将截口打磨光滑，以免棱角或毛刺划伤人。

8. 丈量尺

标准的跳高横杆长度为4m，因此，有时可以用横杆来丈量场地。

9. 齐眉杆

学生5～8人一组，每组排成一列横队，所有人伸出食指放于胸前，将一根横杆架在食指第二、三关节上，食指不许上翘下翻去钩横杆。开始后，学生协力将横杆往下降，直至横杆放到地上，其间任何一根食指都不能离开横杆，否则回到起始位置，重新开始。先完成的组获胜。（图24-41）

图 24-41

建议：①可以先使横杆从胸前上升到眉头位置，然后慢慢下降将横杆放到地上；②速度放慢，尽量保持横杆呈水平状；③可使两列横队面对面站立，使练习人数增加一倍，人数越多难度越大。

10. 简易篮筐

将3个或4个跳高架围成一个呼啦圈大小，在其立柱顶端固定一个呼啦圈，制成一个简易篮筐，用于篮球投篮教学，让学生更好地体会蹲、伸、拔的全身协调发力。这也可用于排球垫传或投掷项目练习。（图24-42）

图 24-42

建议：①根据练习需要，可通过升降跳高架来调整篮筐高度；②呼啦圈可以用三角旗或绳子代替，根据跳高架的数量围成三角形、四边形或五边形等形状。

11. 超级篮筐

在 3 根横杆的顶端用胶带或绳子水平固定一个大呼啦圈，3 名学生手持横杆下端，组成一个超级水平篮筐，适用于篮球投篮、排球垫传球等练习。（图 24-43）

图 24-43

建议：①可以用两根横杆组成一个超级垂直篮筐（图 24-44）；②根据练习的需要，通过改变横杆的倾斜度或持杆学生的举放杆来调整篮筐的高度；③可以用铝塑管做成各种大小的圆圈，以满足各类活动的需求；④可用于趣味投篮、篮球传球、排球垫传球及投掷项目练习；⑤练习中应注意持杆学生的轮换，确保人人参与。

图 24-44

12. 固定高度跳高架

将若干个"L"形角码上下间距 3 ~ 5cm，用铆钉分别固定在立柱上，由原来一个横杆托架变成若干个横杆托架，每个横杆托架都有自己的高度，在跳高练习或比赛时，只要把横杆放在相应高度的横杆托架上即可。这大大提高了练习效率，也为师生减少了很多工作量。具体制作方法请参考《自制体育器材》分册。（图 24-45）

图 24-45

二十五、体操凳的开发与运用

体操凳是体操项目辅助器械之一，多用木头制成，外包一层夹棉。凳长1m、1.5m、2m、3m、4m，宽0.24～0.3m，高0.3m。体操凳主要被运用于柔韧性和平衡性练习，也可辅助相关的身体素质练习。开发与运用体操凳，扩大其使用范围，能有效助推体育课堂教学。

（一）在体育技术教学中的开发与运用

1. 作台阶

（1）台阶测试。

运用体操凳作台阶进行台阶测试。

（2）弓步交换跳。

一脚踏在凳面上做台阶弓步交换跳练习。（图25-1）

图25-1　　　　　图25-2

2. 作哑铃

单人或多人协同抓握体操凳做弯举、上举（图25-2）、负重蹲起（图25-3）等力量练习。

图25-3

3. 高、低位俯卧撑

双脚放在凳面上做低位俯卧撑（图25-4），也可以双手撑在凳面上做高位俯卧撑（图25-5）。

4. 跳跃练习

将体操凳放在地面上，利用凳子的高度，进行单脚、双脚跳跃凳子或跳上跳下等练习（图25-6）；也可连续跳跃多个平行放置的体操凳。

图25-4

5. 踏板练习

在跳远练习中，可以利用体操凳来调节学生的踏板节奏。左脚支撑站立，右脚抬起，迅

图25-5　　　　　图25-6

速下压右脚，踩在体操凳上，将身体向上顶起。配合摆臂动作，训练效果更佳。

6. 立位体前屈

将标有刻度尺的尺子置于体操凳两侧，学生脱鞋站在体操凳上，进行立位体前屈练习。

7. 平衡角力

学生两人一组，面对面站在体操凳上，双手互推，首先掉落下来的一方输。（图 25-7）

建议：可以两人双手握同一根或两根体操棒杆两端进行角力。（图 25-8）

8. 作独木桥

把多张体操凳按直线或曲线连在一起，形成独木桥，学生快速通过桥面，提升练习的趣味性，发展学生的平衡能力。（图 25-9）

图 25-7　　　　　　　　　图 25-8　　　　　　　　　图 25-9

9. 跳篱笆

学生在体操凳两侧左右来回跳跃，同时向前移动。（图 25-10）

10. 坐姿端腹

学生坐在体操凳上，两腿伸直抬至与地面平行，直到脚落地为止，看谁坚持时间长。（图 25-11）

图 25-10　　　　　图 25-11

11. 双手支撑端腹

学生先分腿坐在体操凳上，双手放于大腿内侧并抓扶体操凳边沿，然后全身发力、直臂支撑，抬离臀部和脚，身体除双手撑于体操凳之外，其他部位全部悬空，看谁支撑时间最久。（图 25-12）

图 25-12

（二）在篮球技术教学中的开发与运用

1. 凳上运球

利用体操凳进行行进间运球，提升练习的趣味性和学生的球性，如球在凳上走、人在凳边走（图 25-13），或人在凳上走、球在凳边走（图 25-14）。

图 25-13   图 25-14

2. 骑跨左右运球

学生跨在体操凳两边，用单手或双手在体操凳两侧交替连续运球。（图 25-15）

图 25-15   图 25-16

3. 击凳传球

学生两人一组，分别站在凳子两侧适当位置，采用击地传球的方式，将篮球从凳面反弹到对面一人的手中，发展传球的准确性。（图 25-16）

4. 辅助低运球

学生站在体操凳边上进行原地低运球，要求运球高度不超过凳面。

5. 作防守人

将 1 ~ 2m 高的体操凳竖立作防守人，学生面对防守人做突破练习。

（三）在足球技术教学中的开发与运用

图 25-17

1. 作矮墙

将体操凳侧放在地面上，学生距体操凳面适当距离进行脚内侧踢球、正脚背踢球等练习（图 25-17），要求地滚球踢中凳面；也可以进行踢球后接反弹球射门等练习。

2. 作低球门

把体操凳放在场地中间当作低球门，学生离体操凳适当距离进行地滚球射门练习，要求足球从凳子下面穿过。（图 25-18）

图 25-18

（四）在体育游戏中的开发与运用

1. 障碍接力

在场地上摆放多张相距约 5m 的体操凳，学生采用跨越横放体操凳或走过竖放体操凳等形式进行接力比赛。

建议：可以与栏架、体操垫等其他器材组合设置成多种障碍。

2. 换位走

学生两人一组，分别站在体操凳的两端，相向而行，相遇时互相换位继续向前走，下凳后下一组继续。要求换位时人不能落地。（图 25-19）

图 25-19

3. 蜈蚣行走

多人骑跨在体操凳上，双手扶凳两侧并将体操凳抬离地面，然后协同通过规定的距离。

4. 铺桥过河

画两条相距 15 ~ 30m 的平行线作为河，学生 4 ~ 8 人一组，每组两张体操凳放在一边河岸上。开始后，各组向前传送一张体操凳，全体学生站上体操凳后，再将另一张体操凳向前传送。接着全体学生移动到前面的体操凳上，依次前进，直到全组学生和体操凳都到达另一边河岸上。游戏时人不能从体操凳上掉落，任何一人掉落则全组暂停，罚做规定次数蹲起后再继续，多人掉落则加倍惩罚。

5. 抢座位

教师播放音乐，全体学生围绕体操凳转动或模仿各种舞蹈动作，在音乐停下时迅速坐下，没有抢到座位的学生表演节目或做体能练习。

6. 跨小溪

两张以上的体操凳横向并列摆放，或者摆成不同的造型，距离适中，学生站在地上依次跨过体操凳。

7. 挤油尖

学生平均分成两组，背对背骑坐在体操凳中线两侧，双脚撑地，双手扶前面学生的腰，互相紧贴，做好向后用力的准备。开始后，两组学生同时向后用力挤，直至把对方组挤出凳面。

建议：可根据体操凳的长度增减游戏人数，也可单人对抗。

8. 抬花轿

学生3人一组，一人坐在体操凳上，另外两人分别抬体操凳的一端向终点走去，看哪组抬得又快又稳。3人可互换角色进行游戏。（图25-20）

图 25-20

9. 凳上前滚翻

在体操凳上固定一块体操垫，学生进行前滚翻练习，看谁滚得又直又稳。（图25-21）

建议：先在地上熟练练习前滚翻后，再尝试在体操凳上练习前滚翻。

图 25-21

10. 颠球练习

学生4人一组，抓住体操凳四角，把足球放在体操凳上，通过移动体操凳把足球颠起来，看哪组连续颠球次数最多。

11. 推推乐

将扑克牌、瓶盖、棋子等道具放在体操凳上，用手掌击打道具使其向前滑行，滑行距离长且不掉落者获胜。（图25-22）

图 25-22

（五）拓展运用

1. 微型乒乓球台

在体操凳中间摆放相应高度的木块当球网，学生站、蹲（图25-23）或坐（图25-24）在体操凳的两端进行乒乓球对打练习。

图 25-23

2. 凳上冰壶

在体操凳一端画若干个同心圆，并标上相应的数值，用象棋子或瓶盖作冰壶进行冰壶比赛，可比谁的分数最高或参照冰壶比赛规则定胜负。（图25-25）

图 25-24

3. 人造斜坡

将体操凳的一头垫高或靠放于高处并固定，让体操凳形成一道斜坡，学生从低处向高处进行爬越或行走练习。可提高倾斜角度，增加练习难度。（图25-26）

4. 凳上保龄球

将一个标志筒放在体操凳一端，学生手持一个篮球从体操凳另一端将球滚向标志筒，击倒标志筒得1分，每人进行规定次数，最后得分多者获胜。（图25-27）

图 25-25   图 25-26   图 25-27

二十六、单杠的开发与运用

单杠是体操项目教学的重要器材之一，一般为碳钢材质，由横杠、立柱两部分组成。标准横杠长 2.4m、直径 2.8cm、高 2.55 ~ 2.75m。单杠有地埋式和斜拉式两种结构，学校一般有低杠（1 ~ 2m）和高杠（2 ~ 2.75m）两种单杠。合理地创新和改造单杠，充分发掘单杠的器材特点和用法，不仅能丰富课堂教学内容，更能使其成为学生快乐运动的"催化剂"。

（一）在力量素质练习中的开发与运用

1. 引体向上

学生两手正握（反握）单杠，进行引体向上练习。

2. 四足攀爬

将一根拔河绳对折，将中间部分相距 40 ~ 50cm 打两个结固定在低单杠上，

图 26-1

拔河绳两端向一侧地面斜拉并固定，形成一条宽 40 ~ 50cm 的斜拉桥。学生从低处向高处攀爬，至单杠处跳下，熟练后，可开展攀爬比快比赛。（图 26-1）

建议：①在斜拉桥下面铺上体操垫，起保护作用；②低侧拔河绳可以让多名学生拉住固定；③可以直接用两根拔河绳斜拉固定。

3. 悬垂举腿

学生两手握单杠，并腿悬垂，直腿屈髋上举成直角后下落，反复练习，发展核心力量。（图 26-2）

建议：力量较强者可以尝试举腿触杠——学生悬挂后举起两腿，直到脚轻轻触杠。练习时，注意保持核心稳定，摆动幅度不宜过大。（图 26-3）

图 26-2　　　　图 26-3

4.悬挂收腹

学生两手握单杠悬挂，然后屈膝举腿，大腿靠近胸腹部，看谁坚持时间长。
（图26-4）

5.悬垂移动

学生两手正握（反握）高单杠一端，两腿自然下垂，两手向单杠另一端交替移动，也可往返移动，看谁移动的次数最多。
（图26-5）

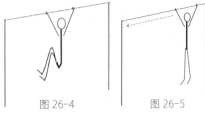

图26-4　　　图26-5

建议：若用低单杠则屈膝举腿、两脚离地进行移动。

6.悬垂举腿绕环

学生两手握单杠，并腿悬垂，两腿屈髋前平举，做向左、下、右、上绕环一周或多周的练习。（图26-6）

7.前后（左右）摆体

学生两手正握高单杠，并腿悬垂，做前后（左右）摆体练习，也可以在脚上绑上沙袋进行负重练习。（图26-7）

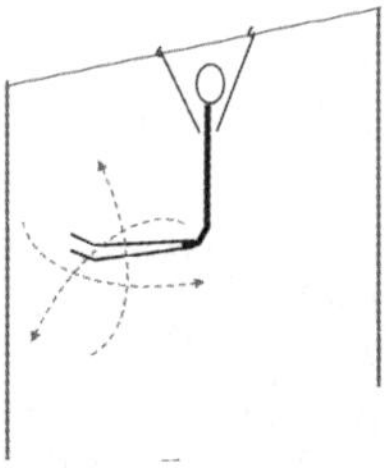

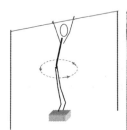

图26-6 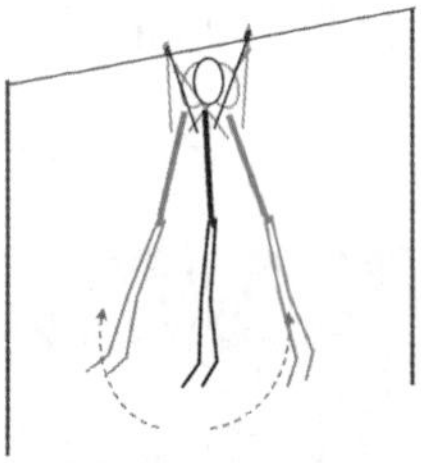　　　图26-7

8.髋绕环

将若干块体操垫放在单杠下方，学生站在垫上，两手握单杠，两腿微屈膝，然后以髋关节为圆心做顺（逆）时针方向绕环。（图26-8）

9.屈臂悬垂

学生两手与肩同宽反握或正握单杠，屈臂悬垂，下颌超过杠面起计时，下颌低于杠面、挂于杠面或脚触及地面时结束，看谁能完成规定的悬挂时间或看谁坚持时间最长。（图26-9）

图26-8　　　图26-9

10.斜身引体

学生两手与肩同宽正握低单杠，两腿前伸，两臂与躯干约成90°角，身体

斜向下垂,然后屈臂引体,当下颌触到或超过横杠时,伸臂复原为一次。如此反复练习。(图 26-10)

建议:可以两人一组,练习者握杠呈仰卧姿势,辅助者站在练习者对面,两手抬起练习者两脚,练习者进行水平引体练习。(图 26-11)

图 26-10   图 26-11

11. 爬竿

学生从高单杠一侧立柱爬到顶端,接着爬过横杠或悬垂移动至横杠另一端,然后从单杠另一侧立柱爬下。在单杠下放置体操垫作为保护。(图 26-12)

12. 悬垂对抗

学生两人一组,两手握杠,用两脚互夹对方进行角力,先落下一方为输。在单杆下放置体操垫作为保护。(图 26-13)

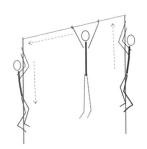

图 26-12

图 26-13

13. 高、低位俯卧撑

学生两脚放在低单杠上,下方铺体操垫,两臂撑垫做低位俯卧撑练习;也可两脚放在垫上,两手撑单杠做高位俯卧撑练习(图 26-14)。

14. 杠上交叉换位

学生两人一组,从单杠两侧上杠,直臂悬垂,相向移动,在中间交叉换位,移至另一侧下杠。

15. 引体向上接力挑战赛

学生分成实力相当的若干组,进行引体向上接力挑战赛,完成引体向上次数总和多的组获胜。

图 26-14

16. 倒挂金钩

选择适宜高度的低单杠,学生两腿屈膝挂在单杠上,做身体自然悬垂或屈体

两手触杠练习。在单杠下放置体操垫作为保护，同时需要有人在一侧保护与帮助。（图26-15）

图26-15

17. 直臂悬垂

学生两手握高单杠，身体自然下垂，看谁悬挂时间最久。（图26-16）

18. 固定弹力带

把弹力带一端固定在单杠的立柱上，学生进行各种发展上、下肢力量的练习。

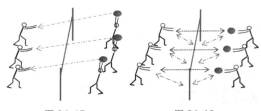

图26-16

（二）在球类技术教学中的开发与运用

1. 篮球传接球

在篮球传接球练习中，以低单杠横杠为限制，学生站在单杠两侧进行篮球双手胸前平传球、头上传球（图26-17）、击地传球（图26-18）等练习，改进传球的角度

图26-17　　　　图26-18

和线路，提高传球的准确性。熟练后，可同时进行不同线路的传接球组合练习。

建议：单杠高度的设定应根据学生的身高和传球线路进行调整，可在单杠上加拉一根橡皮筋。

2. 排球传垫球

将排球悬挂在适宜高度的高单杠上，学生进行排球垫球或传球的练习。根据学生的技术和身高调整排球的悬挂高度。（图26-19）

3. 足球颠球、头顶球

在足球技术教学中，将足球放进网袋悬挂在单杠上，学生进行颠球（图26-20）或头顶球等练习。

图26-19　　　　图26-20

（三）在体操技术教学中的开发与运用

1. 模仿屈臂拉杠—举腿翻臀练习

学生仰卧在体操垫上，直腿并脚，两手与肩同宽正握杠，两臂伸直，一腿向上摆起，用脚尖触碰标志物，同时屈臂引体腹部贴杠。

建议：①举腿过程中直腿绷脚尖，屈臂、举腿、翻臀动作要协调，时机要恰当，练习过程中必须安排一人在侧面保护与帮助；②使用低单杠，杠面与体操垫高度差约为一臂，体操垫高度不够时，可以将多块体操垫叠放。

2. 腾空分腿练习

学生手扶低单杠做原地支撑分腿跳，体验跳山羊分腿腾越动作。

3. 肩肘倒立触标志物

将键子等标志物悬挂在高单杠上，学生在单杠下的体操垫上进行肩肘倒立脚尖触标志物的练习。

4. 悬垂穿臂翻转

学生两手与肩同宽反握低单杠，单（双）脚用力蹬地，身体后倒并收腹、屈膝举腿，两腿从两臂间穿过，当脚触地后往回翻转。可连续翻转，看谁翻转的次数多。（图 26-21）

图 26-21

（四）在跳跃类技术教学中的开发与运用

1. 纠正起跳不充分

方法一：学生两人一组，练习者距离低单杠垂面 1.5 ~ 2m（距离根据练习者身高进行选择）站立，预摆后身体充分伸展，两脚不离地，两手握前上方单杠。保护者站在侧前，在练习者后仰或掉落时给予帮助。在单杠下放置体操垫作为保护。（图 26-22）

图 26-22

方法二：学生两人一组，练习者距离高单杠垂面 1.5 ~ 2m（距离根据练习者身高进行选择）站立，预摆后身体充分伸展起跳，两脚离地，两手握前上方单杠。保护者站在侧前，在练习者后仰或掉落时给予帮助。在单杠下放置体操垫作为保护。（图26-23）

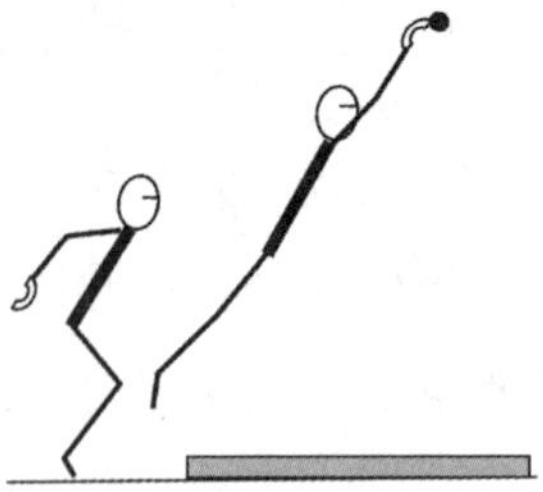

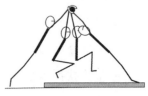

图26-23

2. 纠正空中收腹动作

学生两人一组，练习者斜向握低单杠，两脚离地收腹举腿，前摆落在体操垫上，手不离杠。保护者站在侧前，在练习者后仰或掉落时给予帮助。（图26-24）

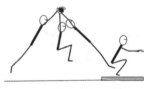

图26-24

3. 纠正落地动作

学生两人一组，练习者在低单杠的垂面后起跳，两手握单杠，两脚前伸，两手用力拉杠后迅速松手，两脚前脚掌用力下压同时含胸收腹，脚跟着地屈腿缓冲。保护者站在侧面，在练习者后仰或掉落时给予帮助。在单杠前放置体操垫作为保护。（图26-25）

图26-25

4. 腾空步练习

学生两手握单杠，身体悬空自然下垂，做起跳腿向后伸直、摆动腿屈膝高抬、小腿自然下垂的腾空步练习；也可以进行走步式跳远的空中换腿练习。

5. 单杠挺身

学生两手正握单杠，两脚左右开立，进行挺胸、送髋、展体练习。

（五）在奔跑类技术教学中的开发与运用

1. 高抬腿练习

把弹力带一端固定在单杠的立柱上，另一端在学生膝关节处打结，学生做牵拉弹力带的高抬腿练习，练习多次后可换腿进行。

2. 摆臂练习

学生站在单杠立柱侧面做贴杠摆臂练习，纠正横摆臂的错误动作；站在立柱对面做对杠摆臂练习，纠正摆臂过高或过低的错误动作。

3. 弓箭步交换跳、跨步跳练习

学生选择高度齐肩的单杠，两手握单杠，做原地弓箭步交换跳、跨步跳练习，逐渐增大步幅，体会下肢发力的感觉。

4. 扶杠摆腿

学生手扶单杠立柱做各种摆腿或抬腿练习，提高腿部柔韧性和髋关节周围肌肉的力量，改进跑步动作。

5. 扶杠跨栏

在单杠一侧放一个跨栏架，学生手扶单杠进行原地跨栏练习。

（六）在投掷类技术教学中的开发与运用

1. 限高标志

学生面（侧）对高单杠，选择合适距离进行投掷练习，出手高度须超过单杠高度。

2. 辅助投掷蹬转练习

学生两手正握单杠，左腿支撑，右腿屈膝侧抬，以左脚为轴，右腿屈膝向左侧摆腿；向左侧摆腿时，右腿大小腿夹角保持在 100° 左右。

3. 掷准练习

在单杠上悬挂一个呼啦圈或其他目标物，学生手持沙包或垒球进行投物过圈等投准练习，提高掷准能力。

（七）拓展运用

1. 巧渡绳桥

将拔河绳固定在多副高单杠的立柱上，拔河绳距离地面 20 ~ 30cm，在拔河绳下面铺上体操垫作为保护，学生进行走绳桥练习。（图 26-26）

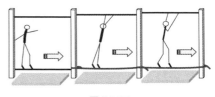

图 26-26

2. 荡秋千

将拔河绳两端固定在高单杠上，绳子最低点离地约40cm，学生进行荡秋千练习（图26-27）；还可以一端固定在高单杠上进行荡绳过河的练习。

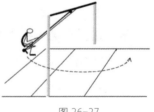

图26-27

3. 作标志物

用单杠作标志物或障碍物，学生在跑动中做触摸、绕过或钻过单杠的接力跑练习。

4. 作足球门

将单杠当作足球门，学生将足球放在适当位置，练习各种射门技术，也可以在单杠一侧挂上渔网或球网，减少捡球时间。

5. 作排球网

学生两人一组分别站在单杠两侧，将单杠当作排球网，做一抛一垫或互垫等练习。（图26-28）

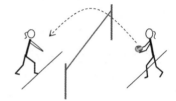

图26-28

6. 单杠器材创新设计

当前，学校的单杠普遍采用"一"字形相连排列，这一类单杠容易晃动，易损坏。实际运用中可将单杠调整为"V"字形、"M"字形或多边形，并设置不同高度的单杠。两副单杠可排成"V"字形，两垂直面之间的夹角为135°左右（图26-29），4副及以上单杠组合则可排成"M"字形（图26-30）、四边形、五边形或六边形（图26-31）等；可以将高度相同的单杠进行组合排列，也可以将不同高度的单杠进行组合排列，增加单杠的稳定性，延长使用寿命。

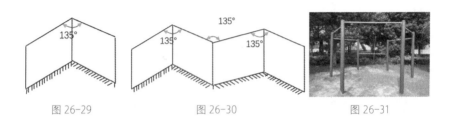

图26-29　　　　　　　　图26-30　　　　　　　　图26-31

二十七、双杠的开发与运用

双杠是学校常见的体育设施，主要为木头、铁、塑钢等材质，按高低不同分为高杠、中杠、低杠，按室内、室外分为室内双杠和室外双杠，按是否可移动分为移动双杠和固定双杠。目前最为常见的双杠长 3.5m，宽 0.45 ~ 0.6m，高 1.2 ~ 1.55m。由于安全问题，双杠渐渐淡出了体育课堂。在此，我们开发拓展双杠的其他功能，使其回归课堂，发挥其应有的作用。

（一）在技术教学中的开发与运用

1. 支撑空中跑

学生两臂支撑在双杠上，做直臂支撑折叠跑练习，依靠本体感觉进一步加强折叠、前摆、送髋、抬膝、压腿等技术。（图 27-1）

图 27-1

2. 杠上俯卧撑

学生在双杠上直臂支撑，两脚脚尖支撑在双杠上，身体挺直，进行俯卧撑练习。（图 27-2）

图 27-2

3. 臂屈伸

学生直臂支撑在双杠上，身体挺直，肘关节慢慢弯曲，使身体逐渐下降至最低位置，然后两臂用力撑起至起始姿势，如此反复多次。（图 27-3）

图 27-3

4. 支撑行走

图 27-4

学生从双杠一端跳上成直臂支撑，然后两臂交替支撑向前移动至另一端，中途落下须回起点重新开始，注意移动速度不宜过快。（图 27-4）

5. 支撑转身换手

学生在双杠中间跳上，两手支撑在一侧杠上，转身时两手

先后握住另一侧杠，循环进行。在规定时间内，看谁连续完成支撑转身换手的次数最多。（图 27-5）

图 27-5

6. 辅助跨栏摆动腿练习

双杠下放一栏架，学生直立站在双杠间，两手屈臂抓握双杠，固定上体，模拟摆动腿过栏、起跨腿屈膝高抬动作。当膝高于髋时，小腿向前摆出，并积极下压，上体前倾，两臂屈曲；当脚尖下压扒地时，两臂伸直，同时身体回到初始状态。多次重复，体会摆动腿过栏时身体的前倾，提高摆动腿过栏技术。要求摆动腿小腿向前摆直，同时上体达到最大前倾角度。（图 27-6）

图 27-6

7. 辅助跳远

方法一：学生两手撑双杠，身体自然下垂，一条腿向前屈膝高抬，另一条腿直腿后摆，然后交换。要求交换动作迅速，逐渐增加动作幅度。

方法二：在双杠间放一个横向的二级跳箱（高度根据学生能力而定），学生两手扶双杠，身体前倾跳上跳箱，起跳腿向前踏上跳箱，同时两手支撑双杠，摆动腿积极前摆，在双杠上体会腾空步、起跳腿的高抬和摆动腿后摆等动作。要求踏跳、支撑、摆动三个动作协调、连贯，逐渐增加动作幅度。

8. 辅助铅球背向滑步练习

学生身体靠近低双杠站立，在身体侧后方适当距离预先画好左脚落脚区域，右手扶杠做滑步摆腿练习。注意在滑步过程中控制好上体，不能过早抬起。

9. 辅助摆臂练习

学生两脚前后开立，站在双杠中间练习前后摆臂。练习时注意手臂不能触杠，用以纠正左右摆臂的问题。（图27-7）

图27-7

10. 辅助手倒立练习

学生两人一组，辅助者在练习者侧面保护，练习者撑上双杠后转身坐在一侧杠上，两脚勾在另一侧杠下，两手正握臀部两侧的杠面，后移身体直至两腿腘窝压在杠上，上体慢慢后倒成头朝下的"倒悬垂"姿势，两手离杠直臂撑地，两脚离开杠伸直，呈直腿靠杠的"手倒立"姿势。辅助者要做好保护与帮助。（图27-8）

图27-8

11. 杠上肩肘倒立

方法一：学生由站立挂臂撑开始，一腿蹬地，另一腿上摆，同时收腹并腿上举，臀上翻成屈体挂臂姿势，静止数秒后还原，体会两臂在体侧下压、伸腿，控制身体动作。在双杠下放置体操垫作为保护。（图27-9）

建议：一些身体素质较好的学生可在保护与帮助下尝试双杠分腿坐成肩肘倒立练习（图27-10），更好地体会挺髋和控制身体平衡的动作。

方法二：选择合适高度的低双杠，在低双杠下放一个大体操垫，学生直腿坐垫，位置为倒立时肩部

图27-9　　　　　　　图27-10

在杠的垂线上。练习时，学生后滚举腿，腿伸直，脚尖努力去触碰横杠。如触碰不到横杠，可以在横杠上挂一根跳绳或其他物品，学生脚尖努力去触碰悬挂物。

（二）在体能练习中的开发与运用

1.杠上仰卧起坐

学生腘窝压一侧杠，两脚脚背勾住另一侧杠，身体慢慢后倒做悬空仰卧起坐练习，重复多次。可在杠下方铺体操垫或者在旁边安排人保护与帮助。（图27-11）

2.摆（踢）腿练习

学生双手或单手握双杠的一侧杠，进行前、后或左、右的摆腿练习（图27-12）；也可以进行踢腿练习（图27-13）。

图27-11　　　　　　图27-12　　　　　　图27-13

3.斜身引体

学生两手与肩同宽正握双杠的一侧杠，两脚前移，使躯干和两臂成90°角，身体斜向下垂，然后做屈臂引体。当下颌能触到或超过横杠时，伸臂复原，为完成一次，重复多次。（图27-14）

4.引体向上

学生站在高双杠一侧，两手与肩同宽正握一侧杠，两腿屈膝保证身体悬空，两臂用力拉使胸部尽量贴近杠面，重复多次；也可站在双杠中间，两手各握一根杠，身体悬空后进行引体向上练习。

5.高、低位俯卧撑

学生两手与肩同宽正握低双杠的一侧杠，两脚后移离双杠约1m，全身挺直，进行高位俯卧撑练习（图27-15）；也可手脚换位进行低位俯卧撑练习（图27-16）。

图 27-14 　　　　　　　 图 27-15 　　　　　　　 图 27-16

6. 前移式俯卧撑

学生在双杠上蹲撑，两臂伸直撑在脚前约 1m 处，臀部高抬，让身体呈倒 "V" 字形，接着从臀部高举的弓身俯撑开始，两臂弯曲，上体随臂的弯曲向下俯撑，头部从支撑点后向前下方移动，同时伸展髋关节，腹部挺直，肩移至支撑点的前上方。随后，肩后移、臀上举经臂屈伸还原成弓身俯撑的姿势，如此反复多次。（图 27-17）

图 27-17

7. 杠中悬挂臂屈伸

学生两脚挂在两侧双杠上，两手分别抓住两侧双杠，身体处于杠面以下，两手从直臂开始，缓慢将身体往上拉动，然后还原，如此反复多次。（图 27-18）

图 27-18

8. 杠外悬挂臂屈伸

学生腘窝压在双杠的同一侧，两手紧握双杠的另一侧，手臂伸直，身体自然放松并处在杠面以下，背部和双臂同时发力，缓慢将身体往上拉动，胸口触杠，然后身体下放，两臂伸直还原，如此反复多次。（图 27-19）

图 27-19

9. 杠下直臂屈伸

学生两人一组，练习者两手紧握双杠一侧横杠，呈仰卧姿势；辅助者站在练习者对面，两手抬起练习者两脚至髋关节处，帮助练习者呈仰卧姿势。练习者从直臂开始，缓慢将身体往杠面位置拉动，直至胸口紧贴杠面后还原，如此反复多次后交换角色练习。（图 27-20）

图 27-20

10. 跪姿引体向上

学生两手紧握双杠两端或者同侧横杠，同时两膝呈跪撑姿势，进行引体向上练习。（图 27-21）

11. 挂姿背弓屈伸推杠

学生两手紧握双杠同侧横杠，两脚后移离杠约 1m，然后身体呈背弓状挂在杠上。接着学生利用上臂力量，直接将身体向杠面位置拉起，再往外推出，成扶杠倾斜站立姿势，如此反复多次。（图 27-22）

图 27-21　　　图 27-22

12. 屈膝前倾俯卧撑

学生两手撑杠，两膝弯曲，身体呈悬空状，在保持身体平衡的情况下，完成多个俯卧撑。此动作适合力量较强者，练习时须有人在一侧保护与帮助。（图 27-23）

图 27-23

13. 杠上仰卧撑

学生先在双杠上仰撑，两手撑在两肩下方的双杠上，两脚分别放在双杠两边，身体挺直，直臂支撑，然后肘关节慢慢弯曲，使身体逐渐下降至最低位置，最后两臂用力撑起还原，如此反复多次。（图 27-24）

图 27-24

14. 仰撑挺髋

学生在双杠上仰撑，两手撑在两肩正下方的双杠上，两脚分别放在双杠两边，直臂支撑，屈膝屈髋（图27-25）；然后收紧臀部肌肉，慢慢抬臀挺髋，让身体从肩关节到膝关节成一条直线（图27-26）。保持此姿势5～10s，然后慢慢还原，重复多次。

15. 仰撑平板抬腿

学生在双杠上仰撑，两手撑在两肩正下方的双杠上，两脚分别放在双杠两边，直臂支撑，大小腿弯曲成90°角，臀部用力抬起，保持从肩关节到膝关节成一条直线；然后左右腿交替抬起至水平位置，每条腿坚持5～10s，重复多次。（图27-27）

图27-25　　　　　　　　图27-26　　　　　　　　图27-27

（三）在体育游戏中的开发与运用

1. 悬垂

学生两手与肩同宽正握双杠的一侧杠，两臂伸直，两腿屈膝前抬，使身体悬空，看谁坚持时间长。（图27-28）

2. 端腹

学生两臂伸直支撑在双杠上，躯干垂直于杠，直腿收腹抬至水平位置，看谁坚持时间长。（图27-29）

图27-28　　　　　　　图27-29

3. 横挂

学生两手握双杠的一侧杠，两小腿交叠放在同侧杠上屈膝悬挂，使身体在杠面以下悬垂；也可让同伴轻推身体，使身体来回摆动数次。在双杠下方铺设体操

垫作为保护。（图27-30）

4. **靠杠倒立**

学生两手撑地，直体靠杠倒立，看谁坚持时间长。（图27-31）

5. **倒挂**

学生将两腿挂在双杠的一侧杠上，使身体呈倒挂悬垂状。（图27-32）

图27-30

6. **悬垂倒立**

学生两手握杠，直体悬垂倒立，看谁坚持时间长（图27-33）。身体可靠杠，停住3s以上者，算悬垂倒立成功。双杠下方须铺上体操垫或安排人从旁保护与帮助。

7. **仰挂**

学生两脚挂在一侧杠上，两手握另一侧杠直臂悬挂，头部自然下垂。（图27-34）

图27-31　　　　图27-32　　　　图27-33　　　　图27-34

8. **支撑摆动**

学生两人一组，练习者两手直臂握杠支撑，身体前后来回摆动，看谁摆动幅度大。辅助者要做好保护与帮助：一只手握练习者的上臂，帮助其固定支撑，另一只手在练习者前摆时，托送其腰背部，在练习者后摆时，托送其腹部或大腿前侧，帮助其含胸、顶肩、拉开肩角、加大摆幅。（图27-35）

图27-35

建议：摆动幅度应该由小到大，循序渐进。

9. 越杠追逐

学生两人一组，分别站在双杠的两端。开始后，
两人同时握杠，两手支撑跳上双杠后从右侧横杠上
面跳下，然后沿逆时针方向跑到对方位置上，重复
进行，直到一方被另一方触及或一方位置被占领，
输者做适量的体能练习。（图 27-36）

图 27-36

10. 支撑前（后）摆成分腿坐

学生站于双杠中间，跳上双杠呈直臂支撑状，然后做支撑前（后）摆成分腿
坐，换手后（前）移；可以连续进行，直至到达双杠的一端。（图 27-37 为支撑
前摆成分腿坐，图 27-38 为支撑后摆成分腿坐）

图 27-37   图 27-38

11. 穿臂前后翻

学生两手握双杠的一侧杠，屈体悬垂，然后单（双）脚蹬地向上举腿，两腿
从两臂间穿过后翻转并翻回，连续翻转，看谁翻转的次数多。也可以当臀部到杠
下垂直部位时，慢慢伸腿、抬头至两脚落地。（图 27-39）

12. 蚂蚁爬行

学生仰撑在双杠一端，两手抓握
双杠（手在后），两脚呈外八字踩在
双杠上（脚在前），然后两手两脚交
替沿杠前移，走到另一端，也可反向
移动走回。（图 27-40）

图 27-39   图 27-40

13. 大象行走

学生俯撑在双杠一端，两手抓握双杠，两脚踩在双杠上，然后手脚交替向另一端行走。（图27-41）

图27-41

14. 螃蟹横行

学生俯撑在双杠上，两手抓握一侧杠，两脚踩在另一侧杠上，然后手脚交替向双杠另一端移行。（图27-42）

15. 高空行走

学生在双杠一端，两脚呈外八字踩杠，两臂侧平举，从一端走到另一端。对于有困难的学生，在双杠两侧安排其他学生持木棒或竹竿帮助其移动，同时在双杠下放置体操垫作为保护。（图27-43）

图27-42　　　　　图27-43

16. 撑坐移前

学生在双杠一端支撑前摆，两腿分开坐在双杠上，然后两手前移到两腿前的横杠上，两手再次支撑，两腿后抬落于双杠之间，继续支撑前摆，如此循环进行，直到移行到另一端。（图27-44）

17. 支撑横移

学生从双杠一侧杠的一端跳起成腹前支撑，在保持好身体平衡的情况下，两手交替向另一端支撑移行。也可以来回支撑移行。（图27-45）

图27-44　　　　　　　　　图27-45

（四）拓展运用

1. 作单杠

在进行单杠动作教学时，可将双杠的一侧杠当作单杠，学生进行支撑、骑撑（图27-46）、支撑后摆下、两腿倒挂悬垂摆动等简单的单杠动作练习，提升练习效率。

2. 作支撑物

将低双杠当作支撑物，进行压腿、压肩（图27-47）、扶杠原地高抬腿和原地后蹬跑等练习，还可以将高双杠当支架，系上粗绳子作为秋千。

图27-46　　　　　　图27-47

3. 作障碍物

在保证安全的前提下，将双杠中间设计成可通过一个人的游戏通道，或将双杠的4个立柱作为树桩绕行（图27-48），或从低双杠上面翻越过去，或进行钻过低双杠等障碍类游戏。

4. 作固定柱

将双杠立柱当作弹力带、绳子等物体的固定柱，进行拉伸弹力带的力量练习和甩拔河绳练习。（图27-49）

图27-48　　　　　　图27-49

5. 作足球门

在双杠四周场地较为空旷的情况下，可以将双杠当作足球门进行各种射门练习。（图27-50）

6. 作软式双杠

在双杠一端分别固定两根橡皮筋，橡皮筋另一端用手拉着或绑在固定物上，这样就做成了一副软式双杠。

图27-50

在初学双杠支撑后（前）摆下技术动作时，学生从横拉橡皮筋组成的软式双杠上摆动下杠，可避免因碰撞引起的害怕心理。
（图27-51）

图27-51

建议：橡皮筋可以先斜拉，然后逐渐
上升至水平，学生由易到难进行练习。

7. 作排球网

在双杠四周场地较为空旷的情况下，
可安排学生隔着双杠进行排球的对垫、对
传练习。（图27-52）

8. 作限制物

在双杠四周场地较为空旷的情况下，学生可以分别站在双杠两边进行篮球双
手胸前传接球或击地传接球练习（图27-53）；也可以通过在立柱上横拉橡皮筋
或绳子来调整传球高度。

图27-52

图27-53

9. 作绳索桥

将拔河绳来回悬挂在双杠上，让绳子
自然下垂，要求绳间距约20cm，绳子最
低点离地约20cm，这样就搭建成了一座
绳索桥。学生依次从桥头走到桥尾，体验
走绳索桥的乐趣。（图27-54）

图27-54　　图27-55

建议：可以用短木板或圆木棒作桥板，
两头系上结实的绳子，然后悬挂在双杠上，这样的绳索桥别具一格。（图27-55）

10. 作冲浪板

准备：取一块木板，在四角打孔并穿上尼龙绳，然后固定在双杠上，就做成了一个简单的健身冲浪板，类似于社区室外健身器材——冲浪板。

方法：学生两手握双杠一端，两脚站于踏板上，两脚用力左右蹬伸，随即身体随重心左右做钟摆式运动。（图 27-56）

建议：根据自身的能力控制摆动高度，抓牢横杠，防止摔倒。

图 27-56

二十八、肋木的开发与运用

肋木是常见的体育器材之一，由两根立柱和多根横杆组成，立柱高2.6～3.2m，柱间距0.8～1m，横杆间隔0.15～0.3m。肋木主要用于拉伸、平衡练习和力量练习等。由于存在一定的危险性，常规课堂中肋木较少被使用。在此，我们以安全为前提，开发肋木的其他功能，提高其在课堂教学中的使用频率。

（一）在田径教学中的开发与运用

1. 后蹬练习

学生手扶肋木呈斜支撑，两腿连续做后蹬练习。

2. 高抬腿练习

学生面对肋木站立，两手扶肋木进行原地高抬腿练习，或以肋木横杆作为高度目标进行高抬腿练习。

3. 起跨腿过栏练习

学生两手握肋木横杆，在栏架一侧站立，摆动腿距肋木约1m，摆动腿内侧斜放在栏架上，向前提拉做起跨腿攻栏练习。要求大小腿折叠，提拉速度快。

4. 摆动腿攻栏练习

栏架背靠肋木放在人和肋木之间，学生摆动腿直腿勾脚尖踏上肋木做摆动腿攻栏练习。

5. 压肩练习

学生面向肋木，屈髋90°，两手与髋同高握于肋木横杆上，做压肩练习。

6. 蹬地、挺髋、顶肩练习

学生背对肋木，两手正握肋木，做蹬地、挺髋、顶肩练习。

7. "满弓"练习

学生侧对肋木，两脚左右开立，右手拉住肋木横杆，右腿向前蹬，送右髋、右胸、右肩，同时翻右肘，使身体向左转，背对肋木，做"满弓"练习。

8. 投掷练习

学生右手拉弹力带一端，侧对投掷方向站立，弹力带另一端系在肋木横杆上。学生右腿蹬送右髋，拉至"满弓"后右手持弹力带向前挥臂，做投掷练习。要求右腿充分蹬伸，髋部不能后坐或收腹，前臂用力"鞭打"。

9. 投掷动作完整发力练习

将弹力带系在肋木横杆上，学生背对肋木，右手拉弹力带，做投掷动作完整发力练习。

10. 固定肩轴的转髋练习

学生侧对肋木，左手扶肋木横杆，做固定肩轴的转髋练习。

11. 原地转髋练习

学生面对肋木，两手握肋木横杆，两脚并立，固定肩轴，右腿微屈，髋部发力，使髋向左前方移动、扭转，左腿伸直，紧接着左腿微屈，使髋向右前方移动、扭转，重复练习。

12. 跳高练习

以左腿起跳为例，学生侧对肋木，左手握肋木横杆，两腿前后开立，左腿在前支撑，右腿稍后置，左腿由脚跟到脚尖滚动着地，右腿向前上方快速摆动，右臂配合摆动，重复练习。

13. 跳远的起跳练习

学生面对肋木，做上步起跳，摆动腿踏上肋木，同时两臂配合向上摆动，完成跳远的起跳练习。

（二）在力量练习中的开发与运用

1. 肋木攀爬

学生在肋木上进行绕行、翻越（图 28-1）、翻转爬行（图 28-2）、斜线或曲线爬行（28-3）、水平爬行等练习，发展上、下肢力量和身体协调性，也可负重增加难度。

图 28-1

图 28-2

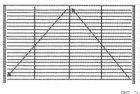
图 28-3

2. 勇攀高峰

在肋木最上方的横杆处系一根拔河绳，学生手拉绳子，脚踩肋木横杆向上攀登，以同样方式返回。注意练习时两手抓紧，两脚依次上踩，并做好安全保护工作。（图 28-4）

图 28-4

3. 悬垂下梯

学生爬到肋木顶端，两手正握肋木最上方的横杆，身体悬空，两手依次向下握横杆，下降至地面。学生根据能力自主选择起始肋木横杆，力量大者可升高，反之降低。（图 28-5）

4. 支撑引体

学生面对肋木，两手抓握肋木上方横杆，一只脚踩肋木下方横杆，进行单脚支撑引体练习。（图 28-6）

5. 俯撑爬梯

学生离肋木一定距离，两手撑地，两脚放在肋木最下方的横杆上。开始后，学生两脚依次向上移动，同时两手向肋木方向移动，直到垂直状后还原。（图 28-7）

图 28-5

图 28-6

图 28-7

6. 高、低位俯卧撑

学生手握肋木横杆，脚撑地，做高位俯卧撑；也可手撑地，脚在肋木横杆上，做低位俯卧撑。可增加难度进行俯卧撑推手、推手击掌等练习。（图28-8）

7. 肋木倒立

学生正对肋木，在侧面同学的保护与帮助下，做上一步蹬地、摆腿成背靠肋木手倒立的练习；也可以体验胸对肋木手倒立练习。（图28-9）

8. 作固定点

将一或两条拉力带系在肋木横杆上，学生站在肋木前，两手拉拉力带进行各种上肢力量练习；也可以平躺在肋木前做各种力量练习。（图28-10）

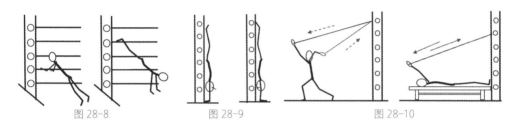

图28-8 　　　　　　图28-9 　　　　　　图28-10

9. 悬垂举腿

学生背对肋木，两手抓握肋木呈悬垂状，进行屈腿上举、直腿上举、举腿绕环等练习，发展腰腹和上肢力量。（图28-11）

10. 倒悬收腹

学生脚勾肋木横杆，头朝下悬垂，做向上收腹、手触摸脚或脚边肋木横杆的练习，注意在练习区域下方铺好垫子，旁边要有人保护。

11. 肋木仰卧起坐

方法一：学生坐在肋木前，大小腿弯曲成90°角，两脚勾住肋木横杆，进行平地仰卧起坐练习。

方法二：将山羊或跳箱放在肋木前，学生坐在山羊或跳箱上，两脚勾住肋木横杆，两手抱在头后，进行高台仰卧起坐练习。（图28-12）

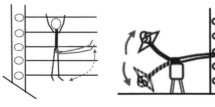

图28-11 　　　　图28-12

12. 仰卧举腿

学生仰卧在肋木前的垫子上，两手正握肋木横杆，进行仰卧举腿练习。（图28-13）

13. 俯卧摆腿

将山羊或跳箱放在肋木前，学生俯卧在山羊或跳箱上，两手抓肋木横杆，进行两条腿交替上、下摆腿练习。（图28-14）

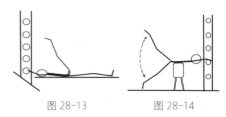

图28-13　　　　　图28-14

14. 靠杆静蹲

学生背靠肋木，两脚分开与肩同宽，逐渐向前移，身体缓慢下蹲至大腿与地面平行，小腿和大腿成90°角，保持住。一般每次蹲到无法坚持为一次，休息1～2min，重复进行3～5次。

15. 直腿单腿跳

学生侧对肋木，右手握肋木横杆，右腿抬起悬空，左腿连续提踵或向上跳起。要求充分蹬伸左踝，数次后两腿交换。

16. 负重蹲起

学生两人一组，一人面对肋木，手扶肋木，另一人肩负同伴进行半蹲或提踵练习。

17. 伸缩自如

学生面对肋木，两手正握肋木横杆，两腿弯曲，两脚踩在肋木横杆上成团身姿势，伸直两腿和两臂后还原，连续练习。手和脚的距离为2～4格。（图28-15）

图28-15

18. 杆上深蹲

学生面向肋木，两脚（一脚）站在肋木横杆上，两手正握胸前的肋木横杆，反复做蹲下、站起的练习。要求蹲下时尽量深蹲，起来时保持身体直立。（图28-16）

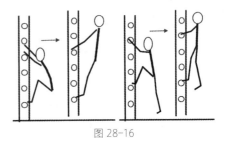

图28-16

（三）在柔韧练习中的开发与运用

1. 辅助肩部柔韧练习

学生利用肋木进行正压肩（图28-17）、侧压肩（图28-18）、挺髋顶肩（图28-19）等练习。

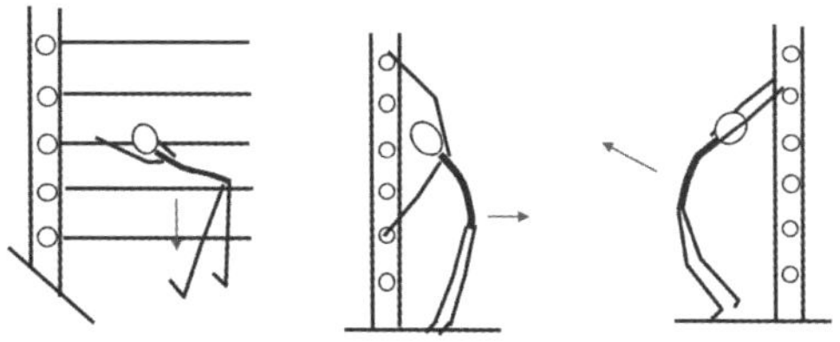

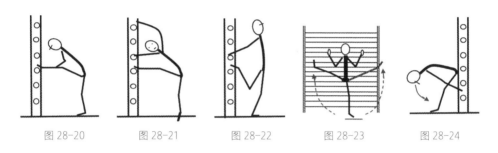

图28-17　　　图28-18　　　图28-19

2. 辅助腿部柔韧练习

学生利用肋木进行正压腿（图28-20）、侧压腿（图28-21）、拉伸大腿前侧（图28-22）、正踢腿、侧踢腿、侧摆腿（图28-23）、屈体压腿（图28-24）等练习。

图28-20　　　图28-21　　　图28-22　　　图28-23　　　图28-24

3. 辅助髋关节灵活性练习

方法一：学生面对肋木，两手正握肋木，向前上方做快速蹬腿、送髋的练习，重复多次。（图28-25）

方法二：学生侧身两手扶肋木，两臂伸直，一条腿蹬直，另一条腿高抬并向左或向右转，带动髋关节转动，两腿交替重复。要求上体保持侧立不动。

方法三：学生背靠肋木，两手握肋木横杆，做顶肩、挺胸、送髋动作的练习。（图28-26）

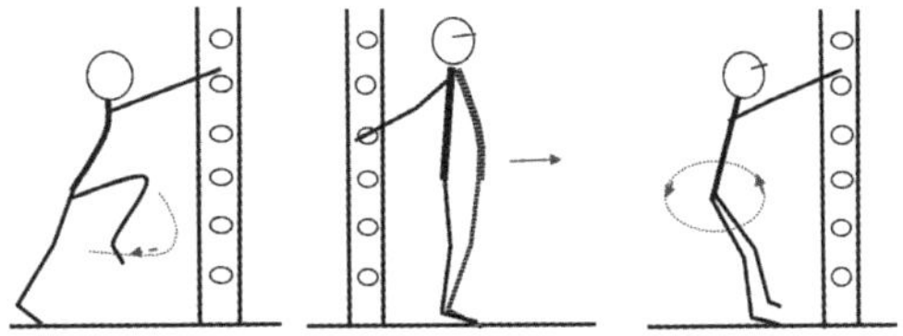

方法四：学生面对肋木，两手握肋木横杆，两臂伸直，两脚稍开立伸直，髋关节向左、前、右、后连续绕环，数圈后反绕。可在练习者腰部系弹力带，辅助者反向拉弹力带，进行抗阻练习。（图28-27）

图28-25　　　图28-26　　　图28-27

4.辅助后仰成桥练习

学生两人一组，练习者背对肋木约 1m 站立，两手经头上反握肋木横杆，依次向下一根肋木横杆移动直至成桥。保护者站在练习者体侧托练习者的腰部，帮助其完成动作。（图 28-28）

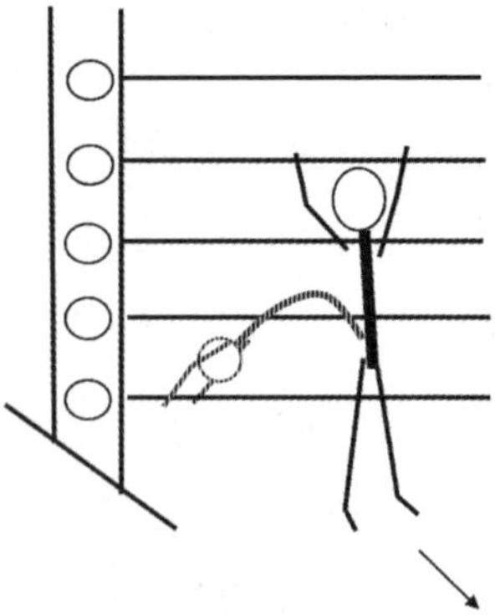

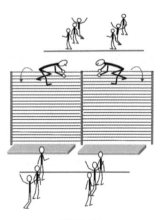

（四）在体育游戏中的开发与运用

1.高山摘果

将若干个纸球挂在肋木顶端作果子，在肋木前 5 ~ 10m 处画一条起点线，肋木下放一块大体操垫。学生平均分成两组，分别站在起点线后，每组一组肋木。发令后，各组第一人迅速跑出，爬至肋木顶端摘下一个"果子"，然后返回起点线与第二人击掌，第二人出发，依次进行，直到全组人都完成，最先安全摘完"果子"的组获胜。要求击掌后下一人才能出发；下肋木时，不能直接跳下。

2.翻山越岭

在距肋木前、后 15 ~ 20m 处各画一条直线，作为起点线，肋木下放一块大体操垫。学生平均分成两组，每组再平均分成甲、乙两队，分别站在两条起点线后。开始后，甲队第一人跑出，翻越肋木，跑到乙队和乙队第一人击掌，乙队第一人出发以同样的方法翻越肋木，跑到甲队，与甲队第二人击掌，甲队第二人跑出，依次进行，直至全组人员完成翻山比赛，先完成的组获胜。（图 28-29）

图 28-29

3.进退两难

学生两人一组，站在肋木的第一层横杆上，一只手抓住第四层横杆，另一只手和同伴玩"石头剪刀布"的游戏，胜者双手上一层肋木，输者双手下一层肋木，依次进行，双手先升到最上方肋木横杆者获胜。

图 28-28

4.无孔不入

在肋木的一侧放几只塑料桶，由近到远分别写上
1、2、3等不同分值。学生站在肋木另一侧，离肋木
2~5m，将小沙包或纸球投出，使其从肋木横杆之间
穿过并进入前方的塑料桶，完成规定投掷个数后总分
多者获胜。（图28-30）

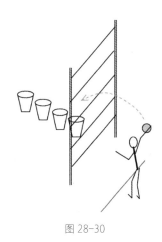

图 28-30

5.横渡长江

学生两人一组，分别站在肋木两侧的第二层横杆
上。开始后，双方按规定的方向（顺、逆时针）沿肋
木水平方向走2~5圈，先完成规定圈数者获胜。

6.穿越雷区

在肋木横杆上系小纸球当雷，用跳绳缠上当电网，剩余的肋木空当作为安全
区。学生踩着安全区内的肋木横杆，钻过空隙，翻越"雷区"，从肋木的一侧翻
越到另一侧并落地，先成功穿越"雷区"者获胜。

7.障碍羽毛球

学生两人一组，以肋木为球网，分别站在肋木两侧进行羽毛球练习，羽毛球
可以从肋木上方或横杆间通过，羽毛球碰到肋木落地为结束，击球过网回合最多
的组获胜。

8.照镜子

学生平均分成甲、乙两组，甲组学生先在肋木上做任意动作，乙组学生再上
肋木进行模仿，模仿失误即被淘汰，换同组的另一人继续上肋木模仿。规定时间
后，两组交换角色。最后被淘汰人数少的组获胜。

9.手攀高峰

学生面向肋木站立，两手抓住肋木横杆交替向上爬行，两脚悬挂于肋木外，
不得踩肋木横杆借力，直至攀爬到肋木顶端或指定位置返回。

10.过栈道

学生5~10人一组，两手抓住肋木横杆，弯腰并排站组成栈道。最右侧学生

从排尾开始，从栈道上爬行至排头处下来，站到排头前作栈道，所有人右移一个身位，依次进行，直至全部人都完成。安排一人在旁边跟随保护。（图28-31）

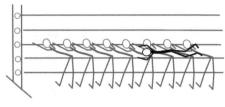

图28-31

11. 狭路相逢

学生两人一组，分别站在肋木两端，两人在肋木上相向移动，相遇换位，双双顺利抵达对面终点为成功。

12. 穿越蛛网

学生平均分成若干组，各组协助本组同伴逐一从肋木横杆间穿过，所有人顺利穿越用时少的组获胜。在肋木下放置大体操垫作为保护。

13. 悬垂传球

学生若干人一组，并排背靠肋木，两手抓住肋木横杆，悬挂在肋木上，第一人用两脚夹住排球传递给第二人，第二人用两脚接住排球后以同样的方式将排球传递给第三人，以此类推，直到最后一人用两脚接住排球为止，用时少的组获胜。游戏过程中若排球掉落，由失误者捡回给第一人后重新开始。

（五）拓展运用

1. 肋木操第一套

第一节　上肢运动 4×8 拍（图28-32）

图28-32

预备姿势：侧对肋木直立。

第一个 8 拍：

1 拍：左脚向左侧迈出一步，同时右手握肋木同肩高，左臂前平举；

2 拍：左臂上举；

3 拍：左臂侧平举；

4 拍：左脚收回，两臂还原成预备姿势；

5 ～ 8 拍：同 1 ～ 4 拍，左右方向相反。

第二、第三、第四个 8 拍同第一个 8 拍，第四个 8 拍的最后一拍成面对肋木直立。

第二节　压肩运动 4×8 拍（图 28-33）

图 28-33

预备姿势：面对肋木直立。

第一个 8 拍：

1 拍：左脚向左侧迈出一步，同时两臂前举握肋木同肩宽；

2 拍：上体前屈向下压肩一次；

3 拍：向下压肩一次；

4 拍：还原成预备姿势；

5 ～ 8 拍：同 1 ～ 4 拍，左右方向相反。

第二、第三、第四个 8 拍同第一个 8 拍。

第三节　下蹲运动 4×8 拍（图 28-34）

图 28-34

预备姿势：面对肋木直立，两手握肋木。

第一个 8 拍：

1 拍：屈膝下蹲；

2 拍：膝伸直，同时左腿后抬；

3 拍：还原成 1 拍的姿势；

4 拍：还原成预备姿势；

5 ~ 8 拍：同 1 ~ 4 拍，左右方向相反。

第二、第三、第四个 8 拍同第一个 8 拍，第四个 8 拍的最后一拍成侧对肋木直立。

第四节　踢腿运动 4×8 拍（图 28-35）

图 28-35

预备姿势：侧对肋木直立。

第一个 8 拍：

1 拍：右手握肋木略比肩高，左臂侧平举，同时左腿前踢；

2 拍：左臂放下，左腿还原成直立；

3 拍：左臂侧平举，同时左腿侧踢；

4 拍：还原成预备姿势；

5 ～ 8 拍：同 1 ～ 4 拍，左右方向相反。

第二、第三、第四个 8 拍同第一个 8 拍，第四个 8 拍的最后一拍成面对肋木直立。

第五节　体侧运动 4×8 拍（图 28-36）

预备姿势：面对肋木，两手握肋木，两脚在肋木上站立。

第一个 8 拍：

1 拍：身体向左转体 90°，同时左臂上举握肋木，右臂下举握肋木；

2 拍：向右侧屈一次；

3 拍：向右侧屈一次；

4 拍：还原成预备姿势；

5 ～ 8 拍：同 1 ～ 4 拍，左右方向相反。

第二、第三、第四个 8 拍同第一个 8 拍。

图 28-36

第六节　体转运动 4×8 拍（图 28-37）

图 28-37

预备姿势：面对肋木，两手握肋木，两脚在肋木上站立。

第一个 8 拍：

1 拍：身体向左转体 90°，同时左臂侧平举；

2 拍：身体向左转体 90°，同时左臂后举握肋木，成背对肋木姿势；

3 拍：身体向右转体 90°，同时左臂侧平举；

4 拍：身体向右转体 90°，还原成预备姿势；

5 ~ 8 拍：同 1 ~ 4 拍，左右方向相反。

第二、第三、第四个 8 拍同第一个 8 拍，第四个 8 拍的最后一拍成背对肋木直立。

第七节　腹背运动 4×8 拍（图 28-38）

预备姿势：背对肋木直立。

第一个 8 拍：

第 1 拍：左脚向左侧迈出一步，同时两臂经前向上举后振，握肋木，抬头，体后屈；

第 2 拍：体前屈一次，两手从左膝后下握肋木；

第 3 拍：体前屈一次，两手从右膝后下握肋木；

第 4 拍：还原成预备姿势；

图 28-38

第 5 ~ 8 拍：同 1 ~ 4 拍，左右方向相反。

第二、第三、第四个 8 拍同第一个 8 拍，第四个 8 拍的最后一拍成面对肋木直立。

第八节　跳跃运动 4×8 拍（图 28-39）

预备姿势：面对肋木直立，两手握肋木。

第一个 8 拍：

1 拍：两脚蹬地跳上一根肋木站立，两手握肋木；

2 拍：向上跳一根肋木，向上握一根肋木；

3 拍：向上跳一根肋木，向上握一根肋木；

图 28-39

4 拍：向上跳一根肋木，向上握一根肋木；

5 ~ 8 拍：同 1 ~ 4 拍，两脚向下跳，两手向下握。

第二、第三、第四个 8 拍同第一个 8 拍，第四个 8 拍的最后一拍还原成直立。

2. 肋木操第二套

第一节　四肢运动 4×8 拍（图 28-40）

预备姿势：面对肋木直立。

第一个 8 拍：

1 拍：两臂前上举握肋木，同时左腿屈膝，站立在肋木上；

2 拍：两臂用力引体向上，同时左腿膝关节伸直，右腿悬垂；

图 28-40

3 拍：还原成 1 拍的姿势；

4 拍：还原成预备姿势；

5 ~ 8 拍：同 1 ~ 4 拍，左右方向相反。

第二、第三、第四个 8 拍同第一个 8 拍，第四个 8 拍的最后一拍成背对肋木直立。

第二节　下蹲运动 4×8 拍（图 28-41）

预备姿势：背对肋木直立，两臂体后下握肋木。

图 28-41

第一个 8 拍：

1 拍：左腿屈膝半蹲，同时右腿前伸举腿；

2 拍：左腿伸直还原成预备姿势；

3 拍：右腿屈膝半蹲，同时左腿前伸举腿；

4 拍：右腿伸直还原成预备姿势；

5 ~ 8 拍：同 1 ~ 4 拍，左右方向相反。

第二、第三、第四个 8 拍同第一个 8 拍，第四个 8 拍的最后一拍成面对肋木直立。

第三节　压腿运动 4×8 拍（图 28-42）

图 28-42

预备姿势：面对肋木直立。

第一个 8 拍：

1 拍：左腿前举放在肋木上，同时两臂经前向上举，掌心向前；

2 拍：上体前屈压腿一次，同时两手触左脚面；

3 拍：压腿一次；

4 拍：还原成预备姿势；

5 ～ 8 拍：同 1 ～ 4 拍，左右方向相反。

第二、第三、第四个 8 拍同第一个 8 拍，第四个 8 拍的最后一拍成侧对肋木直立。

第四节　体侧运动 4×8 拍（图 28-43）

预备姿势：侧对肋木，左手上举握肋木，右手侧下举握肋木，两脚在肋木上站立。

第一个 8 拍：

1 拍：向右侧屈一次，同时左脚侧举屈膝；

2 拍：向右侧屈一次；

图 28-43

3 拍：向右侧屈一次；

4 拍：还原成预备姿势；

5 ～ 8 拍：同 1 ～ 4 拍，左右方向相反。

第二、第三、第四个 8 拍同第一个 8 拍，第四个 8 拍的最后一拍成面对肋木直立。

第五节　体转运动 4×8 拍（图 28-44）

图 28-44

预备姿势：面对肋木，两手握肋木，两脚在肋木上站立。

第一个 8 拍：

1 拍：上体向左转动约 90°，同时左臂侧平举；

2 拍：还原成预备姿势；

3 拍：上体向右转动约 90°，同时右臂侧平举；

4 拍：还原成预备姿势；

5～8 拍：同 1～4 拍，左右方向相反。

第二、第三、第四个 8 拍同第一个 8 拍，第四个 8 拍的最后一拍成背对肋木直立。

第六节　腹背运动 4×8 拍（图 28-45）

预备姿势：背对肋木，两臂上举握肋木，两脚在肋木上站立。

第一个 8 拍：

1 拍：两脚蹬离肋木成悬垂状；

2 拍：直腿收腹举腿；

3 拍：同 1 拍；

4 拍：同 2 拍；

5～8 拍：同 1～4 拍。

图 28-45

第二、第三、第四个 8 拍同第一个 8 拍，第四个 8 拍的最后一拍成背对肋木直立。

第七节　全身运动 4×8 拍（图 28-46）

图 28-46

预备姿势：背对肋木直立。

第一个 8 拍：

1 拍：两手体前撑地，同肩宽，同时两脚放在肋木上成俯撑；

2 拍：两臂屈肘做俯卧撑，同时右腿屈膝；

3 拍：还原成 1 拍的姿势；

4 拍：还原成预备姿势；

5 ~ 8 拍：同 1 ~ 4 拍，左右方向相反。

第二、第三、第四个 8 拍同第一个 8 拍，第四个 8 拍的最后一拍成面对肋木直立。

第八节　跳跃运动 4×8 拍（图 28-47）

图 28-47

预备姿势：面对肋木直立，两臂前上举握肋木。

第一个 8 拍：

1 拍：并腿向上跳一次；

2 拍：并腿向上跳，成两脚开立；

3 拍：并腿向上跳，成两脚交叉立（左脚在前，右脚在后）；

4 拍：并腿向上跳，成两脚交叉立（右脚在前，左脚在后）；

5 ~ 8 拍：同 1 ~ 4 拍，左右方向相反。

第二、第三、第四个 8 拍同第一个 8 拍，第四个 8 拍的最后一拍还原成直立。

二十九、平梯的开发与运用

平梯，也叫"天梯""横梯"，是体操项目的辅助器械之一，分木制和铁制两种。梯长 3～5m，宽约 0.4m，高 2～2.4m，梯间横杆直径约 3cm，杆距约 25cm。平梯主要被用于发展上肢肌肉力量，提高攀爬、翻越等能力。在此，我们充分挖掘平梯的功能，发挥其使用价值，让其更好地服务体育课堂教学。

（一）自身功能的开发与运用

1. 悬垂正行

学生两脚站在平梯一侧立柱横杠上，面向另一侧立柱，两手交替抓握梯间横杆前移，直到移至另一侧立柱。（图 29-1）

2. 翻山越岭

学生从近侧的立柱向上攀爬到平梯上，从平梯的梯间横杆上爬过，再从另一侧立柱爬下。（图 29-2）

图 29-1　　　　图 29-2

建议：做好安全保护工作。

3. 屈臂悬垂

学生两手正（反）握平梯的梯间横杆做屈臂悬垂练习。（图 29-3）

4. 负重移行

学生两腿屈髋屈膝，两脚夹杠铃片，两手交替抓握梯间横杆前移，移动过程中保持屈髋屈膝姿势。（图 29-4）

图 29-3　　　　图 29-4

5. 悬垂对抗

学生两人一组，两手抓梯间横杆，用两脚互夹对方进行角力，先落下一方为输，在平梯下方地面上放置若干块体操垫，以保护学生安全。

6.侧杆移行

学生两手抓握梯间横杆两侧的侧杆进行左右移行。

（二）在体育技术教学中的开发与运用

1.辅助起跑练习

将一根橡皮筋系于平梯两侧立柱上，离地1.5m，学生离橡皮筋4～7m进行蹲踞式起跑练习，纠正在起跑时抬头过快、仰体以及跨大步等错误动作。

2.辅助投掷角度练习

将一根橡皮筋系于平梯两侧立柱上，高度适中，学生离橡皮筋一定距离进行限制投掷出手角度的练习。

3.辅助投准练习

在平梯的梯间横杆上挂多个呼啦圈或水桶，学生站在一定距离外，手拿沙包、纸球、羽毛球等轻物，进行投准练习。

4.矩形篮圈

将平梯的梯间横杆上的矩形口当作篮圈，学生距离矩形"篮圈"2～4m，对准"篮圈"进行投篮练习，可多人同时进行练习。（图29-5）

图29-5

5.篮球传接球练习

把两面三角旗横拉在平梯两侧的立柱上，三角旗分别离地约1m和1.6m。学生两人一组，在三角旗两侧1～3m处进行传接球练习，让篮球从两面三角旗中间通过。（图29-6）

图29-6

6.作标志物

用平梯两侧的立柱作标志物，进行篮球、足球的"8"字运球、急停急起、变向运球等练习，平梯在沙地上时不建议进行此练习。

7. 作足球门

将平梯当作足球门，进行各种射门练习。

8. 辅助颠球练习

将足球放在网袋内，扎紧上口，悬挂在平梯的梯间横杆上，球离地 10 ~ 20cm，学生面对球进行颠球等练习（图 29-7）。将球悬挂在学生头部上方，可进行头顶球练习。

图 29-7

9. 作排球网

用平梯作排球网，在平梯两侧进行排球发球、垫球、传球等的练习或比赛。要求击给对方的球必须经过平梯上方。（图 29-8）

10. 倒立辅助

将绳球悬挂在平梯的梯间横杆上，学生在练习肩肘倒立、头手倒立时，用脚尖去触球，纠正错误的技术动作。

图 29-8

11. 俯卧撑技评线

将两根橡皮筋系在平梯两侧的立柱上，下面一根橡皮筋离地 10cm，上面一根橡皮筋在学生俯撑时的后背高度，学生在橡皮筋中间做俯卧撑练习。要求屈肘时躯干碰到下面的橡皮筋，直臂时躯干碰到上面的橡皮筋。

12. 辅助跳跃练习

将若干个绳球悬挂在平梯的梯间横杆上，由低到高依次排列，学生用力向上纵跳，用头顶触球，从低到高，依次挑战。也可将一根橡皮筋高度降低，学生在橡皮筋上进行往返单、双脚跳跃练习。

（三）在体育游戏中的开发与运用

1. 趣味投准

在地上画一条距离平梯 2 ~ 4m 的投掷线。将平梯的"矩形篮圈"从左到右依次编号，学生手持一个篮球站在投掷线后。开始后，学生向1号"篮圈"投篮，投中的按序号依次继续投，没有投中则捡球重投，直到全部"篮圈"都被投中，用时最少者获胜。

2. 打靶

在平梯横梁上安装几块木板，画10个同心圆，由外向内分别标上1～10的分数。学生平均分成若干组，距离一定的距离用沙包、纸球、羽毛球等轻物打靶，总得分高的组获胜。（图29-9）

建议：可改为打移动靶。

图 29-9

3. 高空走钢丝

将一根拔河绳绑在平梯两边的立柱上，离地分别约50cm和150cm。学生站在平梯立柱系高绳的一端，两手拉握高绳一侧，两脚踩住低绳一侧，安全通过用时最少者获胜。中途掉落的须回到起点重新开始。

4. 荡秋千

在平梯横梁上系上一个秋千板，荡秋千。

5. 匍匐爬行

将多根橡皮筋拉在平梯两侧的立柱上，离地高度约50cm，在地面铺上垫子，学生练习匍匐爬行。要求头部不高于橡皮筋。（图29-10）

图 29-10

三十、跳箱的开发与运用

跳箱是体操支撑跳跃类项目的常用器材之一，由多个独立梯形木箱垒叠而成，高度可调节。常见跳箱为5级和7级跳箱。跳箱箱面长1.2~1.4m，高1.15~1.25m，宽0.38~0.4m，用皮革或帆布制成。跳箱主要用于滚翻、支撑跳跃等练习，也可当作鞍马、跳马训练的辅助器械。在此，我们拓展其功能，使其更好地融入体育课堂，服务体育课堂教学。

（一）在体育技术教学中的开发与运用

1. 障碍跑

在障碍跑练习中，用跳箱盖或各种级数的跳箱充当障碍物。

2. 跳远1

将跳箱放在沙坑前，用来辅助跳远或三级跳远的助跑、起跳与腾空动作的练习。（图30-1）

图30-1

3. 跳远2

在沙坑或大海绵垫前，间隔合适距离放置一级、二级、三级跳箱。学生助跑后单脚起跳，分别跨跳到一级、二级、三级跳箱上，然后腾空落在沙坑或大海绵垫上。（图30-2）

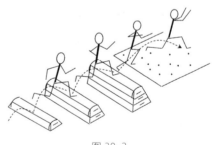

图30-2

4. 辅助跳远起跳

学生助跑踏上跳箱起跳，空中做腾空步姿势，同时头触吊球，落地缓冲。

5. 背弓练习

学生背靠在横放的跳箱上，跳箱略高于腰，身体慢慢后仰，直到腰部接触到跳箱呈背弓状，体会背弓的动作。

6.辅助背越式跳高

在背越式跳高练习中，学生做助跑起跳接背越式跳高、倒在适宜高度跳箱上的练习。

7.跨栏过栏模仿

学生骑坐在跳箱上，摆动腿下滑的同时，起跨腿屈膝向前提拉，摆动腿落地向前跑出。要求两腿同时剪绞换步。

8.滚翻

学生在跳箱上做前滚翻练习，能更快地学会直线滚翻。跳箱也可充当鱼跃前滚翻的障碍物。

9.拱桥

学生仰卧在跳箱上，两手用力撑在跳箱上，两脚踩地，让腰、髋向上挺起成拱桥；也可以躺在跳箱上，脚放在地上，手撑起来后慢慢向脚靠近成拱桥。（图30-3）

图30-3

10.踏板操

将跳箱盖当作踏板操的踏板，学生跟着音乐在跳箱盖上做踏板操。

11.作支撑凳

用跳箱作单、双杠练习的支撑凳，辅助学生完成单、双杠支撑动作的练习。（图30-4）

12.辅助手倒立

学生两手撑地，两脚放在跳箱上慢慢从底部向上移，进行辅助手倒立动作的练习。（图30-5）

图30-4　　　　　图30-5

13.辅助支撑摆动下

学生侧坐在跳箱上体会支撑摆动下的压杠动作。

14.前滚翻成分腿坐

学生在跳箱上进行前滚翻成分腿坐练习。

15. 辅助单杠骑撑

学生两腿骑跨在跳箱上，两手撑在跳箱上，体会单杠骑撑动作。

16. 辅助单杠推手后摆下

学生利用跳箱体会单杠推手后摆下动作。

17. 辅助单杠一脚蹬地翻身上

将跳箱调到合适高度，放在单杠前一定距离外，学生站在跳箱上，进行单杠一脚蹬地翻身上练习。

18. 身体反弓练习

学生两人一组，练习者坐在跳箱上，辅助者压住其脚踝。练习者两臂上举，手持实心球，上体慢慢后仰，使实心球尽量触地，身体呈反弓形。

19. 投准目标物

将无跳箱盖的跳箱放在合适位置作目标物，学生将轻物投进跳箱。（图30-6）

图 30-6

20. 作掩体

在投掷教学中，创设战斗的情境，将跳箱作为掩体、纸球作为手雷，学生在掩体后，向对方的阵地投掷手雷，养成出手后不越线的习惯。

21. 作抵趾板

在推铅球、掷标枪、掷铁饼教学中，可将跳箱盖放在投掷区前沿，纠正学生投掷出手后向前走的问题。

22. 作标志物

将跳箱拆开，竖立放置，当作变向运球投篮的防守支架（图30-7），或者当作运球急停急起、变向运球练习的标志物。

图 30-7

23. 作足球门

在足球教学中，把相同的两级跳箱侧立在场地内当作足球门，学生进行"踢球比准"的游戏。

（二）在体能练习中的开发与运用

1. 俯卧撑

学生手撑在跳箱上做高位俯卧撑（图30-8）或脚放在跳箱上做低位俯卧撑（图30-9）。

图30-8　　　　图30-9

2. 支撑台

学生两手支撑在跳箱上，含胸、收腹、稍提臀，脚离地，记录支撑时间。也可围绕跳箱做侧向支撑移动练习，发展肩部周围肌肉的力量。（图30-10）

3. 平板飞鸟

学生平躺在三级跳箱上，两手举起哑铃，肘部保持一点弯曲，两臂张开平稳下滑，慢慢放低哑铃，做画弧线的动作，然后沿原路线上举至初始动作。重复以上动作多次。

建议：根据学生年龄大小，选择适宜的哑铃重量。

4. 仰卧举腿

学生仰卧在三级跳箱上，手扶跳箱，做收腹举腿练习。（图30-11）

5. 负重仰卧起坐

学生两人一组，练习者坐在跳箱上，辅助者用手压住练习者两脚。开始后，练习者两手持一个实心球上举，进行箱上仰卧起坐练习，反复进行多次后交换。（图30-12）

图30-10　　　　图30-11

6. 俯卧挺身

学生两人一组，练习者俯卧在横放的跳箱上，两手抱头或背后，辅助者两手压住练习者脚踝，练习者进行俯卧挺身练习，反复进行多次后交换。（图30-13）

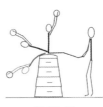 

图30-12　　　　图30-13

7. 负重练习

学生两人一组，合作抓握一级跳箱，进行推举（图30-14）或蹲起（图30-15）练习，发展上、下肢力量。

8. 卧推平台

学生仰卧在跳箱上，手持杠铃向上推举，两侧学生进行保护与帮助。

9. 搬运

学生把跳箱当作重物，进行多人整体或者分级搬运跳箱练习。

10. 作拉伸台

学生将跳箱当作拉伸台，进行压腿、压肩等柔韧练习。（图30-16）

图 30-14　　　　　　　　图 30-15　　　　　　　　图 30-16

11. 侧踢腿

学生两手支撑在跳箱上，一腿支撑，另一腿由体侧向耳上方踢起，多次后两腿互换。

12. 单（双）腿跳

学生面向一级或二级跳箱单（双）腿站立，手臂迅速向上摆动跳上跳箱。

13. 旋转双脚跳

学生站在一级或二级跳箱的一侧，双脚打开与肩同宽，屈髋、屈膝，进行跳起后身体旋转90°跳上跳箱的练习。

14. 台阶试验

学生用跳箱代替台阶，进行跳上跳下的台阶练习。

15. 跳深练习

学生从适当高度的跳箱上跳下，再跳上跳箱或接纵跳、立定跳远等练习。

（三）在体育游戏中的开发与运用

1.搬运接力

学生分成人数相等的若干队，每队一个跳箱，两人一组进行跳箱往返搬运接力比赛，最先完成的队获胜。

2.划旱船

将跳箱箱体中的某一层木框作为旱船，学生单人或双人站在木框中间，两手握住木框两边，抬着木框快速绕过标志物返回起点，交给下一人或下一组。依次进行，最快完成的人或组获胜。

3.翻越障碍

将几个跳箱间隔适当距离依次摆放在地上，跳箱前后地面上放体操垫，学生手脚并用，努力翻越跳箱。跳箱高度根据学生情况进行调整。

4.双人追逐跑

学生两人一组，分别站在跳箱两端，内侧手扶跳箱。开始后，两人围着跳箱相互追逐，用手触到对方的后背者获胜。（图30-17）

5.快快上船

学生分成人数相等的若干队，在一定距离内每队前面放一个跳箱，各队在起跑线后站成纵队。开始后，各队第一人向本队跳箱跑去，站到跳箱上并举手示意，第二人看到后开始跑，依次接力，直到全队都完成一次。

6.合作搬运

学生3～4人一组，一人坐在跳箱上，其他人将跳箱从起点抬到终点，看哪组先到达。（图30-18）

7.坐箱顶臀赛

在跳箱中间画一条线，学生两人一组，分腿背对背骑坐在线的两边，臀部相对。听到信号后，双方开始用臀部互挤，将对手挤下箱盖者获胜。（图30-19）

8.拉人过箱

学生两人一组，各一只脚踏在跳箱上，一手或两手互握。开始后，用力将对手拉过跳箱或使对方着地脚离地者获胜。（图30-20）

图 30-17　　　　图 30-18　　　　图 30-19　　　　图 30-20

9. 拉下马

学生两人一组，面对面站在跳箱上，一手或两手互握。开始后，将对手拉下或推下跳箱者获胜。

建议：安全起见，在跳箱四周放置体操垫。

10. 旱地移舟

学生 8 ~ 12 人一组，取一级跳箱放在地面成排的体操棒上当作舟，请 1 ~ 2 名学生入"舟"当乘客，其余学生相互合作往跳箱前放体操棒，让"舟"在体操棒上向终点移动，直至到达终点。（图 30-21）

图 30-21

11. 孤岛求生

学生 8 人一组，每组一个跳箱，整组都站在跳箱上不掉下，站在上面时间最久的组获胜。

12. 跨箱盖接力赛

在场地上横放两个跳箱，远端放一面小旗。学生分成人数相等的若干队，站在起跑线后。听到信号后，每队第一人分别跨过两个跳箱，绕过小旗，跑回起点线与第二人击掌接力，依次进行，全部完成且用时最短的队获胜。

13. 独木桥

将跳箱摆成"一"字形或"之"字的"独木桥"，学生依次走过"独木桥"。刚开始游戏时只用一级跳箱，视学生情况逐渐增加跳箱高度，提高练习难度。

（四）拓展运用

1. 作颁奖台

将不同高度的 3 个跳箱按金牌、银牌、铜牌 3 个等次摆放成体育比赛的颁奖台。

2. 作器材箱

将跳箱仰放作器材箱，在箱内放置三大球、实心球和垒球等体育器材。（图 30-22）

3. 作杠铃支架

将两个完整的跳箱横向并排放置，再将杠铃横跨在两个跳箱上（两端杠铃片外面的横杠接触跳箱）。（图 30-23）

4. 作比赛台

学生两人一组，面对面站在跳箱两侧，在上面进行掰手腕、拉钩、推拳等比赛。

5. 贴挂挂图

在体育课上将挂图悬挂或贴在跳箱上，用于教学示范讲解。

6. 作展示台

教师或学生可站在跳箱上进行动作的讲解与示范，主要是原地动作或小幅度动作的讲解与示范。

7. 作垫高台

在摸高、扣球、投篮等需要一定高度的辅助练习中，可将跳箱当作垫高台，满足辅助练习的需要。（图 30-24）

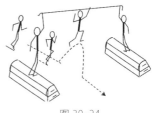
图 30-24

8. 作单双杠支柱

在最上一级跳箱的四面箱体上分别打出间隔适宜的圆孔（图 30-25），圆孔直径约为 4cm，插上坚固的圆木，代替单双杠进行一些单双杠辅助练习（图 30-26）。

图 30-25 　　　　　　　　　　　图 30-26

三十一、山羊的开发与运用

山羊是体操支撑跳跃类项目的常用器材之一，其规格不一，可根据学生的训练需求定制。山羊采用皮革或帆布、木棍和钢管等制成，山羊腿高度可调节。山羊是中小学体育教学的一项重要内容，但其技术要求比较高，且存在一定的安全隐患，在现有的体育课堂中出现较少。在此，我们拓展其功能，使其重新回归体育课堂，服务体育课堂教学。

（一）在体育技术教学中的开发与运用

1.贴手印

在练习分腿腾越时，在山羊上面贴上一双手印，学生双手支撑在手印上进行跳跃练习。（图31-1）

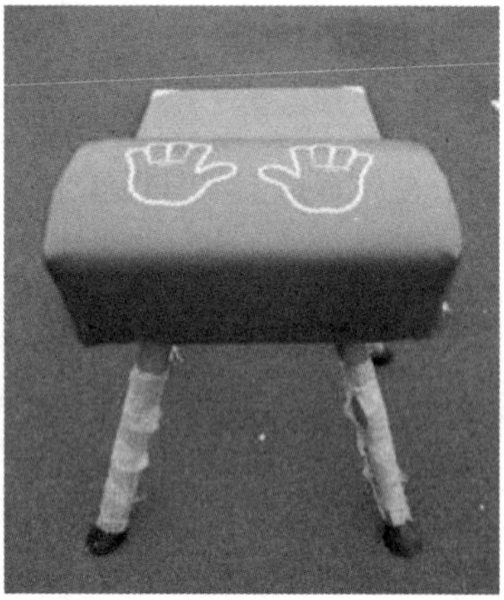

2.拉皮筋

在两个山羊之间拉一根皮筋，学生进行左右连续跳、象限跳、收腹跳等练习。皮筋的高度根据需要自主调节。

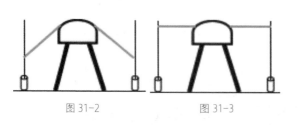

图 31-1

3.辅助横箱分腿腾越练习

在横箱分腿腾越练习前，可先在山羊两侧斜拉松紧带（图31-2），练习分腿腾越山羊，随着练习水平的提高，两侧松紧带高度也随之升高，直到与山羊面一样高（图31-3）。

图 31-2　　　　图 31-3

4.连续跨越山羊

将 3 ~ 5 个山羊按适当距离排成一路，学生连续跳过全部山羊。

5.跳山羊过关

将若干个山羊由低到高逐级上升排列，学生逐级挑战更高的山羊。

（二）在体能练习中的开发与运用

1. 作拉伸台

可将山羊当作拉伸台，学生进行正压腿、侧压腿、后压腿、压肩等拉伸练习。

2. 作高台

学生双手或双脚支撑在山羊上进行高位俯卧撑（图31-4）或低位俯卧撑（图31-5）练习；也可以在高、低位支撑的基础上沿着山羊转圈进行支撑移行，增加练习的趣味性。

图 31-4   图 31-5

图 31-6   图 31-7

3. 作高垫

学生两人一组，辅助者抓握练习者双脚，练习者俯身在山羊上（髋部位于山羊面上）进行高位俯卧挺身练习，动作过程中保持躯干伸直，如此反复多次后交换（图31-6）；也可以做高位仰卧起坐（图31-7）。

（三）拓展运用

1. 作纵箱

将两个山羊纵向对接变成一个纵箱，在做好保护与帮助的情况下，学生尝试练习分腿腾越纵箱练习。

2. 作重物

学生抬着山羊进行前举、原地负重蹲起等力量练习，练习要根据山羊的重量和学生年龄合理安排，也可安排多人一起合作练习。
（图 31-8）

图 31-8

3. 羊脚哑铃

将山羊四条腿卸下作为哑铃，进行手臂弯举、上举、推举等各种力量练习。

4. 山羊面弓箭步跳

将山羊四条腿卸下，扛起山羊面进行弓箭步跳等练习。

5. 作练习靶

在武术教学中，山羊面可用于鞭腿（图 31-9、图 31-10、图 31-11）、拳击（图 31-12）、掌击等练习。

建议：以上练习仅适合作为初学者的体验练习，不可全力击打。

图 31-9

图 31-10　　图 31-11

图 31-12

6. 作足球门

在足球教学中，将山羊作为迷你足球门进行射门或小型足球比赛，可以提高比赛的趣味性。（图 31-13）

7. 作比赛台

学生可以将山羊当作比赛台进行掰手腕比赛。

8. 支撑高抬腿

图 31-13

学生双手放在山羊上，身体前倾，两脚后移，前脚掌着地，然后进行支撑高抬腿练习，要求大腿积极高抬，可让膝盖轻轻触及山羊底部，优化跑姿和提高跑步能力。

三十二、助跳板的开发与运用

助跳板是中小学跳山羊、跳箱、跳马等支撑跳跃项目的助跳器材，一般采用实木、胶合板、玻璃钢等弹性较好的材料制成，长 80～120cm，宽 50～60cm，高 15～25cm，分有弹簧和无弹簧两种，其中有弹簧助跳板的使用效果较好。助跳板在体育教学中使用率不高，拓展其功能可以使其更好地服务体育课堂教学。

（一）在体操教学中的开发与运用

1. 贴脚印

在练习支撑跳跃时，在助跳板中前位置贴上一双脚印，学生双脚踏于脚印上进行跳跃练习。此练习特别适合初学者或单脚起跳者。（图 32-1）

图 32-1

2. 辅助上板踏跳

（1）学生在助跳板上做纵跳或连续纵跳接挺身跳等练习。

（2）学生手撑器械，在助跳板上做原地踏跳提臀屈腿或分腿等练习。

（3）学生走或慢跑几步，上助跳板做踏跳手撑器械提臀屈腿或分腿等练习。

3. 辅助跳上器械

学生慢跑三步，双脚蹬踏助跳板，做手撑器械或跳上器械后成两臂侧举接挺身跳下或分腿坐上器械的练习。

4. 辅助跳越器械

在跳箱前放置助跳板，学生快速助跑，踏助跳板，手撑器械越过跳箱。

5. 斜坡滚翻

进行前、后翻滚练习时，在体操垫一端下方放一块助跳板，使体操垫呈斜坡状，利用坡度降低动作难度，辅助学生更好地练习。（图 32-2）

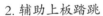

图 32-2

6. 辅助鱼跃前滚翻

在鱼跃前滚翻教学中，将助跳板放在体操垫前，学生站在助跳板上，面向体操垫做鱼跃前滚翻练习。助跳板的助跳作用和坡面有利于学生更好地体验身体腾空的动作。

（二）在跳跃类项目教学中的开发与运用

1. 辅助腾空技术练习

在沙坑的起跳区放置助跳板，学生助跑后踏上助跳板完成急行跳远练习，充分体会腾空动作。

2. 辅助立定三级跳

在沙坑的起跳区放置助跳板，学生先估量到助跳板的距离，再进行原地三级跳，第三步时踏上助跳板做腾空动作，充分体会腾空动作。

3. 背越式跳高

学生背对海绵包，站在助跳板上起跳，完成腾空的过杆挺髋动作，也可以3～7步助跑踏上助跳板起跳，完成过杆挺髋动作。

（三）拓展运用

1. 作足球门

将两个助跳板侧立当作足球门。

2. 作垫高物

将助跳板放在一定高度的障碍物前，学生借助助跳板更好地翻越障碍物。

3. 作障碍物

学生进行障碍跑练习时，将助跳板当作赛道障碍物，增加游戏的趣味性。

4. 作坡道

将两个助跳板高面靠在一起，形成一条上下的坡道，也可以根据需要摆放成若干个独立的坡道或连续起伏的坡道，学生进行滚轮胎（图32-3）、骑自行车、跑步等练习。

图32-3

三十三、铅球的开发与运用

铅球（图33-1）由铁和铅组成，铅球项目是田径项目之一。学校中常用的铅球重量为3kg、4kg、5kg、7.26kg。铅球由于安全、场地等因素的限制，在体育课堂教学中基本被实心球代替。为了使铅球重回体育课堂，使之更好地服务体育课堂教学，我们利用铅球固有的特性，开发出一些素质练习和游戏，提高铅球的使用率。

图33-1

（一）在体能练习中的开发与运用

1. 鹰爪功

学生用3kg或4kg铅球进行抓放练习，发展手指及上肢力量。在练习过程中，可以采用单手连续练习或双手交替练习。（图33-2）

建议：在沙坑中练习或在落球区放置软垫，避免砸坏场地。

图33-2

2. 作哑铃

用3kg或4kg铅球代替哑铃，做手臂前举、侧举、推举、屈伸或负重蹲起等练习。在手臂推举过程中，可以单手连续推举、双手交替或同时进行推举。（图33-3）

图33-3

3. 作杠铃

将多个铅球平均分成两部分，分别放在质量较好的两只袋子里固定好，再将两只袋子分别固定在镀锌管或者牢固竹竿的两端当作杠铃，学生进行手臂弯举、前举、推举或负重蹲起等练习。

4. 土行孙

学生面对沙坑站在沙坑边上，两手抓住铅球，用力将铅球砸向沙坑，看谁的铅球砸得深。（图33-4）

图33-4

5. 卷吊球

用胶带将铅球缠绕牢固，并将长约1.3m的绳子一端固定在铅球上做成吊球。取直径3～5cm、长约1.8m的竹竿一根，将做好的多个吊球采用"三套结"打结法系到竹竿上做成卷吊球。学生2～4人一组，两臂前平举，手心向下，两手握紧竹竿进行卷球和放球的练习，发展手腕和前臂力量。（图33-5）

图33-5

建议：也可以用接力棒、绳子和铅球组合做成单人练习的卷吊球。

（二）在体育游戏中的开发与运用

图33-6

1. 赶小猪

学生平均分成若干组。开始后，各组第一人从起点出发，手拿体操棒，将一个铅球向前赶，绕过障碍物并赶回，交给第二人。依次进行，看哪组先完成，最快完成的组获胜。（图33-6）

2. 打保龄球

将6个或10个装好水（沙子）的矿泉水瓶立在

一起呈倒三角形作为球瓶，学生用铅球代替保龄球进行击打球瓶游戏，击倒球瓶多者获胜。

3. 旋转乾坤

学生两手交叉握紧 3kg 或 4kg 的铅球，两腿分开，重心降低，铅球离地约 20cm。开始后，学生发力快速转动铅球，放手，铅球着地后继续旋转，看谁的铅球旋转的时间最长。（图 33-7）

4. 转陀螺

将铅球当作陀螺放在平地上，用粗的皮带或绳子用力抽铅球，让铅球旋转起来，看谁的铅球旋转得久。（图 33-8）

图 33-7　　　　　　　　　　图 33-8

（三）拓展运用

1. 作实心球

在实心球教学中，在做好安全措施的情况下，动作规范的学生可选取不同重量的铅球代替实心球进行负重训练，提高投掷能力。

2. 作重物

将铅球放到轮胎里固定好，学生进行负重拖拉、负重蹲起等练习。

3. 作地掷球

用铅球代替地掷球，根据地掷球比赛规则，采用滚靠球、抛击球和滚击球等技术进行比赛。

致读者

尊敬的读者，您好！

　　为了更好地服务于广大体育教师，我们后续将对这套丛书进行优化和完善，希望各位体育同人在参考本书及使用过程中，对存在的不足给予反馈，多提宝贵建议，更好地助力体育教育事业的发展。

　　您可通过以下方式联系我们（邮箱：87363752@qq.com，或关注快乐体育微信公众号），我们期待您的反馈。

快乐体育微信公众号
微信号：klty168